透视保障房

美国实践、经验与借鉴

AFFORDABLE HOUSING

American Practice, Experience and Lessons

马秀莲 著

社会科学文献出版社
SOCIAL SCIENCES ACADEMIC PRESS (CHINA)

序

2018年夏天的一天，国家行政学院的副教授马秀莲《透视保障房：美国实践、经验与借鉴》的书稿放到了我的桌上。我觉得她的研究对于中国的住房问题有重要意义。

中国将近四十年的住房制度改革，取得了巨大成就：解决了大部分城镇家庭的住有所居问题，并且积累了可观的资产；使城市面貌发生巨变；最后，基本建立了适应市场经济体制的住房制度。但是这些改革也带来了一定的问题：房价太高；供应结构不合理；住宅的居住属性被扭曲；杠杆率很高，存在较大的金融风险，等等。

针对这些问题，改革措施有多种，其一是开征房产税，另一是进行大规模的保障房建设——这正是本书所关注的主题。我在住建部任职的后期，已经开始讨论扩大保障房建设。2005年，住建部的一份抽样调查显示，仍有约1000万户城镇低收入家庭住房条件困难，成为需要重点解决的对象。2007年，国务院下发了《关于解决城市低收入家庭住房困难的若干意见》，加大了解决城市低收入家庭住房困难工作的力度。到“十一五”（2010年）末，全国实际开工建设保障性住房1600多万套，超额完成任务。随后，中国又设立了公租房制度，将保障房覆盖到更加广泛的夹心层（中等偏下收入群体、城镇新就业职工、稳定就业居住的外来人口等），并且在“十二五”期间完成了约4000万套保障房的开工建设任务。

现在我们已经建起了体量巨大的、租赁为主的保障房。接下来的问题是：如何运营管理好这些保障房，使之长期可持续？熟悉老公房失败的人，都知道这个问题的重要性。本书因此有重要参考价值：它从透视美国经验的角度，回答了这个问题；因为如何使保障房长期可持续，也是美国公共住房运营管理中遇到的最大问题，80年的美国保障房变迁都围绕这一核心问题展开。

本书提供的经验是，美国的公共住房新建时都很好，但是由于长期可持续的运营管理机制不到位，一二十年后，慢慢就蜕化成了贫民窟，或者运营不下去了。然后开始改革，美国先后尝试了开发商提供、社会组织提供，最后构建起了一个政府、企业、社会组织多方参与、公私联手、合作治理的共生系统。这些经验对于中国非常重要。中国应该选择性地加以借鉴，并在此基础上，积极探索中国特色的政府监管、市场运作、高效持续的管理体制，创新运行模式、落实运行资金、提高服务效能，着力破解保障房长期可持续运营管理的难题。

本书是热情与经验相结合的产物。马秀莲自己也在书中提到，一个偶然的契机，刚从美国留学回来不久的她，被卷入中国如火如荼开展的保障房建设研究中。之后，她持续热情地投入，先后两次到美国实地调研，撰写专栏；数年持之以恒地研究中国住房问题；然后才有本书的辑集出版。在本书里，她将美国80年里保障房成功与失败的经验教训，以第一手调研（而不是第二手资料）的形式，呈现给大家。图文并茂，有叙有议，有记者白描式的描写（得益于她原来的记者功底），也有学者细致缜密的分析（得益于她现在是一位住房研究学者），相得益彰。当然，更重要的是这本书所提供的宝贵经验借鉴。

在住房政策领域奋斗近十载，“安得广厦千万间、大庇天下寒士俱欢颜”是我们这些政策制定和执行者的心愿；严谨、认真的学者——如马秀莲者——也有同样的初衷。他们的工具，则是通过将学术研究和经验现实相结合，撰写更多对于政策制定者、实践者，以及其他研究者和普通大众都有所裨益、启发的书籍。那么，这本书就是其中之一。

刘志峰

2018 年 7 月

住房和城乡建设部原副部长、党组副书记

中国房地产业协会会长

前　言

2011 年，国家行政学院召开“住房保障与房地产市场调控”省部班，落实 3600 万套保障房建设任务。这是 2007 年中国住房政策向保障方向回归后，学院第一次召开如此高规格的住房保障培训班。因为我刚从美国留学回来，主任说：你做一个美国的案例吧，看看人家有什么经验教训，为政策制定实施提供一些参考建议。于是做了哥伦比亚角公共住房案例——讲波士顿的一个公共住房项目，在半个多世纪，从兴建到衰败到退化为贫民窟再到重建的过程。这个案例也成为我从城市研究本业转入住房研究的开始，并至今。最初的研究从美国开始并着重于美国——本书即是对此阶段的一个总结。

（一）

之后的那个寒假，我正好去美国湾区伯克利度假，萌生了从城市层面考察美国如何解决保障房问题的想法。接下来我进行了一系列调研采访：从市议员，到政府住房部门官员，到非营利住房组织老总，再到住房合作社组织者以及社区组织者等。这些采访当年晚些时候在《中国经济时报》以“美国城市如何解决保障房问题”为题，连载发表。它系统介绍了一个美国城市从供给（政府、开发商还是非营利组织提供）、需求（租金补贴）以及价格（租金控制）等三个方面解决住房问题，使之可承担（affordable）的具体措施和手段，以及背后所包含的理念：我们想建一个什么样的社区？我们想要一个什么样的城市？

调研中最大的发现就是，在半个多世纪中，美国的保障房提供已经在政府直接提供、开发商提供的相继失败之后，走上了非营利组织提供的道路，于是我萌生了进一步调研非营利组织提供保障房的想法，并有了第二次湾区调研之行。调研发现，湾区保障房不只是非营利组织提供，并且已经形成了一个非营利组织、开发商和住房管理局提供住房，中介组织提供服务，银行及各种制度投资者提供投资与市场约束，政府（从联邦到地方）提供规划指导以及最终资金来源的一个多方合作参与的网络化治理结构。这些调研采访内容，2014 年再次在《中国经济时报》以“社会组织如何提供保障房”为题，连载发表。美国保障房提供中的内部市场（或准市场）构建、公私合作（PPP）模式的应用，以及网络化治理的形成等，均已涉及公共服务提供治理问题的核心。

本书即在这两次调研连载的基础上形成，并加以扩展。

（二）

这本书放在世界各国住房体系的框架中来读，图景和逻辑会更清晰。

除了极少数例外，在各国住房体系的构建中，市场都起着重要作用。在凯梅尼（Jim Kemeny）关于住房体系分类中，美国属于“二元体制”——即市场与政府两部门割裂并行。在剩余福利体制下，这就表现为，市场是提供与满足住房福利的主要手段，只有对于市场无法满足的群体，政府才加以保障——即保市场之剩余；而且出于贯彻“不与市场竞争”原则的需要，政府对这一保障部门严格掌控，甚至使之具有了指令经济（command economy）特征。这对应于欧洲“一元体制”下的住房提供。在后一住房体制下，并无市场、政府两部门的割裂并行。相反，各种社会力量（如教会、工会、协会等）以及政府提供的成本型住房，与市场住房相互竞争，从而形成更加接近真实成本的社会市场——因为它是为实现社会目标而建构的市场。

美国是典型的剩余福利型“二元体制”，这是我们理解美国保障房体制变迁的基本前提；其出发点，便是公共住房制度。本书用大量篇幅探讨了美国公共住房的失败问题。伯克利公共住房调研，以及哥伦比亚角案例都试图深入阐述这种剩余型“二元体制”以及指令性特征如何成为导致美国公共住房失败的根源，包括：保障部门的剩余化导致资助始终不足；指令性特征导致保障部门自主性被剥夺和日益官僚化；等等。最后的结果是公共住房的贫民窟化并不可持续。

本书也试图探讨这一美国保障房制度的由来（在关于凯瑟琳·鲍尔的一文中有所谈及）。美国当年也曾经试图建立以德国为代表的“一元体制”模式，即大规模建造针对大多数人的保障性住房（或成本型住房），但是这样的政策动议终究没有成功。这不仅仅是自由放任的市场主义至上的结果，银行与地产商所构成的增长联盟在这一过程中也发挥了重要的阻挠作用。

公共住房的贫民窟化及不可持续需要一个解决方案。本来，市场的最大化把政府保障逼到了墙角，现在，解决方案并不是调整政府、市场边界之政治经济学式的，而是公共管理式的，即对公共住房的政府直接提供进行市场化改革，打破政府这一封闭体系，通过引入社会组织与开发商，采用公私合作、构建多元主体竞争的准市场等方式加以提供（这一观点，见《从政治经济学到新公共管理》一文的讨论）。

中国现在已经走上了这条剩余福利型“二元体制”的道路——这正是本书对于中国之意义所在。关于中国走上了这条道路的过程、制度原因与结果，需要另一本书来加以探讨。本书则更加对应于中国保障房部门的构建。事实上，笔者对于中国公租房部门的调研已经发现，公租房部门多少类似美国当年的公共住房，基本还停留在政府或者准政府提供阶段——主要通过国有企业、事业单位进行地域垄断式的提供，没有市场竞争机制，也没有公私合作。这种垄断模式固然可以降低交易成本，但也带来市场效率损失及治理问题，并包含未来不可持续甚至贫民窟化的隐患。因此，美国的保障房具有直接借鉴意义，即构建一个更具活力、更可持续的公租房部门至关重要。

（三）

有必要指出的是，本书只涉及保障房问题，它的参考经验并不足以完全解决中国的住房问题——因为还有市场的部分待解决。今天中国已经形成剩余型住房福利制度，但是相比美国而言，市场并没有成为非常有效的保障手段——中国是世界上房价收入比最高的国家之一，这一点已足以说明。让市场成为更加有效的住房保障手段，这才是解决中国住房问题的关键，至少就目前而言。

这时候，改革的声音和实践不绝于耳。第一种声音听闻于关于雄安新区的讨论——比如说，雄安新区的房子只租不卖。这种做法是要缩小甚至取消市场。这显然是行不通的。一是可以扩大政府，但是不能没有市场。二是扩大政府到何种程度？持这种观点者，心中的典型是新加坡模式。这一模式我们在 20 世纪 90 年代住房市场化时期曾经尝试过，但未能成功，现在更不可能。三是我们当下更应该做的，是理顺市场，向“房子是用来住的，而不是用来炒的”的居住功能和使用功能回归，使市场成为能帮助实现社会目标的市场。

第二种，即目前正在开展的实践——租赁住房市场建设与集体土地建出租屋的试点改革——正在往这一方向走。一方面，在保有权上，它旨在从原来的产权优先转向租购并举；另一方面，它有助于构建土地来源和租赁房提供都更加多元化的市场——而土地提供的政府垄断以及住房提供的开发商垄断，是市场无法成为中国住房福利提供有效手段的核心症结之一。由于试点正在进行，这些打破垄断的措施将在多大程度上彻底地加以贯彻且带来社会增益，仍须拭目以待；其中的一系列制度设计（比如集体土地建出租屋等带来的低成本如何让渡给消费者）也都有待进一步完善。并且，我们只是构建一个更加多元、开放、竞争的市场，还是再向前迈一步，构建出一个社会市场？——这就进入市场与保障之间关系的探讨了，而这一问题尚未破题。

只有当我们构建了一个更加有效的市场，同时又避免重蹈保障房领域不可持续的覆辙，并协调好政府与市场之间的关系，中国的住房问题才能够真正解决。

（四）

这本书始于美国湾区调研，因此首先感谢那些在调研中给予过帮助的人。

Vito Lab 是最早的引荐者——带我去见了 Jesse Arreguín，当时的伯克利市议员，现在已是市长——采访从那里开始。Vito 不仅是房东，更是萍水相逢的莫逆之交，永远不会忘记他在列侬的“Stand By Me”中说，“I stand by you”。愿他天堂里安息。

斯蒂文·巴顿（Stephen Barton）是第二位在采访中给予过我巨大帮助的人。左派，但是认为我比他更进步主义。把亨利·乔治介绍给我，并为我勾画出了从公共住房到开发商建房再到社会住房的发展脉络。

乔尔（Joel Rubenzahl）和马特（Matt Schwartz）都是第二次调研中的关键人物。给我引荐各种人；并一次次地见面，交流关于保障房如何才能成功的真知灼见——这是他们奋斗了一生的事业。比如乔尔说，关键是交叉补贴；马特说，政府（住房管理局）也要像非营利组织一样运营。我曾经问马特为什么如此无保留地帮助。他答：中国太重要了！任何发生在中国的事情，我们都不得不关注，并尽可能地提供帮助！我想，这不仅仅因为湾区阳光灿烂，还因为从事保障房事业的人，都有更宽大的胸怀。

所有接受采访的人，均素昧平生，一封电邮就同意了采访。最远的那次，坐了四个多小时火车，到了加州中部的弗雷斯诺。CEO 普雷斯顿·普林斯（Preston Prince）不仅陪我聊了一两个小时，他的下属还花了大半天时间陪我看项目，并抢着为我的午饭付费，说：

否则老板会开除他的！

我无法一一列举那些接受过我的采访，或者给过我帮助的人：伯克利从事房地产（尤其是保障房）咨询的玛丽安·沃尔夫（Marian Wolfe），伯克利教授（后来成为湾区政府协会首席经济学家）辛西娅·克罗尔（Cynthia Kroll），市长高级住房助理加尔文·方（Calvin Fong），伯克利住房管理局局长蒂亚·英格拉姆（Tia Ingram），TNDC的CEO唐·福尔克（Don Falk），RCD的执行总裁丹·萨威斯拉克（Dan Sawislak），约翰·斯图尔特公司（John Stewart Company）CEO杰克·加德纳（Jack Gardner），等等。我看到了他们对保障房事业的热爱，看到了理念——这个世界，需要有理念的人支撑。

还要感谢国内给予过帮助的人：老主任龚维斌，为我进入住房研究领域提供契机并批准了我的第二次调研；《中国经济时报》时任总编、社长许宝健——他的首肯和鼓励使最初的调查得以成行；编辑张娜和赵志芳，耐心等待和编辑我的每一篇稿件；以及中山大学朱亚鹏教授，我们在住房问题上的立场如此接近……

最后要感谢社会科学文献出版社编辑陈颖，她为本书的框架、结构提供了重要的参考建议，并且最大限度地容忍了我的拖沓，没有她的帮助，此书无法成型。

目录

CONTENTS

第一篇　访谈篇

一 美国城市如何解决保障房问题?

去加州伯克利看一看

在美国，普通家庭3~4年的收入可以买一栋别墅，但在伯克利却要11~12年；高房价使伯克利只有不到20%的人能买得起房，并且成为一个以租为主的社区。但向往的人们仍然从美国乃至全世界汇聚到伯克利。事实是，无论富人还是穷人都在伯克利较好地获得了宜居。伯克利究竟用什么办法，有效地解决了它的住房保障问题?

伯克利的包容与安居

2012年春节前夕，我没有回家过春节，而是坐上前往美国旧金山的飞机。此行是去旧金山湾区的伯克利度假，但同时还有一个计划：考察当地如何解决住房保障问题。

此时，国内住房体系建设中的问题已经暴露无遗。虽然政府实行限购令已有时日，房价仍然远离普通老百姓的收入；“十二五”期间完成2500万套保障房开工建设的宏大计划也已经开始实施[①]，

① 后为3600万套——笔者注。

但是人们还没有切实感受到它的好处。对于房子问题的解决，人们似乎已经逐渐失去耐心和信心。此时，去成熟市场经济国家考察，尤其是深入基层看看人家是怎么做的，不失为一条对照省察自身问题的捷径。

我要去的伯克利，虽然是一个只有11.3万人的小城市，但是由于它所在的旧金山湾区是美国一块集金融中心、硅谷、世界名校（如加州大学伯克利分校）等于一身的黄金宝地，这一带成为美国房价最贵的地区。在美国，普通家庭3~4年的收入可以买一栋别墅，但是在伯克利却要11~12年；高房价使伯克利只有不到20%的人能买得起房，并且成为一个以租为主的社区（55%的家庭租房，全美国的比例是35%）。

伯克利是位于旧金山湾东岸阿拉梅达县的一座海滨城市，南接奥克兰、埃默里维尔，北邻奥尔巴尼和肯辛顿。2010年人口普查，伯克利人口112580人。

图片来源：https://whitneylab.berkeley.edu/。

但是，向往的人们仍然从美国乃至全世界汇聚到伯克利，在这个嬉皮士的发源地从事艺术创作，在这个有国家原子能实验室的地方从事科学研究，在世界名校加州大学伯克利分校求学。事实上是，各类精英（除伯克利本身的以外，还包括来自硅谷的技术精英和来自旧金山的商业精英）与穷人（包括穷大学生、穷艺术家和较穷的黑人）都在伯克利较好地获得了宜居，使这个城市充满了无可比拟的活力和生机。

伯克利究竟用什么办法，有效地解决了它的住房保障问题?

在伯克利期间，我先后采访了市政官员（如议员、市长助理、政府住房部门负责人）、住房非营利组织执行总裁、住房合作社成员等一系列相关人员。有一些当时没能见上面的，我回北京之后又继续通过电话进行了采访。这些人的描述从不同层次、不同角度呈现了伯克利市住房保障政策演进过程及效果，为我们开启了一扇从细微处了解美国社会解决住房问题的窗口。

成功市场模式的结果?

我原先以为，伯克利的成功，是美国市场住房模式日臻成熟的表现，伯克利不过是美国模式的一个微缩。这个模式，简言之，就是“市场+政府”。其中，市场是主导，所以鼓励大家尽量到市场上买房或者租房；同时政府为补充，对于市场解决不了的，政府要加以保障。相比之，我们几乎正站在这一模式失败的起点上：我们主张市场主导，但是我们的房价高到大多数老百姓买不起，甚至租不起，实际发挥不了市场的主导作用；我们主张政府保障，但我们的保障房数量远远不够，不能充分发挥政府应尽的保障作用。所以才有了今天的困境。

在这个“市场 + 政府”模式上，我们之于伯克利（美国），就好像一个已经步入中年成熟期，另一个还在跌跌撞撞学步。要化解我们今天的困境，需要学习美国模式走到今天的成功经验。

半个多世纪前，20 世纪 30~40 年代的美国，和今天的中国相似——大量的家庭买不起房，或者还不起房贷；由于保障房短缺，人们拥挤于棚屋之中。也正是从那时候开始，美国决心重塑这一自由放任的市场化住房模式，开始两条腿走路。

曾经，无力承担昂贵房租的人们只能住在棚户区和贫民窟。
图片来源：http://www.nairaland.com/488110/picture-slums-usa。

一是让市场归位，发挥其主导作用。其中一个重要做法，是实行长期、固定利率且政府保险的低息房贷，支持大量中等收入家庭买房（美国政府住房资助的 75% 用于支持中等收入家庭买房，只有 25% 用于低收入家庭的住房保障。这与其市场主导的初衷一致）。并且，在半个多世纪里，美国通过各种手段，始终将住房价格收入比维持在 3~4 的水平。

二是发挥政府的保障作用。政府不仅承担起了对穷人应尽的保障责任，而且在半个多世纪里，它以住房支出不超过收入 30% 作为标准，先后尝试了公共住房、资助开发商建房、Section8 住房补贴等方式，力图寻找最佳的住房保障方式，为低收入家庭提供住房保障。

这些探索正是我们需要学习的，伯克利将提供一个生动的案例以供剖析。

人民（社区）的力量

但是我很快发现，我的认识简单化了。“市场+政府”模式，在高房价的伯克利，只能发挥有限作用。

我到伯克利的时候，城市还没有完全走出金融危机的阴影。虽然房贷利息已经到了历史最低点（约1%），人们仍然买不起房（2010年，伯克利的别墅中位价是76.7万美元，美国是19.2万美元）。而且，因为经济不景气、失业等原因，很多家庭面临着还不起房贷，房子被银行收走的危险。同时，伯克利的房租也是全美最贵之一（超过纽约）；美国房租中位价是799美元，伯克利是1450美元。

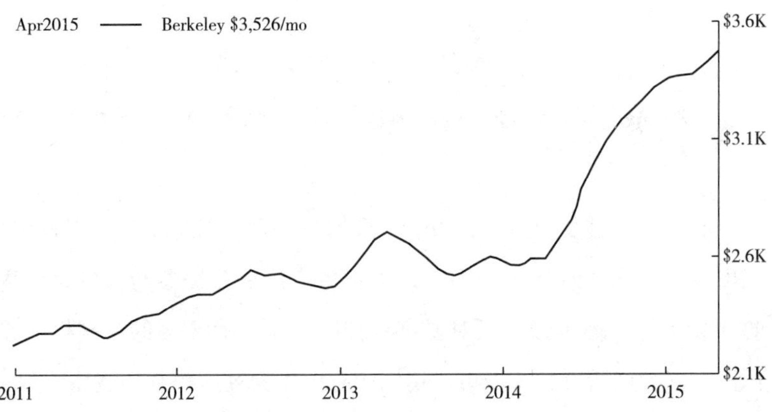

伯克利一路飙升的房屋租金。2015年，Zillow地产公司发布伯克利房租中位数为$3,526。

图片来源：https://www.zillow.com/。

传统的联邦保障政策也显得捉襟见肘。当一个城市有将近 20% 的贫困人口，而且房价几乎全美最贵时，联邦要资助多少房补才够呢？事实上，从 80 年代里根政府以来，联邦不断削减资金，下放包袱，住房已经越来越成为一个地方问题。伯克利需要制度创新，在高房价下提供住房保障。

在伯克利的制度创新中，进步力量扮演了重要作用。从 20 世纪 60 年代开始，美国很多主要城市（如波士顿、芝加哥、旧金山等）都至少受到短暂的“进步”运动的影响，一些小城市如伯克利，其政府甚至长期由进步势力控制。我采访的议员、住房管理局官员，以及市长住房问题助理等，都是持进步主张的人。

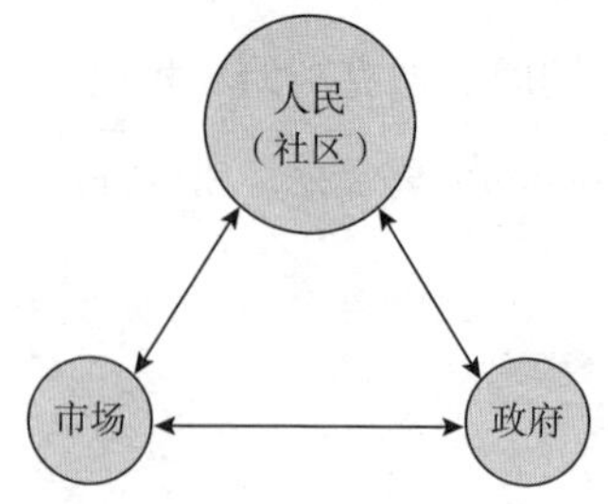

美国的“市场—政府—人民（社区）”模式，赋予人民极大的力量
资料来源：自制。

伯克利的进步力量，在市场—政府—人民（社区）三方架构中，突出强调人民（社区）的力量，主张更广泛的公民参与，更大程度的社会平等；还主张人民对城市（社区）发展有更多的控制权，并积极发展社区所有权（城市或集体所有）作为社区控制的载体。

历史上最激进的例子，莫过于 20 世纪 60 年代末，市民将一块被加州大学伯克利分校征用后又因改造资金缺乏而长期废弃的社区土地改造为“人民公园”，种上了鲜花、绿树，为人民所有（时任加州州长的里根以保护私有产权为名派国民卫队进驻，结果发生了流血冲突，其后这一公园始终为市民占有）。现在，社区的居民们也会为了阻止比如沃尔玛这样的大型超市的进入而动员起来（因为它会冲击社区里的夫妻小店），提交动议，甚至进行公投。

伯克利人民公园毗邻加州大学伯克利分校，在1960年代市民们的自发性政治活动中诞生。

图片来源：https://en.wikipedia.org/wiki/People%27s_Park_(Berkeley)。

在住房方面，20世纪70年代，为了应付租金攀升，伯克利实施了租金控制、社区保护法令、区划法令、住房标准等一系列管理性措施。同时还大力发展以集体和公共所有权为基础的住房合作社和非营利组织住房。

因此，我在伯克利看到许多各种与众不同的住房保障方式。

一次和一对在伦斯国家实验室工作的美国师生同乘。他们都租住一居室，但是价格大不一样。学生的1400美元/月（为了节省房租，找了室友同挤一个卧室——这在美国倒也不多见）；老师的却只有500美元/月——他住的禅修中心实行租金控制，房租还停留在十多年前的水平。

还有一次采访一个住房合作社，虽然周围的一居室已经卖到了十多万美元一套，合作社里的却只要15000美元，而且每月房费支付不超过450美元，不到市场房租的1/3。当然，合作社里的房子不能在市场上出售，只能连同增值一起传给社区后来的人。

最有意思的一次，是去一个共同社区采访（所谓共同社区，就是社区中的每户独立支付自家房子的房贷，但是分摊共享空间的房贷），社区备有客房，谁家朋友来了，5美元就可以住一个晚上。

扬弃和超越?

伯克利解决住房保障的方式，是对“市场+政府”模式的发展和扬弃吗？美国模式和伯克利的方式，哪一种对中国更有借鉴意义？我希望这次的采访能搞清楚这些问题。

（《中国经济时报》2012年5月17日第8版）

伯克利市议员谈可承担性住房措施

在可承担性住房政策的工具箱里（包括价格——租金控制，供给——政府、开发商或非营利组织建房，需求——房租补贴），伯克利的主要可承担性住房措施，正好是联邦未用的另一半：联邦使用公共住房、补贴开发商建房和房租补贴，伯克利则使用包容性区划、非营利组织建房和租金控制。

最有活力的小城

伯克利是全美房价最贵的城市之一，但伯克利也是我见过的最有活力的城市之一：从流浪汉、艺术家到售货员再到金融高管；从白人到黑人、墨西哥人和亚洲人；从穷大学生到诺贝尔经济学奖获得者和核能研究科学家……他们都能在这个只有11.3万人口的小城找到一席之地。保持多样性，让不同收入、职业、年龄、种族和宗教信仰的人群在此和谐相处，是伯克利的梦想，也是它的现实。伯克利的可承担性住房（Affordable Housing）政策显然功不可没。

伯克利究竟有哪些主要的住房保障措施？2012年春节前一天，在当地朋友Victor Lab的陪同下，我采访了伯克利市议员Jesse Arreguin。

各色人种，各类人群在伯克利愉快和谐地生活。伯克利的可承担性住房措施给各种各样的人提供了在这个城市落脚扎根的机会。

图片来源：http://berkeleycollege.edu/berkeley_bc/berkeley_today/berkeley_today_story_10427.htm。

Jesse是Victor所在街区居民直选出来的议员，今年还不到30岁，是伯克利历史上第一位西班牙裔和最年轻的议员。他曾在伯克利租金稳定委员会、规划调整委员会等机构任过职，并曾担任过议员助理，协助处理可承担性住房问题，有丰富的经验和知识。

议员Jesse Arreguin，后来（2016年）成为伯克利最年轻的市长，也是伯克利第一任拉丁裔市长。

图片来源：http://www.sfgate.com/bayarea/article/Jesse-Arreguin-elected-as-Berkeley-s-youngest-10604998.php。

在采访之前，我想象 Jesse 呈现给我的，将是一个镶嵌在联邦政策背景框里的伯克利情况。从大萧条后美国立志解决穷人的住房问题开始，联邦住房保障政策经历了三个阶段，并有其内在发展逻辑。首先是大规模公共住房（相当于我们的廉租房）建设。政府建房，显然是快速增加保障房供给最有效、最直接的办法，就像我们的保障房也首先从政府建房开始。其次是政府补贴、开发商建房。60 年代开始，政府更希望采用这种公私合作方式，以减轻自己的负担。然后是房租补贴。当 70 年代中期的一个大型调查结果显示，最突出的住房问题已经不再是房子不够，而是穷人付不起房租时，政府果断地从建房转向了租金补贴，即补贴穷人到市场上租房。

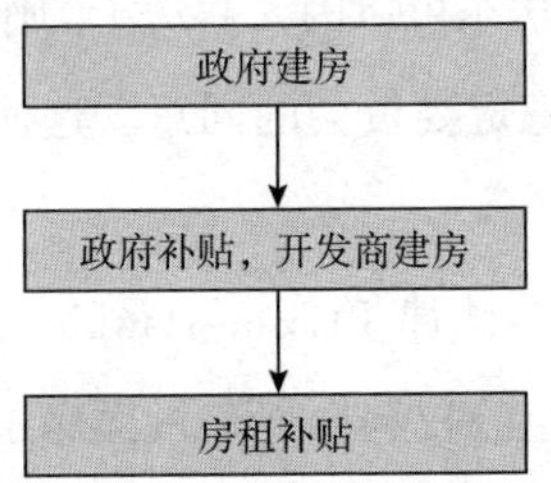

1980 年代前，联邦住房保障的三个阶段

资料来源：自制。

我以为伯克利多少会在这个联邦的政策框架里运作，但听议员下边的介绍就知道，实际相差很远。

主要保障措施：价格与供给

第一，租金控制。伯克利有一系列的可承担性住房支持计划，其中最大的一个是租金控制（所谓可承担性，是指住房支出不超过家庭收入的 30%）。

1950~1970年代，湾区经济快速发展，带来了多年住房费用不断上涨。同时，社区里又兴起了推旧建新运动：将很多可承担的旧建筑推倒，建造更大的公寓楼，以容纳更多的租户，产生更多的收入，但是租金比原来要贵很多。这促使选民于1973年投票通过了《社区保护法令》(Neighborhood Preservation Ordinance)，限制推旧建新（比如推倒后，新建住房数量必须相同或更多）。但是租金仍然伴随着新房增加而一起上涨。于是只能采取租金控制，法令于1980年经选民投票通过。

直到20世纪90年代中期，租金控制的作用是：房子一旦租出，租金就一直维持在这一水平，只能在基于运行成本、通货膨胀等基础上，由租金稳定委员会进行年度调节（一个先是任命，后为选举产生的机构）。当然，房东可以因为对房子的作业（如修缮）而提租，但是也需要经过租金稳定委员会的同意。这使伯克利的租金获得了10~15年的稳定。

但1995年加州修改法律（Costa-Hawkins法），免除了地方政府可以永久性地固定房租的权利，规定每次房子出空，房东都可以将房租恢复到市场水平（以前即便房子出空了，房租也不能变）。1999年，这一法律开始正式实施，房租立即大涨（如一居室租金从700美金变为1200美金）。

但是，租金控制现在仍是伯克利提供可承担性住房最主要的手段。在现在的“适度租金控制”下，一旦租户入住，除非经过租金稳定委员会的同意，租金仍不能上涨。所以房东不可能随便跑来对你说：我们打算明天提租到多少啦。伯克利还有很多租户1995年之前就入住了现在的地方，他们的房租被控制了，除非租金稳定委员会的同意，否则是不能随便提高的。租金控制使租户获得了一个相对稳定的居住环境。由于伯克利是一个以租赁为主（55%）的社区，因此，租金控制对于伯克利来说非常关键。

第二，建房。伯克利市解决住房可承担性问题的第二个重要手段是为低收入家庭多建房。

首先是使用住房信托基金，让非营利组织建房。在过去的10~20年里，伯克利建了很多房子，包括一两千套可承担性住房。

伯克利市于1990年设立住房信托基金，旨在汇聚各种来源的资金，为低收入家庭建房，其中有联邦资金（如再开发资金），也有地方资金（如收取的影响费）。伯克利收取各种不同的“影响费”，比如，将出租公寓改为产权式公寓（即condo），就要交一笔影响费，用来抵消对租赁市场的影响。这笔钱就进入伯克利住房信托基金，用来给低收入家庭建房。

非营利组织为老人建造的保障房（Helios Corner共有80个单元，位于大学路，由当地非营利组织Satellite Affordable Housing Associates开发，Mikiten Architecture公司设计）。

图片来源：http://www.mikitenarch.com/helios-corner---berkeley.html。

这一住房建造通常是非营利的。湾区有各种非营利建房组织，其中有一些就在伯克利。住房信托基金以低息贷款的方式提供给他们，由他们建房，但有两个前提，一是所建造单元必须提供给地区中位收入 60% 以下的家庭（即收入不超过地区中位收入的 60%。如果地区中位收入是 30000 美金，这些家庭的收入应不超过 18000 美金。美国城市和住房发展部每年计算一个都市区的地区中位收入）。二是大楼在 30 年内都“可承担”。

住房信托基金还是一个种子基金，在积聚资金上，有杠杆的作用。一般一个可承担性住房项目需要几千万美元，市里平均每个项目提供大约几百万的信托基金资助，借此汇聚更多的私人和政府资金（如银行贷款、州或联邦资助），填补中间的缺口，使项目能够最终运作。

除了建造新房外，住房信托基金现在还用来收购、修复旧的公寓楼，提供给低收入家庭。现在美国也在考虑建立全国层面的住房信托基金。

其次是利用包容性区划，让开发商提供可承担性住房。即发展新项目时需满足一个条件：对低收入家庭是可承担。在伯克利，一个新建项目如果满 5 个单元，必须有一定比例房子的租金是地区中位收入 80% 以下的家庭可承担的。通过这种方式，伯克利新建了大约几百套可承担性住房。

伯克利包容比例是 20%。这可以实现两个目的：一是通过开发商生产更多的可承担性住房；二是提升经济多样性，项目不再只为同一收入群体（比如富人）建造；而且可承担性住房必须融合于整个项目中（如不能都在底层，大小与市场性住房单元一样，等等）。

但是，最近（2009 年）的 Palmer V 洛杉矶市判例，使包容性区划不再适用。这要回到 1995 年通过的使“强租金控制”不再适用的 Costa-Hawkins 法，该法剥夺了地方政府永久性地固定租金的权力。现在根据该法，加州高院判定，地方政府也不可以通过包容性区划永久或长期地固定租金。

一夜之间，包容性区划不再对租赁房有效（产权房不在此列）。除了伯克利，这一判决还影响到了洛杉矶、圣莫尼卡、旧金山以及加州其他许多将包容性区划作为提供可承担性住房的重要手段的城市。

因此，伯克利只能开始寻找新的途径。其中一个办法已经想了好几年，其他城市在 Palmer V 案之后已经开始采用，就是收取可承担性住房影响费用——将对伯克利所有的公寓建设进行征收。目前已经通过了允许征收的立法，但是该收多少，还在讨论之中。

还有一个办法是密度奖励（density bonus）。这是一项州立法。20 世纪 70 年代末、80 年代初就开始生效，该法规定，如果开发商设一定比例为可承担性住房，就可以将大楼盖得更高，获得比城市规定比例更高的“密度奖励”。之前，因为伯克利实行包容性区划，开发商自动获得密度奖励（35%）。开发商必须自愿提供一定比例的可承担性住房，才能获得密度奖励。但是这对开发商激励也很大，也是他们愿意提供可承担性住房的一个重要原因。市议会最近刚刚批准了一个项目，自动设定了一定比例的可承担性住房以换取密度奖励。

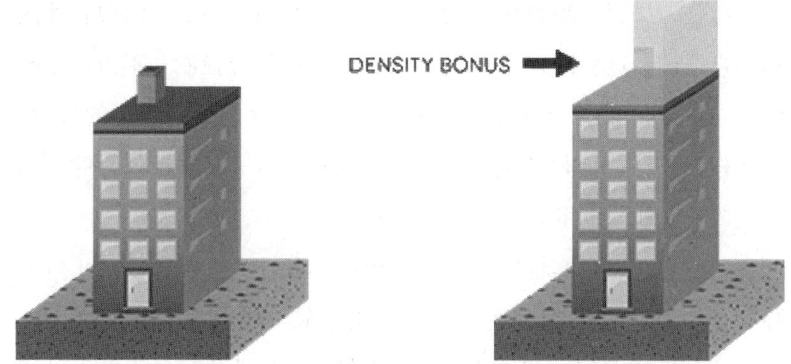

密度奖励：开发商通过实行包容性区划获得建造更高建筑的权力。

图片来源：http://www.cnv.org/city-services/planning-and-policies/land-use/density-bonusing。

政策工具箱里的另一半

听完 Jesse 的介绍，我很感慨伯克利市为解决社区的住房问题所做出的努力和所经历的曲折。在可承担性住房政策的工具箱里，包括租金控制（价格），政府、开发商或非营利组织建房（供给），房租补贴（需求），伯克利主要的可承担性住房措施，正好是联邦未用的另一半：联邦使用公共住房、补贴开发商建房和房租补贴，伯克利则使用包容性区划、非营利组织建房和租金控制。

（《中国经济时报》2012 年 5 月 22 日第 4 版）

伯克利市：三十年租金控制“得与失”

租金控制能给租户提供一种类似于买房者通过房贷获得的稳定感。有了居住的稳定感，租户在这个城市生活的安全感以及社区认同感都会上升，城市也将因此变成更加包容的城市。

国内的存疑与争论

近两年，随着美国高房价下租房者增多，房租快速上涨（甚至每年两位数飙升），租房者急需一个稳定的租房环境。一些学者因此提出了实行租金控制、保障租住权利的建议。

但是，这一建议立即遭到强烈反对。一些经济学家更如同遇到洪水猛兽，列举出了租金控制的种种弊端：限制房东财产权、导致供给短缺、使房东缺乏维护动力、房子质量严重下降、导致黑市逆行，等等。

就连希望租金稳定的普通老百姓，乍一听到租金控制，也会心存疑虑：这种行政而非市场的手段，可行吗？

对于这些莫衷一是的争论，伯克利市或许更有发言权。伯克利实行租金控制已有三十年，租金控制至今仍是最主要的可承担性住房措施之一。同时，一个不可否认的事实是，租金控制从始至终都是伯克利最具争议的公共政策之一，还被迫经历了从“强租金控制”到“适度租金控制”的转变。伯克利三十年租金控制的成败得失，应该能更好地回答我们的疑问。

在租金控制问题上，我访谈最多的是伯克利租金稳定委员会副主任斯蒂文·巴顿（Stephen Barton）。巴顿是一位举止温和的学者型官员，拿过伯克利分校城市规划学博士学位。自 1989 年就开始以规划者身份为伯克利政府工作，此后一直是伯克利政府住房部门的主要负责人，并发表了大量学术文章，对伯克利的可承担性住房实践（包括租金控制）了如指掌。

斯蒂文·巴顿（Stephen Barton），加州大学伯克利分校城市规划学博士，伯克利政府住房部门主要负责人。

图片来源：http://www.eastbaytimes.com/2015/11/18/berkeley-tax-proposed-to-fund-low-income-housing-2/。

三十年的实践

一 拆旧建新与“第13号提案”

由于社区的拆旧建新直接推高房租，伯克利于1973年通过了《社区保护法令》，对其进行严格限制：新建住房数量必须与拆旧房数量相同或者更多；新建住房要有20%的可承担性住房（即采用包容性区划）。但是房租还是随着新房供给增加一起上涨。伯克利不得不采取租金控制。

房租的上涨，实际上是土地收益从无房者向房东的一种收入转移，以房租的形式实现，因此可以用税收方式将这种收入转移征收出来。但伴随1978年加州“第13号提案”的通过，这条路被堵死了。“第13号提案”以修改加州宪法的形式对房产税进行了封顶。租户们竟然还都投了支持票，因为他们相信了这样的说法：如果房产税降低的话，房子运行费用就会降低，租金自然也会降低。

Proposition 13		
Choice	Votes	%
√ Yes	4,280,689	62.6
No	2,326,167	34.0
Invalid or blank votes	236,145	3.4
Total votes	6,843,001	100.0
Registered voters and turnout	10,130,000	23.4

“第13号提案”在加州通过（https://en.wikipedia.org/wiki/California_Proposition_13_(1978)）。

事实上，租金并没有随房产税一起下降。这曾激起租户的巨大不满。加州很多城市（包括伯克利在内）都不得不开始实行租金控制，停止（至少部分）这种收入转移。

二　限制租金和正当理由驱逐

1980年，伯克利通过了租金控制法令（措施D），成立了由9人组成的租金稳定委员会。法令包含了伯克利租金控制的两个重要基石：一是限制租金，将1980年5月31日的房租作为“基础房租”，设定年度调节率，只允许租金根据运行费用进行调节，其他上涨或下降都必须经听证决定；二是正当理由驱逐，房东只有在拖欠房租、对住房造成损害等正当理由下，才可驱逐租户。

法令还要求所有的出租屋进行租金登记，并交纳注册费，以保证整个租金控制项目的进行。此举受到了大房东（尤其是拥有几千出租单元的）的抵制。到年末，只有40%的出租屋缴纳了注册费，其中有26%提供了租金信息。1982年，更严格的法律出台，对未注册或晚注册者施以重罚。结果，三个月内，注册率立刻翻倍（租金控制豁免1980年之后的新建单元）。

在提高住房的可承担性上，租金控制效果明显。1980~1990年，湾区房价指数涨了106%，伯克利只涨了54%。房租比不实行租金控制要低35%~40%。

三　从强控制到适度控制

1995年，加州Costa–Hawkins法的通过，使伯克利不得不从“强租金控制”（strong rent control）向“适度租金控制”（moderate rent control）转变。两者的根本区别在于，是否对空房解除控制。“强租金控制”永久性地限定房租，而“适度租金控制”只对入住期间的租金进行控制；一旦租户搬走，房子空出来，房租即可恢复到市场水平，再从下一个租户入住开始重新控制。

州法在三年过渡期后，于 1999 年开始正式实施。房租立刻出现暴涨，租户抱怨不断。许多租户向租金稳定委员会抱怨被无理由驱逐（然后房东可以对空房提租）。房东们则解释称："我们不过将原来被强行压低的房租恢复到市场水平，让那些饱受折磨的租赁房在自由企业的阳光下得到修复。"

租户抱怨房租高涨，呼吁抵制 Costa-Hawkins 法。

图片来源：http://rentsandrants.blogspot.com/2015/04/time-to-overhaul-costa-hawkins.html。

事实上，伯克利现在的租金控制已基本没有控制房租的作用，但是可以给租户提供一个稳定的、可预期的租住环境。租金控制仍

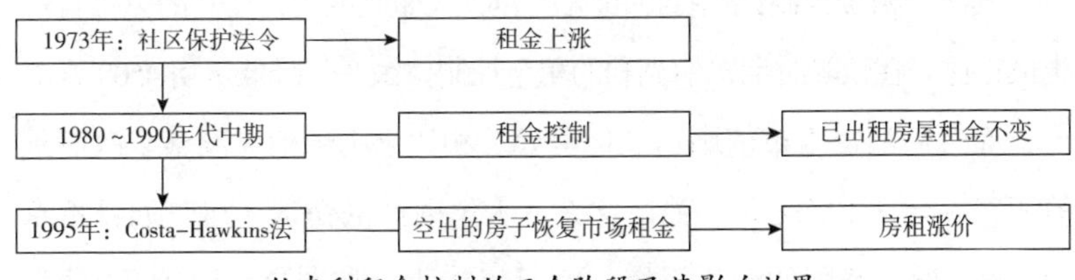

伯克利租金控制的三个阶段及其影响效果

然保护着社区中大约 1.9 万户租户（这些租户大多收入较低）：他们的房租不会随便乱涨，他们也不会随便被驱逐。其中有 3500 户仍然享受着强租金控制时期极低的房租，这当中有大约 2000 户是真正的低收入家庭，无任何可能在市场上租得起房。

租金控制可行吗

一　租金控制在政治上难实行

巴顿说，伯克利的强租金控制并非从经济学上，而是从政治上被击败了。

经济学家所列举的种种弊端在伯克利并没有出现。比如，出租屋数量并没有显著减少（虽然确实有一部分房子从租赁市场退出转卖他人自住），也没有所谓的因缺乏维修房子严重破败的现象（因为有一句话说，“能最有效地摧毁一个城市的，除了轰炸，就是租金控制了”）。

所谓租金控制限制房东财产权这一点，也不准确。但是，严格的租金控制在政治上很难行得通。

首先，房东们怎会甘心自己遭受损失？伯克利市政府曾经做过测算，一套典型的租赁房，如果 1978 年买，1991 年卖（这正好是租金控制最严厉阶段），回报率是 6%；扣除交易费用、税收后，房东基本上不亏。但问题在于，湾区其他没有租金控制的地方，同期投资回报率是 20%。

其次，租金控制试图控制的资产和收入如此庞大，反对的力量自然也成正比。在顶峰时期，伯克利的租金控制体系一年降低房租 4500 万美元，而背后的资本市值则达 5 亿美元。相比之下，伯克利整个政府预算不过一年 1.4 亿美元。关系这么一大笔财产的命运，房东们哪怕拿出 1%，投入美国的游说系统，都足以将租金控制这一政策瓦解掉。

实施上，从租金控制实施那一日起，房东们就想尽一切办法、投入大量资金，通过提出动议、支持租金稳定委员会委员选举和市议员选举以及支持法院案例等方式，试图废除这一政策。

他们首先打出容易博取同情的“工人阶级黑人房东”牌。理由是，这些人不是职业房东，收取的房租比市场低很多，结果将被永久性地冻结在一个不合理的水平。就此，租金稳定委员会通过了修正案，进行了提租。

1990 年，亲房东派占据了租金稳定委员会的大多数，随即，租金被提高了 1/3，伯克利低于 400 美元、最低家庭可承担的出租屋一下子减少了 2/3。伯克利的房租逐步趋近湾区水平。

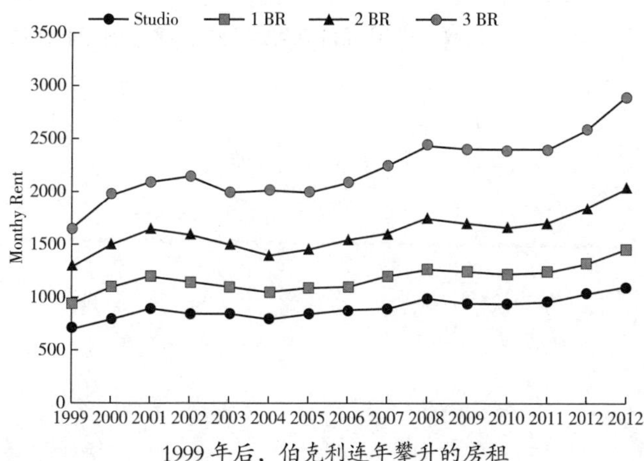

1999 年后，伯克利连年攀升的房租

http://www.berkeleyside.com/2015/05/28/berkeley-rental-rates-skyrocket-causing-problems-for-students-and-those-on-middle-incomes/

二 适度租金控制的意义

虽然强租金控制在政治上不可行，但是，“适度租金控制”同样有意义，即可以为租户提供稳定的租赁环境。“适度租金控制”仍坚持两条原则。

一是租金由租金稳定委员会进行年度调节，年度调整幅度是CPI的65%。二是没有正当理由，房东不得驱逐租户。当有了“房租不会随便乱涨，房东也不能随便驱逐自己”的预期后，租户就可能把房子当家一样来住。

因此，租金控制能给租户提供一种类似于买房者通过房贷获得的稳定感。有了居住的稳定感，租户在这个城市生活的安全感以及社区认同感都会上升，城市也因此变成更加包容的城市。伯克利就是这样。

（《中国经济时报》2012年5月24日第4版）

伯克利：让穷人租得起市场房子

住房政策中一直有“补砖头”和“补人头”之分。鉴于我国的保障房（经济适用房、廉租房和公租房）建设都是“补砖头”，早有学者呼吁应考虑实行“补人头”政策。在高房价的伯克利，当直接的租金控制不再有效时，它开始寻找新的方法，并尝试了所有能在美国找到的可承担性住房措施。Section8“补人头”政策目前已经成为伯克利最主要的可承担性住房政策之一，保障了该市大约2000户低收入家庭。

最大特点：实现市场上的“可承担性”

伯克利居民Kim一直想申请Section8租房券。有了这个租房券，他的四口之家就可以去市场上租房，只支付大约家庭收入的30%作房租，其余部分则由Section8租房券补贴。

Section8租房券是美国从1974年开始实行的一项“补人头”政策。由于当时的一项大型研究显示，低收入者最严重的住房问题不再是住房低于标准，而是收入中用于支付住房的比例过高，美国因此果断地实现了从“补砖头”向“补人头”政策的转变。1974年，国会修改了《1937年美国住房法》，设立了第8款（Section8）计划，允许租户只将收入的30%用于房租，其余由联邦支付。Section8租房

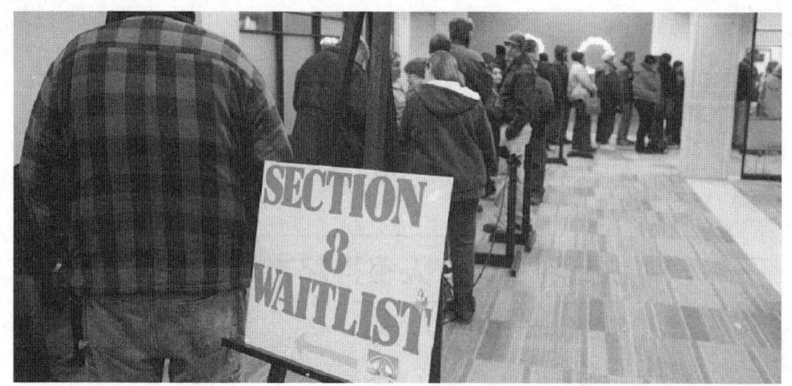

Section8 是美国最大的可承担性住房项目，由美国住房和城市发展部（HUD）资助，针对低收入家庭，大多数申请者的家庭收入少于地区中位收入（AMI）数的 30%。

图片来源：https://www.landlordology.com/section-8-tenants/。

券是目前美国最大的一项低收入住房补贴（690 万户受补助家庭中有 140 万接受 Section8 补助）。

Section8 租房券的最大优点是能让穷人在市场上也租得起房，因为它紧紧围绕着可承担性标准来执行。美国最早因为限制公共住房房租负担过重而出台了“可承担性”标准，后来推及市场租房。根据这一标准，租金（含水电费等）不应超过家庭收入的 25%（后来提高到 30%）。在可承担性标准下，Section8 房补根据市场房租进行调节。因此房租高的市场，补贴就高。Section8 补贴是市场房租与家庭可承担性房租之间的差额，它不是一个固定数字，而是一个不确定金额。正是通过这种不确定数额的房补，才使每个受补家庭在市场上的房租负担一致（均为 30%）。

这与北京市的公共住房补贴正好形成鲜明对比：后者房租和房补都相对固定（从 10% 到 95% 不等），但是房租负担差异迥大（从

7.3% 到 90%),缺失了“可承担性”基准。所以,结果一个月 2400 元工资的人,反而比吃城市低保的人负担的房租还高很多。

“贫困”家庭才有资格

Kim 有资格获得租房券,是因为他属于伯克利的贫困家庭之一。贫困家庭,是指家庭收入不超过地区中位收入的一半。Section8 租房券不仅专门为贫困家庭提供,而且其中的 75% 还必须分配给“极度”贫困的家庭(即家庭收入不超过地区中位收入的 30%)。

在这个精于数字管理的国家,“贫困”或者“极度贫困”并非模糊概念,而是有精确数字可查的。

首先,美国住房与城市发展部(HUD)每年按家庭收入计算一

单位:美元

家庭规模(人数)	30% 中位数(极低)	50% 中位数(很低)	80% 中位数(低)
1	24,400	40,700	62,750
2	27,900	46,500	71,700
3	31,400	52,300	80,650
4	34,850	58,100	89,600
5	37,650	62,750	96,800
6	40,450	67,400	103,950
7	43,250	72,050	111,150
8	46,050	76,700	118,300

2016 年 3 月,美国住房与城市发展部(HUD)对家庭年收入做了详细的标准划定

http://www.ci.berkeley.ca.us/BHA/Home/Payment_Standards,_Income_Limits,_and_Utility_Allowance.aspx

个都市区（伯克利属于奥克兰都市区）的地区中位收入（AMI）。其次，再根据家庭规模，给出“贫困”（50%AMI）或者“极度贫困”（30%AMI）的具体金额。比如，像Kim这样的四口之家，“贫困”（50%AMI）和“极度贫困”（30%AMI）的标准分别是46750美元和28050美元。Kim的年家庭收入是45000美元，因此属于“贫困”（50%AMI）之列。

收入谎报：没有第二次！

既然Section8的执行如此依赖收入数据，获得准确的家庭收入就变得非常关键。听伯克利住房管理局局长Tia Igram的口气，这个中国最大的难题之一，在她那里并不是很大的问题。

Tia说，我们通过家庭自报、政府系统信息以及第三方提供相结合的方式获得家庭收入信息。以Kim为例，他首先自报家庭收入。同时，我们有系统与美国的福利部门直接连接，如果该家庭正在吃某种福利（如残疾人救助、食物券等），我们能够直接得到信息。此外，我们还会给他的雇主寄去表格，要求帮助填写有关的工资信息，并提供工资支票复印件。如果他享有社会保险或其他养老金福利，我们也会要求这些机构出具相关证明。

“那么，少报、瞒报的现象经常发生吗？”我问。“不经常。”Tia说，因为Kim自报完了并已经开始领取Section8租房券补贴，HUD会来一份报告，所有国内发生的关于他们家的收入情况都会显示。他如果瞒报，比如他告诉我们他只在麦当劳工作，可事实上他同时还在家得宝工作，我们立刻就会发现。

当这种情况发生时，我们可以因为他的收入太高而终止他的资格，或者调整补贴额度，再或者，他的补贴额度超过了他应该享有的，他得退还给我们这么多钱。

“如果这个情况发生两次，他会失掉资格吗？”

“没有第二次！”Tia 说，我们有上千人在等候呢，他不可能有两次或者三次机会！

多种限制防止滥用制度

是否可以滥用这一制度呢？因为只需要拿出自己家庭收入的 1/3 作房租，而且又是自己到市场上租房。比如，像 Kim 这样的四口之家，到市中心租上一个豪华三居或四居？这是不可能的。

首先，Section8 租房券对卧室数量有严格限制。比如，两个人的家庭，如果是一对夫妇，只能租一居室；但是如果是母亲和年龄较大的孩子，则可以租两居室。Kim 因此只有资格租一个两居：夫妇一间卧室，两个年龄尚幼的孩子一间卧室。

其次，房租有封顶。每年，联邦政府会根据考察，给出一个相对于当地社区中位价格水平的“公平市场租金”。封顶租金在这一“公平市场租金”的 90%~110% 范围内浮动。伯克利因为房价高且上涨快，封顶租金设定为“公平市场租金”的 110%。目前，伯克利市一个两居室的封顶房租是 1463 美元，这也是 Kim 能享有补贴的最高房租。当然，Kim 也可以租更贵的房子，但是多出的钱得自己掏。

给各方以最大的自由

在伯克利住房管理局局长 Tia 看来，Section8 几乎是市场经济中政府与市场相结合解决住房可承担性问题的较完美模式了，它给政府、房东和租户都以最大的自由。已经被政府自己建造并管理的公共住房困扰得痛苦不堪的 Tia（后一篇将谈到），能深刻体会到这种方式给政府带来的自由，而且它比公共住房更省钱。租户也有了更多选择的自由——可以选择自己喜欢的社区租房，甚或带着 Section8 租房券离开伯克利去其他城市居住（在居住满一年之后）。房东也有权决定是否出租给 Section8 租房券的持有者，可以按自己喜欢的方式进行管理，政府补贴甚至保证了能够有稳定的现金流不断进来。

（《中国经济时报》2012 年 6 月 7 日第 8 版）

伯克利：高房价中“补人头”可行吗?

“补人头”的Section8，是美国联邦目前最主要的保障房政策之一。但不是没有它的问题，尤其在高房价地区：如补贴数量不够，轮候期太过漫长；房源紧缺，不一定能在市场上租到房；甚至还可能推高房价。[①]

不一定能获得补助

但是，Section8租房券不是没有它的问题，尤其是在高房价地区。

2010年3月1~5日，伯克利最近一次开放Section8候补名单申请。这一次申请距离上一次竟有10年之遥。5天之内，申请有37000份之多，而伯克利总的家庭数才45000户，所以有很多外地家庭也来申报了。伯克利住房管理局从中摇号抽取了3000份（约8%）列为候补。但是前一年，伯克利只新增了100份租房券。如果按这样的速度，需要30年新增候补才能全部轮上。

获得Section8租房券现在越来越需要耐心和运气。Stephen Barton说，伯克利大约有8000户非学生贫困家庭，但是获得了租房券的家庭不到2000户，即不到1/4。这也是美国比较典型的情况：大约不到

① 此摘要为成书时添加。

Section8 的申请排起了一望无际的长队，人们绝望地等待着 Section8 候选名单更新。

图片来源：http://chicagolampoon.blogspot.com/2012/05/violent-street-crime-hits-suburban.html。

1/4 的贫困家庭获得了 Section8 租房券资助，其他 3/4 的家庭只能在候补和摇号中耐心地进行漫长的等待。当然这也引来异议：美国给所有收入低于一定水平的人提供食物券，租金补贴为什么不能像食物券一样成为低收入者应该享有的一种权利？

不一定能找到房子

而且，即便拿到了租房券，有时也不一定能租到房子，尤其在住房紧张的市场上。伯克利就曾经出现过签约率非常低、租不到房子的情况。1993 年，伯克利住房管理局共签约 1812 套 Section8 租房券，为历史最高。但到 1999 年时，降到了 1506 套，2001 年 3 月更降为历史最低，为 1263 套，只有最高时期的七成。

这与当地住房市场紧张、可承担性出租屋缺乏有直接关系。在住房紧张的市场，如果租房紧俏，合适的房子都已经租出去了，那么即使有租房券，也无法租到房子。

这还和 HUD 给付的房租是否有竞争力直接有关。常常在住房紧张的市场如伯克利和湾区，Section8 房租的调整速度远远跟不上市场房租增长的速度。比如1999年6月时，伯克利一居室的市场租金是900美元，已经比同期HUD的“公平市场房租”826美元要高。随后，在一年之内（从1999年6月到2000年6月），市场房租上涨了22%，从900美元上涨到1100美元，远远将“公平市场房租”抛在后边。为此，伯克利住房管理局不得不先后两次（1999年和2000年）向HUD申请将封顶房租提高20%，恢复Section8房租的市场竞争力。

有可能推高房价

Section8甚至还有推高房价的危险，尤其在住房紧张的市场中。这一点，连Section8的忠诚信奉者和执行者Tia也不得不承认。

主要原因在于租房券提高了有效需求能力。假定我们现在有100户家庭需要租房，但是其中只有80户有市场租房能力，另外20户没有。但是Section8租房券使具有市场租房能力的家庭又增加了5户。与此同时，由于土地供应有限等原因，市场住房供给却没有增加。这样的情况下，房租自然要涨。因此有学者认为：贫困家庭获得的补贴，与其他家庭多掏的房价几乎相等。而且，当房租更高时，市场房东不过是在吃更高的地租，而不是正常运营房子所应得。在这样的情况下，增加房子的供给，就变得非常重要。

（《中国经济时报》2012年6月12日第8版）

任何事物都是正反面并存，Section8也不例外。在切实补助困难家庭、增加租户选择自由度的同时，Section8也带来了刺激房租增长、轮候时间长等缺点。

图片来源：http://www.rosettastone.com/blog/adopting-a-lingua-franca-pros-cons/。

伯克利要卖掉公共住房

正值国内大规模建设保障房之际，伯克利市准备卖掉它仅有的75套公共住房。伯克利市公共住房采取联排别墅形式分散建造，与周边社区融为一体，以避免早期大规模集中建造带来的弊端，但是仍然没有逃脱出售的命运。①

我去伯克利采访的时候，伯克利市正准备卖掉它仅有的75套公共住房——这正值我们国内大规模盖保障房之际，美国的公共住房相当于我们的廉/公租房。

公共住房是联邦政府最古老的住房保障项目之一。伯克利的75套公共住房建于20世纪80年代，是该市可承担性住房的重要资产，但是现在却决定将它们卖掉。目前，公共住房将转入两个地产亿万富翁之手的出售交易已基本达成。

伯克利市为什么要卖掉它的公共住房呢？由于在伯克利期间没能约上住房管理局局长蒂亚·英格拉姆（Tia Ingram），回北京后，我通过电话对她进行了采访，并根据相关的材料，整理出下文。

① 此摘要为成书时添加。

BHA Needs $400,000 to Privatize Berkeley's 75 Public Housing Units

Friday, March 30, 2012

2012 年，伯克利决定将 75 套公共住房私有化运营。它们被卖给了富翁 Jorge M. Pérez 和 Stephen M. Ross。

图片来源：http://www.tenantstogether.org/updates/bha-needs-400000-privatize-berkeleys-75-public-housing-units

Jorge Pérez 是瑞联集团（The Related Companies）的创始人之一，也是南佛罗里达城市发展的探索先驱。

图片来源：http://www.leadersmag.com/issues/2013.1_Jan/ROB/LEADERS-Jorge-P%C3%A9rez-The-Related-Group.html。

Stephen M. Ross 是瑞联集团的创始人和首席执行官。他于 1972 年创立了瑞联集团，今天公司拥有 2000 名专业人士，在房地产领域有 22 亿美元的市值，其中 15 亿美元在居住、零售、办公、商务、可承担性住房地产上。

图片来源：http://bus.miami.edu/re2013/speakers/ross.html。

那 75 套公共住房

问：美国公共住房建设始于 1937 年，为什么伯克利公共住房到 80 年代才建？您能介绍一下伯克利公共住房的基本情况吗？

Tia：我不知道为什么早些时候我们没有建造公共住房，但是我知道，80 年代的时候，我们的公共住房是专门针对这一类家庭建造的，即有多个孩子，又很难租到有三到四个卧室的大户型房子的低收入家庭。这是伯克利市当时面临的一个现实问题。市议会和城市经理人于是决定建造一批大户型的公共住房加以解决。市里先后进行了两次公共住房建设：第一次 14 套，由州政府资助；5 年之后又建了 61 套，由联邦资助。这 75 个单元都是有 3~4 个卧室的大户型，采用联排别墅（Townhouse）的形式，专门提供给孩子多且收入低的家庭（其收入为地区中位收入的 0~50%）。

伯克利的联排别墅
图片来源：http://www.findtampaapartments.com/berkeley-square-westchase-townhouses-72011.html。

当年建造时，还有一个想法，即我们不建造50~60年代那种体量巨大、让人难以亲近，甚至带有污名的公共住房。不像之前那样300个单元一块地、大规模集中地建，而要小规模地、分散地建。因此我们的75套公共住房分散在全市15个地点。这同时也是为了克服来自小区的抵制。小区居民说："我们支持公共住房建设，只是别建在我们街区上，或我们小区里！"为此，我们力图将公共住房的影响降低到最低限度：每个地点只有4~6套，最少的只有2套，与周围的建筑风格一致，与社区完全融为一体。

公共住房原来入住的都是大家庭，但是随着时间的推移，孩子们长大了，上大学了，结婚了，有了自己的公寓了。所以公共住房现在变成了仍然需要3~4个卧室的大家庭和只需要1~2个卧室的小规模家庭的混合。

这些公共住房是伯克利市可承担性住房的一笔重要资源，房屋空置率和转手率都几乎为零。

卖掉，是因为没钱维修

问：既然公共住房如此有价值，为什么要卖掉公共住房？

Tia：这主要是经济上的原因。住房与城市发展部（HUD）从来没有提供足够的资助，让我们能够对这些公共住房进行很好的维护。HUD每年分配给我们的设备改造（capital improvement）资金大约是10万美元，但是我们眼前有400万美元的维修立马要做。我们希望能够保留这些房子，加以维修（如粉刷、换屋顶、增添现代设备，等等），使其现代化，但是我们没有钱。所以只能找一个有资金实力的合作伙伴来做这些事。

你跟 HUD 说，我们需要 1000 美元，HUD 会只给你 800 美元。事实上，我们并不能直接跟 HUD 要，而是根据一个公式计算需要增加多少资金，以用于支付员工工资、提供最低服务、进行设备更新等。但是 HUD 从来不足额资助公共住房。给的钱常常不够运营费用，更不用说进行设备更新了。所以现在全美国的住房管理局每个都至少有几百万美元的维修拖着未做。

将卖给地产亿万富翁

问：什么时候决定卖掉公共住房的？目前进展情况如何？

Tia：2009 年年底，我们正式向 HUD 递交了出售公共住房的申请，因为我们面临一个最后期限。由于长期的经费不足、运营不良，2005 年，伯克利的公共住房项目被列入 HUD 的“问题名单”之列。HUD 说，到 2009 年年底，要么你们将公共住房的问题（维修黑洞与赤字运营）全部解决好，要么关闭项目。

别说你，关于这一点，连我都搞不明白：公共住房的问题主要是 HUD 长期资助不足造成的，但是现在它勒令我们在规定期限内自己想办法把问题解决好，否则就关门。

我们雇用了咨询公司对公共住房项目进行了评估。结论是：我们不可能从联邦或地方拿到足够的钱来解决目前的问题；要想继续保留这些房子做可承担性住房的话，唯一的办法是卖掉。我们因此开出以下出售条件：买家能够提供所需要的 400 万 ~500 万美元，将房子修复到现代化的水平；将房子作为永久性的（最低 50 年）可承担性住房，向中低收入家庭出租（注：低收入为地区中位收入的 51%~80%，中等收入为地区中位收入的 81%~120%），我们提供

Section8 租房券补贴，保证房租不超过家庭收入的 30%。

我们最初打算将公共住房卖给非营利组织，但是当地一些机构都不太愿意接手。所以我们开始跟营利开发商接触，并最终决定将公共住房卖给了 The Related Companies 旗下的公司。

（《中国经济时报》2012 年 6 月 13 日第 8 版）

公共住房制度可行吗？

伯克利市出售仅有的75套公共住房的举措使人们反思：政府直接建设并管理公共住房，可行吗？理念派说，公共住房服务市场甚至非营利组织不愿服务的特定群体，“价值不可替代”。制度派说，公共住房制度的失败，源于自由市场国家对“公共”产权的敌视。实操派说，政府直接提供管制过多，太过官僚化，政府出地和资金，开发商建设、运营的公私合作模式更可行。①

伯克利市要卖掉它仅有的75套公共住房了！这使当年的建筑设计师詹姆斯·恩（James Vann）很感慨。25年前，这些房子是作为永久性的可承担性住房建造的，但是现在市里放弃了对当下和未来穷人所作的承诺！

公共住房最后变成了一个“烫手山芋”。400多万美元的巨额维修费用、过度分散分布（75套房子分布于15个地方），以及长期服务与维修缺失导致的租户的冷漠等，使当地的非营利住房组织没有一家愿意接手。房子最后只得转入亿万地产富翁之手。

---

① 此摘要为成书时添加。

伯克利的失败引人反思：由政府直接建设并管理的公共住房，可行吗？我采访过的人，对此各持己见。

“管制太多是弊端”

“就其设置的各种管制来说，公共住房不是一个提供可承担性住房的有效办法！”伯克利住房管理局局长蒂亚·英格拉姆（Tia Ingram）直截了当地说。

这一判断来自她的实践操作经验。她介绍说，全美国的住房管理局局长们都在抱怨公共住房管制过多，太过官僚化。

“比如，美国住房与城市发展部（HUD）一方面要求你保护劳工权利，跟维修工签订合同、支付最低工资、遵守法定的工作时间等；另一方面又要求你必须在有限时间（24 小时或 48 小时）内，对维修需求做出反应。这在现实世界中是行不通的！最低工资加上加班费，成本立马上去了。同时，HUD 还在不断削减运营补助。此外，我们现在被淹没在数据与报表中——更多的时间被用来收集数据向上汇

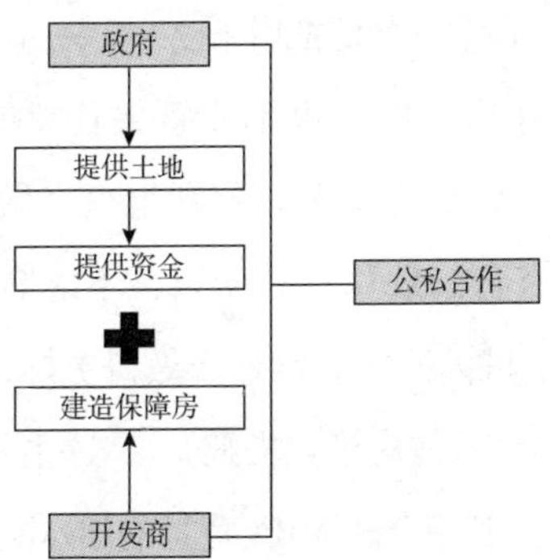

理想的模式是，政府提供土地和资金，开发商建房加运营管理，实现保障房领域的公私合作。

图片来源：自制。

报，而不是用于实际的公共住房发展。”蒂亚·英格拉姆说。

她认为，政府应该在提供可承担性住房中扮演重要角色，如提供土地、为保障房的建造和运营提供资金。但是，她认为不应该由政府自己来建造并管理，政府直接提供太缺乏灵活性，更好的出路是公私合作。

“价值不可替代”

作为理念派的市长高级住房助理加尔文·方（Calvin Fong）的观点正好相反。在他看来，非营利提供等形式也许更有效率，但是公共住房具有不可替代的价值：它服务于市场甚至非营利组织不愿意服务的特定群体。

“公共住房与（如非营利组织提供的）可承担性住房服务的群体不一样。主要的区别在于对租户的收入限制不同——公共住房服务的对象可能是老人、残疾人，或家庭人口比较多的，或者没有工作技能的，他们的收入可能非常非常低（约为地区中位收入的30%）”，加尔文·方表示，“还有一类是抵触服务的——比如有一些无家可归者，即使你给他们建房，他们也不愿意去住。但是，在某一时刻，得有人来应对他们。如果让私人非营利组织来做这个工作，会比较困难，因为他们也有自己的选择。所以，不能简单地讲哪一种提供方式更好，这取决于目标群体。谁什么做得更好，谁就做什么。”

但是，伯克利的公共住房毕竟失败了。“这主要是规模太小、出租屋数量太少的缘故！”有着金融MBA背景的加尔文·方认为，“如果我们公共住房不是75套，而是1000套或者更多，比如像纽约那样，我们就能获得更多的收入，从而抵消固定成本，最终达到收支平衡。”

“最后，回到我的哲学观点上：当我们有机会且有能力服务于我们应该服务的人时，我们就应该这么做。否则，这些人就得睡大街，无家可归。”他强调。

事实印证了加尔文的话。随着公共住房的退出，美国产生了大量无家可归者。伯克利市住房服务处主管凯瑟琳·胡佛（Kathryn Hoover）亲睹了这一过程的发生。她 70 年代时就参加工作，并从事可承担性住房工作至今。

“六七十年代的时候，人们的居住条件有可能低于标准，但是不像今天这样有这么多无家可归的人。那时候没有人睡马路或者收容所！”凯瑟琳·胡佛说，“这些充足的数字并非由私人生产——它们没有生产大量的住房。唯一能够提供足够数量穷人住房的，至少在过去，是公共领域。那时候，绝大部分保障房都由联邦资助，或者由 HUD 资助，或者由隶属 HUD 的联邦住房管理局提供低息贷款资助。其中的优点很明显，就是你可以盖很多房子，因为只有一种资金来源——联邦资助，不需要融资成本。结果，我们建造了成千上万套的可承担性住房，其中，90% 是公共住房，由公共机构建造，政府出资；其他 10% 由私人开发商建造，政府提供房贷资助。”

“但是，现在政府有意识地将公共部分从可承担性住房市场中转移出去——不再建造公共住房，甚至不再直接提供资金建房，绝大部分住房由私人领域与非营利组织形成伙伴关系进行开发，政府在可承担性住房中只作为一种融资工具参与。结果，我们的可承担性住房质量比过去提高了 100%，但是房子数量远远不够了，现在的流浪汉问题比过去严重得多。”她说。

“公共产权太脆弱”

伯克利公共住房失败了，公共住房全面退出了，即使是运作最成功的纽约市公共住房，也面临巨额的预算赤字。为什么如此有价值的公共住房一再败退呢?

在“制度分析派”学者斯蒂文·巴顿（Stephen Barton）看来，这源于自由市场国家对“公共”产权的敌视，这导致公共住房在政治变迁面前表现脆弱。斯蒂文·巴顿是伯克利市可承担性住房领域经验与知识最丰富的人之一。

“美国的公共住房不是很成功的部分原因，是美国政治对‘公共’（政府所有）这种产权形式充满敌意：最初建造的时候，就对成本进行限制，导致建造质量不高；然后又系统性地、故意地资助不足，以致住房管理局没有足够的钱进行维护。虽然在人们的支持下，也能获得立法支持和预算分配，但那都是在经过了巨大的斗争和妥协之后。欧洲曾经有大量的市政住房，但是最后都被贱卖了（注：这里主要是指英国）。在某种程度上，这反映了美国和欧洲面临的共同问题——说明公共住房在政治变迁面前非常脆弱。”斯蒂文·巴顿说。

正因为这样，斯蒂文·巴顿在伯克利力推非营利组织建房。这种住房为私人（非营利组织）所有，受美国的私有财产权的保护；同时，非营利组织的宗旨是为穷人提供低于市场价格的住房，所以能将费用降下来。

（《中国经济时报》2012 年 6 月 19 日第 4 版）

伯克利公共住房失败的教训

伯克利公共住房失败的启示包括:(1)仅仅将公共住房从市场中拿出来还不够,还需要持续不断的运营补助使收支平衡;(2)从一开始将大修费用作为租金不可减免的部分加以征收,避免将来成黑洞;(3)非营利组织提供可能比政府提供更有效。[①]

在我国政府大规模建造公租房和廉租房之际,伯克利的公共住房已经走完了它20多年短暂的历程:从最初作为永久性的可承担性住房建造,到巨额维修费用和运行亏损,再到最后被迫转入亿万富翁之手。

仅"从市场拿出"是不够的

伯克利公共住房最后被迫卖掉的直接原因之一是运营亏损。公共住房每月平均运营成本为711美元,只相当于市场房租的1/3。但是,租户连这个房租都付不起,平均实收租金才354美元,加上美国住房和城市发展部(HUD)补助253美元,仍有104美元的缺口。

① 此摘要为成书时添加。

结果75套公共住房一年运营净亏损10.6万美元。

美国公共住房的“运营成本 = 租金”模式确实成功地运行了很长时间，但是后来还是出问题了。一方面，运营费用不断上升；另一方面，租金不断减少。在这样的情况下，联邦不得不开始动用运营补贴，修改原来的“运营成本 = 租金”模式为“运营成本 = 租金 + 运营补助”。

但是，联邦的补贴从来没有足额到位过。伯克利市最多只能拿到联邦运营补贴的88%。多年来，一直是市政府在填补这个缺口，但是现在它也越来越不愿意这么做了。出售公共住房，至少可以减少这一运营亏损。

住房与城市发展部（HUD）的常年预算不足，加速了伯克利公共住房的破产。

租金稳定委员会副主任斯蒂文·巴顿（Stephen Barton）说，要成功地运营显著低于市场价格的住房项目，仅仅将住房从市场中拿出来还不够，因为有些人的收入仍难以支付房租，这时候就需要持续不断的补助。只有这两者相结合，房子才能成功运营。

大修费用不可或缺

伯克利公共住房最后被迫出售的一个最直接的原因，是支付不起巨额维修费用。这笔维修费用，仅硬性成本就达 360 万美元，再加上 20% 的软性成本，则高达 430 万美元。而每年 HUD 拨付的维修基金只有 13.1 万美元。

斯蒂文・巴顿说，美国可承担性住房政策得到的一个深刻教训是：不管人们多么想将穷人的租金降下来，如果要较好地维护房子的话，就必须从一开始将这笔大修费用作为租金不可减免的部分加以征收，以便 15~20 年之后，能够对房子进行翻新，替换屋顶，更换照明和下水道系统等。这笔钱不是根据租户的租金设定的，而是根据房子大修的需要设定的。

政府的房子“看起来很美”

市长高级住房助理加尔文・方（Calvin Fong）指出，作为实际运作方的政府，会受到很多非营利组织不会受到的限制，有立法上的，也有管理上的，都要求政府以更高的标准运行。而符合这些高标准，就意味着成本增加。而且，由于受到各种制度的制约，政府在处理与租户的关系以及服务于他们的特殊需求方面，也不具有灵活性。所以，从某种程度上来讲，像 RCD（伯克利当地最主要的非营利住房组织之一）那样的非营利组织，可能是更有效的机制。

（《中国经济时报》2012 年 6 月 21 日第 4 版）

保障房责任移至私人部门，导致美国流浪汉增多

原来政府多快好省地直接建保障房，在“不与市场竞争”下，房子虽然质量不好，但是数量足够多。现在政府退位为融资工具，私人参与建设的房子虽然质量大大提升，但是因为融资成本昂贵，数量少很多，导致美国街头流浪汉增多。①

中国国务院新闻办公室5月25日发表《2011年美国的人权纪录》，指责美国人权纪录的一个瑕疵：每年有230万至350万人无家可归。

那天早上，我正通过电话采访凯瑟琳·胡佛（Kathryn Hoover），她是伯克利市政府住房服务处主管，主要负责为开发商提供服务。她说，正因为从1980年以来，美国政府全面地将保障房责任从公共部门转移到私人部门，美国今天的无家可归者问题才这么严重。

20世纪70年代就投身可承担性住房领域并工作至今的凯瑟琳，亲身经历了这一重大政策变迁。她几乎在HUD（美国住房和城市发展部——美国住房保障主要部门）的各种地方机构工作过（如HUD

---

① 此摘要为成书时添加。

费城地方局、加州住房金融局、房利美旧金山办公室等），现在是一名律师。

住房保障责任：从公共到私人，政府成了融资工具

几十年的工作经验，使凯瑟琳观察到这样一个变化：在20世纪70年代，绝大部分可承担性住房由联邦资助，要么由HUD资助，要么由属于HUD一部分的联邦住房管理局提供的低息贷款资助。

"这种方式优点很明显，就是你可以盖很多房子，因为只有一种资金来源——联邦资助，不需要融资成本。所以我们建造了大量的可承担性住房。其中，90%是公共住房，由政府出资，公共机构建造；其他10%由政府提供房贷，资助开发商建造。"凯瑟琳说。

不过也有缺点：所开发住房质量不高。在理论上，公共资助的可承担性住房不应与私人领域竞争。公共政策表明，如果由公共支付，房子只要"安全、卫生"即可，不必建得多好。

但凯瑟琳强调，六七十年代的时候，有可能人们的居住条件低于标准，比如房子里有老鼠或蟑螂、一家人挤在一起等。但不像今天这样，有这么多无家可归者。现在建造的住房质量比过去提高了100%，但其代价和后果是，我们现在的房子数量远远不够。可以说，现在的建造量只有原来的两到三成。今天的流浪汉问题要严重得多！

联邦将原来用于资助的钱拿在手里并表示：我们现在只进行税收补贴（tax credit，一种先融资建房，然后从政府处获得税收减免的资助方式）。看起来仍然是公共资助，但是和以前相比，资金使用已经非常不一样。

"以前是联邦出资，现在你再看一下是谁资助，是那些银行。"

凯瑟琳说，它们是花旗银行、美国银行和富国银行。如果以前不需要融资成本，现在你即使拿到税收补贴，仍需要另外获得 7~12 种不同来源资金，才能凑够一个项目所需，融资成本非常昂贵。

“所以，政府其实是有意识地将公共部分转移出去，在可承担性住房市场中，不再是直接提供者，而是只作为一种融资工具参与其中。”凯瑟琳说。

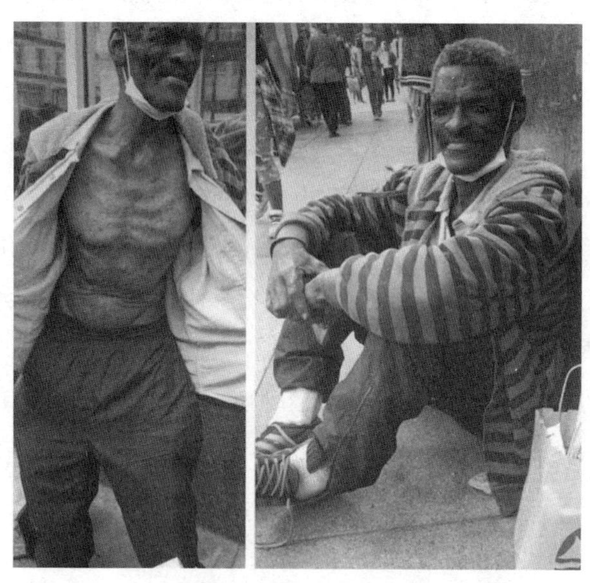

伯克利街头行乞的流浪者

图片来源：https://berkeleyhomelessness.tumblr.com/。

纠正“不与市场竞争”产生的弊端

为什么要进行这种转变呢？凯瑟琳说，因为我们不希望人们再集聚在像救济院一样的政府住房里。这些房子一开始就按不同的标准建造，没有投入足够的建造资金，经常几百个单元集中在一起，置身于犯罪率更高的小区中。后来又没有继续提供足额资助，很多房子都已经贫民窟化了。

试图解决这一问题的部分想法是，可以将这些可承担性住房置于更好的小区中，使孩子们能够上更好的学校，人们能够找到更好的工作。让私人领域参加的前提是——私人领域会说：行！既然现在是一个房地产交易，我就得在如有房贷拖欠不还发生时，能将房子卖掉。政策的结果是，所建造住房的质量有了很大提升，可承担性住房融入了位置更好的区域。“这确实很好！但代价是，住房数量少了很多！”凯瑟琳说。

伯克利众多的无家可归者流落街头，是可承担性住房数量减少最直接的表现。

图片来源：ttp://www.alternet.org/liberal-berkeley-may-fine-homeless-75-sitting-down。

也就是说，“不与市场竞争”原则导致了政府开发住房的贫困集聚，但是联邦的解决办法是：进一步市场化，让政府退位为融资工具。

公共领域全面退出

这一政策转换始于里根政府的自由化时期，逐步发展至今。“我清晰地记得，曾经有整整 8 年（1981~1989 年），整个美国没有建造新的可承担性住房。里根政府上台之后，彻底停止了公共住房建设。”凯瑟琳回忆，然后就有了“1986 年税收简化法案”和“税收补贴计划”的出台。此举旨在实现从公共出资到私人出资的转变。出台税收补贴计划的目的，就是停止一切联邦直接资助，由私人出资来开发可承担性住房。

与此同时，联邦运营补助从资助公共住房转变为资助市场出租房。以前 HUD 每年会到地方检查，给房租不够的地方住房管理局提供运营补助。现在，它把钱投入 Section8，补贴穷人到市场上租房。他们宁愿资助私人房东支付房贷与利润，也不愿意支持住房管理局运营下去。

“还有大幅削减经费。你无法想象三四十年前 HUD 多有钱！但现在它已是最不重要的联邦部门之一了。你听到最近共和党总统候选人罗姆尼说什么吗？如果当选总统，他可能会裁掉 HUD。”凯瑟琳认为，这一切其实是有意识地、故意地将提供穷人住房的责任从公共领域转移到私人领域（注：HUD 原来的预算授权仅次于国防部，里根政府将之削减了 70% 多。2009 年，美国有 460 万人获得了联邦住房资助，但同时还有 1430 万有需要的人没有获得资助）。

里根总统的名言：政府不是来解决麻烦的，政府本身就是个麻烦。难怪里根政府时期HUD的预算大幅缩减，住房保障责任从公共到私人，政府成了融资工具。

图片来源：https://www.pinterest.com/foxe1/presidential-quotes-worth-remembering/。

两难选择的解决方案

"现在，一方面，我们有这么多无家可归者；另一方面，给人们这样一种印象：我们建造的可承担性住房更好了。它们变成了公共领域的形象工程，向大家展示：我们在解决这一问题；但其实还差得很远！要想这个问题有解决办法，除非我们有更多的钱投入可承担性住房开发！"凯瑟琳说。

投入更多的钱，是弥补目前问题的解决方案之一。第二种解决方案是矫正"不与市场竞争"原则，把政府推进到与市场平分天下。但这恐怕只有一个混合经济型社会（而不是像美国这样的剩余福利型社会）才有能力做到。第三种解决方案是让社会（非营利组织等）建房——伯克利走的就是这条道路。

（《中国经济时报》2012年6月26日第8版）

成书补记：

几年前的文章。今天再来看，会发现它的局限性。

凯瑟琳·胡佛批评认为，从政府直接提供到“只作为一种融资工具参与其中”，其实“是有意识地将公共部分转移出去”，正是这种政府责任的退出，导致了今天美国流浪汉增多。从前的政府提供方式直接，且不需要融资成本，可以多快好省地把保障房盖起来。今天虽然投的钱一样多，但是融资成本太高，私人对住房质量的要求也高，所以盖的保障房数量大大减少了，结果导致流浪汉增多。

而如此改革的原因，又恰恰是政府直接提供的公共住房产生了问题。凯瑟琳·胡佛回到了那个症结，即（公共住房）不与市场竞争。但是，改革方案是“与市场竞争”吗？这在美国显然是行不通的（哪怕在欧洲可以实现）。结果只有政府的“退”（而不是“进”）了，也就是说，改革从政治经济学层面转移到了公共管理层面再进行。

但是这时，PPP（私人出资、私人建造）式的政府的“退”，未尝不是一种进步——虽然是有限的进步。公共住房虽然不与市场竞争，但是其内部可以竞争，从而摆脱官僚政府提供以及运营中的一系列问题。当然，私人参与提供，总让人从意识形态上觉得，这是政府摆脱了责任。但是政府政治经济学层面的“未进”，不应抹杀其公共管理层面的“退”所带来的这一改革进步性。

开发商建保障房需要得到政府支持

公共住房失败之后，美国引入开发商建房，相继尝试了低息房贷、房租补贴和税收补贴（tax credit）等三种资助形式，各有利弊。但是有一个共同的结论：保障房单靠开发商做不了，得政府资助才行。[①]

伯克利政府住房（即公共住房）失败后，更需要其他主体来提供可承担性住房。开发商建房，正是选择之一。

但是，开发商与保障房，能并行吗？这也正是目前中国国内保障房建设所关心的问题。当大规模的保障房建设没有盼来开发商（尤其是民企）的热情参与时，老百姓则有颇多指责，如无利不往、开发商应流着更加“道德的血”等；开发商也满腹苦衷——不赚钱，怎么做？

开发商与保障房能否并行？

“可承担性住房（相当于中国的保障房）单靠开发商是做不了的，得政府资助才行！”伯克利市政府住房服务处主管凯瑟琳·胡佛

① 此摘要为成书时添加。

（Kathryn Hoover）一语道破天机。她在伯克利市的主要任务，就是为开发商提供服务。

“可承担性住房是为低收入者建的，如果让开发商开发，是逆势而行。”凯瑟琳说，让开发商建可承担性住房会遭受所有市场力量的阻碍。因为，开发商需要一定的资金才能将房子建起来，却无法从租金中获得足够的收入，因为租户都很穷。所以，从政策的角度讲，可承担性住房单靠开发商是做不了的，对他们没好处，不能赢利。除非他们与公共资助形成伙伴关系。

美国在经历了大约 30 年的公共住房建设后，从 20 世纪 60 年代开始便引入开发商，探索以公私合作的形式为穷人建房。在半个世纪的时间里，美国先后尝试了低息房贷、房租补贴和税收补贴（tax credit）等三种资助形式。

其中，第一种是政府直接出资的开发补贴，为开发商提供、联邦出资并保险的且低于市场利率的住房抵押贷款，开发商有 6% 的利润。第二种是房租补贴，开发商建房后出租给穷人，政府补贴“公平市场房租”与租户实缴房租（为家庭收入的 25%，后来提高到 30%）之间的差额。第三种是税收补贴，先筹资开发可承担性住房，然后再从政府获得税收抵扣，出资人从政府变为私人，保障房建设的操作也更像房地产交易。

究竟哪种资助方式最佳？

最后政府发现：要在足额的私人补贴、合理的政府负担以及足够数量的可承担性住房生产之间找到一个平衡点，并不那么容易。各种资助形式也各有利弊。

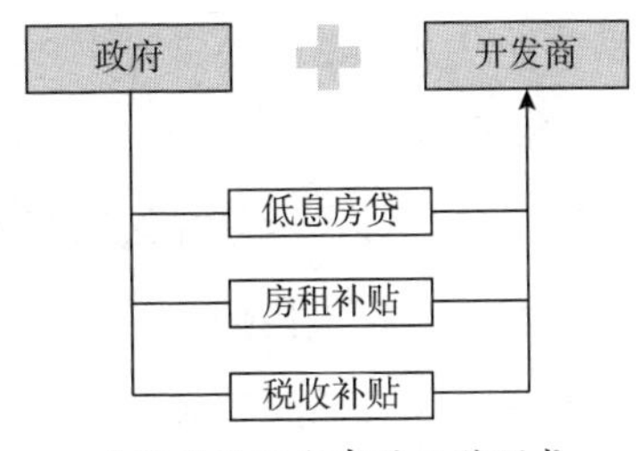

政府补贴开发商的三种形式

图片来源：自制。

1. 低息房贷：给开发商的补贴不够

最早实行的低息房贷形式，是在某种程度上直接从公共住房转型而来的。原来，联邦出资，提供给地方住房管理局建造公共住房；现在，联邦以低息抵押贷款形式，贷给开发商（并加以保险）。原来是公共住房租金只按运营成本收取，而现在的租金却包括三部分：低息抵押贷款还贷、运营成本、6% 的利润。低于市场利率的房贷降低了租金（在同期市场利率 6%~7% 的情况下，3% 的低息房贷将降低租金 27%，房子因此可以提供给夹心层）。

但是，事实证明，和公共住房一样，仅仅进行开发补贴是不够的。20 世纪 70 年代初，严重的通货膨胀使运营费用直线攀升，远远超过了租户收入及租金上升的速度。结果，就出现了普遍的无力还贷现象。政府再次认识到，在开发补贴之外，还需要必要的运营补助。

2. 房租补贴：让政府负担太重

第二个实行的房租补贴形式（“Section8”即重大新建和修缮计划），资助非常慷慨。政府与开发商签订合约（最低 20 年），鼓励后者建房后租给低收入家庭，政府补贴“公平市场房租”与租户实缴房租（为家庭收入的 25%，后来提高到 30%）之间的差额。通过房租补贴，开发商足以偿还开发贷款（不管是市场融资还是非市场融资）和支付运营，并获得盈利。

房租补贴弥补了低息房贷形式没有提供运营补助这一缺陷，且进一步精细化到补贴与家庭收入直接挂钩：原来，房租固定，收入低的家庭负担就重；现在，收入低的家庭补贴就高，于是，租金负担与收入高的家庭是一样的。

但是，此种补贴形式最后被证明是非常昂贵的：首先，开发商很少有动力来控制成本，房子建得比小区里的都好（如在周围房子不使用电梯的情况下已使用电梯）；其次，通货膨胀前后的银行高利率，也使项目成本非常高；最后，初始房租一旦确定后，便每年乘以一个年度调整系数获得下一年的房租，而周围地区的房租未必涨得那么快，到后来，资助房平均房租已高出地区同水平住房至少 30%。

政府也几乎负担不起，先是将到期合同更新期限缩短到 5 年，然后又缩短到了 1 年。但是，补贴仍然几乎要消耗掉住房与城市发展部（HUD）预算的大部分。

3. 税收补贴：保障房生产不足

1987 年，联邦开始尝试一种全新的补贴形式，即税收补贴。联邦将税收补贴按人头分到各州（每个居民 1.75 美元）；开发商向州政府竞争申请，获得税收补贴后，再卖给投资商，将所得作为权益资本进行可承担性住房项目的开发，投资商则分十年向联邦政府申请所得税抵扣，房子可承担至少 15 年。

税收补贴发端于 80 年代自由化浪潮下的里根政府，采用从增加财政支出转变为减税这种更隐蔽的资助方式，在政治上也更不易受到攻击。但凯瑟琳批评说：“这方式看似仍是政府资助，其实是将建造可承担性住房责任完全转到了私人领域，自己仅仅成了融资工具。”

现在，政府资助更加间接了。出资人从原来低息房贷下的联邦，变成了美国银行、花旗银行和富国银行等私人银行；原来是政府托底，现在则是开发商有动力想把项目搞好。项目越好，税收补贴卖给私人投资商的价格就越高（但这并非节省了补贴，而是转化成了利润）。

这也让私人领域获利丰厚。当资金来源于个人投资者辛迪加时，其要支付昂贵的中间费用，个人投资者因为税收补贴技术复杂且风险高也会要求高回报率（平均 15%）。当投资来自公司时，筹资成本大大降低，但它转化成了公司的高利润（15%~25%），而不是节约了政府补贴。因此，有人将税收补贴称作今天市场上公司的“最后一个真正的税收庇护所”。

这就产生一个结果，即所产生的可承担性住房远远不够了。因为，通过税收补贴建造的可承担性住房的成本，几乎是直接投资下的住房成本的两倍。尤其是如凯瑟琳所指出的：当联邦停止公共住房生产，将钱都投入税收补贴时，住房怎么能够呢？

（《中国经济时报》2012 年 6 月 28 日第 8 版）

成书补记：

今天看来，以税收补贴为基础构建的 PPP 模式，在三种模式中最为成功。本书后边将详细讨论。

开发商建保障房的难题：如何长期可承担？

开发商建设保障房有其不可消除的内在矛盾：一边是商人的逐利性和短期利益最大化追求；另一边是低价提供给穷人并长期可承担的要求。[①] 这导致非营利组织兴起成为保护可承担性住房的重要力量，通过非营利产权和资金支持，使这些房子的可承担期大大延长。

提供保障房，除了政府以外，开发商无疑也是主渠道之一。但是，美国半个世纪的实践显示，这一提供形式有其不可消除的内在矛盾：一边是商人的逐利性，一边要低价提供给穷人；一边追求短期利益最大化，一边希望长期可承担性。

所以，即便政府通过各种资助形式，与开发商建立起了公私合作关系——因为开发商建保障房，要政府资助才行——仍然面临两大挑战：一是在开发商的趋利冲动下，能否顺利走到合作结束；二是合作结束后，保障房如何继续维持它的可承担性。伯克利为我们提供了一个很好的透视案例。

① 此摘要为成书时添加。

奥斯顿公寓的故事

位于伯克利市第七街上的奥斯顿公寓，是伯克利市最早由开发商建造的可承担性住房之一，1967 年完成，共有 48 套出租单元。

开发商在保障房建设的公私合作中，主要表现为更注重项目的前期和短期回报——掘完第一桶金后，很少有动力将合作维持到底。

1986 年，奥斯顿公寓第一次见证了瓦解这种合作的冲动。奥斯顿公寓由联邦 3% 的低息住房抵押贷款资助建造，虽然抵押贷款的期限是 40 年，但是政府规定满 20 年后可以提前还清。20 世纪 80 年代，第一批低息房贷项目可以提前还贷了——此时，政府的税收减免优惠也基本用完。于是，在住房市场较好区域，房东掀起了提前清偿的大潮，以便去市场上租得更高房租（奥斯顿公寓显然在此之列）；在市场状况不好区域，房东则停止维修以获取最后的利润，然后等政府将房子提前收回。

奥斯顿公寓始建于 1967 年，共有 3 层楼 48 个房间可供出租。

图片来源：https://www.apartments.com/allston-house-apartments-berkeley-ca/le6347g/。

面对大量可承担性住房将退出、穷人无家可归的状况，联邦先后于1987年和1990年出台了《低收入住房紧急保护法案》和《低收入住房保护及居民自有房法案》，对清偿加以限制，并通过激励因素，把住房的可承担性再额外延长20~50年。奥斯顿公寓的提前还贷也因此搁置下来。

但是，房东为把资助房转为市场住房进行了一系列的诉讼，使议会于1996年恢复了提前偿清抵押贷款的权利。乘此东风，奥斯顿公寓的房东1996年向联邦提出申请，1997年提前还清了房贷。到2002年，全国近千个开发工程中的10多万套住房，提前还清贷款，退出了可承担性住房市场，这些房子的平均房租也随之上涨了57%。为了保护租户免受驱逐，联邦使用高级租房券，弥补租户可承担性房租（收入的30%）与实际房租之间的差额。奥斯顿公寓中的40多户低收入家庭才因此没有被驱逐。

但是，这也仅仅使奥斯顿公寓的可承担性多保留了5年。2002年，房东决定终止高级租房券补贴，将房子完全市场化，以便在接下来的出售中获得更高要价。

为保留这笔伯克利市可承担性住房的重要资产，伯克利最主要的住房非营利组织之一——AHA（Affordable Housing Associates）介入，与奥斯顿公寓的房东签订了一个5年的整体租约，其中包含优先购买权。2004年，在市政府的贷款资助下，AHA买下了奥斯顿公寓；2006年，

伯克利住房非营利组织AHA（Affordable Housing Associates）的标志

图片来源：http://www.ahallc.com/recent_closings。

又通过住房信托基金贷款，对公寓进行了彻底的维修改造。AHA 购买、维修奥斯顿公寓，总共花费了 930 万美元。

可承担性住房保护清单

其实，从 1997 年还清贷款起，奥斯顿公寓就开始面临开发商建造保障房的第二大挑战，即合作结束后，保障房如何继续维持它的可承担性？正因此，奥斯顿公寓被列入了伯克利市的“可承担性住房保护清单”，收入伯克利市 2001 年的“住房元素”报告。

按照加州法律，每个城市都要编制一份“住房元素”报告，借此更好地为社区规划提供充足的住房。而其中不可或缺的部分，是提供一份城市“可承担性住房保护清单”，列举未来 10 年有可能失去其可承担性、转入市场的住房名单；并且要说明，政府将采取何种措施加以保护。

伯克利最近两次的“住房元素”报告分别编制于 2001 年和 2009 年。2001 年的“住房元素”显示，需保护可承担性住房分为两类。第一类 16 个项目、990 套住房，主要由联邦的低息抵押贷款资助 40 年或者 20 年前建造，在接下来的 10 年内，有到期转变为市场住房的危险。第二类 6 个项目、174 套住房享受税收补贴资助，建于 1987~1989 年，因为只有 15 年的可承担期，也会在接下来的 10 年内到期。

最初补贴计划（如低息房贷、税收补贴等）的到期，意味着合作结束，这时不能阻止房租恢复到市场水平。继续做可承担性住房的唯一办法，是实行租金补贴（用来支付可承担性住房房租，即租户收入的 30% 同公平市场房租之间的差额）。所以再看 2009 年的“住房元素”报告，“可承担性住房保护清单”下的7个项目、504套住房，几乎无一例外都接受租金补贴。当年奥斯顿公寓还清房贷之后，也是靠高级租房券继续维持了几年可承担性。

但这带来两个挑战。第一，政府总能够提供足额资助吗？联邦最早的租金补贴合同是10~20年，后来受到联邦拨款额度的限制，只能一年一度地更新。因此，仅仅依靠联邦的租金补贴来维持其可承担性的一个风险是：如果联邦政策改变，削减甚至停止租金补助，这些房子的可承担性就会受到危及。第二，开发商总愿意将之作保障房吗？即使联邦不中断拨款，保证租金补贴，开发商也未必愿意继续。奥斯顿公寓就是这样——在接受了5年的租金补贴之后，房主还是决定终止其可承担性，进行市场出售。

像2001年保护清单中的那些住房，最后如何找到了出路？奥斯顿公寓案例已经显示，非营利组织成为保护可承担性住房的一支重要力量，除了所有权转换外，还获得可承担性住房资金的支持，也使这些房子的可承担期大大延长。

（《中国经济时报》2012年7月3日第4版）

提供包容性保障房是开发商责任

除了政府资助开发商建造可承担性住房外，伯克利以及美国很多其他城市还有一种普遍做法，即实行包容性区划法令，引导甚至强制开发商将所开发商品房的一部分拿出来，给穷人做可承担性住房。

如何才能让开发商给穷人建房？除了政府资助开发商建造可承担性住房（相当于我们的保障房）外，伯克利以及美国很多其他城市还有一种普遍做法，即实行包容性区划（Inclusionary Zoning）法令，引导甚至强制开发商将所开发商品房的一部分（如伯克利是 20%）拿出来，给穷人做可承担性住房。

这样的包容性区划，如果放到国内，肯定会被指责为行政干预，但偏偏在市场经济成熟，且土地私有的美国被广泛采用。是它们的开发商身上流着更加“道德的血液”？还是因为它们秉持不同的理念原则？①

穷人的公平份额

美国的包容性区划来源于“公平份额”这样一种理念。这个自

① 有必要指出，今天包容性区划即配建在中国已广泛使用，成为政府提供保障房的重要手段。

由市场国家，曾经充满了赤裸裸的经济歧视——开发商只想为有钱人盖房，城市只希望汇聚富人。但是，到了20世纪70年代，这一经济歧视遭遇了它公平的边界：要求给穷人一个“公平份额”。

1975年，新泽西州一个叫月桂山（Mount Laurel）的小镇被告上了法庭。理由是该市镇带有排斥性的区划法令，使中低收入群体无法在该镇获得住房。当时美国正在郊区化，排斥性区划法令非常普遍，或为保持市镇特色，或为维护中产阶级利益（因为如果穷人大量涌入，教育开支增加，政府就得加征房产税）。如按照月桂山镇的区划法令，除了独栋别墅外，其他形式住房（联排别墅、移动性住房甚至公寓）一概建不了。这样就有效地将穷人挡在了外边。

月桂山判案最后萌生了美国住房史上最重要的理念之一：“公平

月桂山是位于新泽西州和宾夕法尼亚州接壤处的小镇。2010年人口普查该镇有41864人。

图片来源：http://fairsharehousing.org/mount-laurel-doctrine/。

份额”原则。一个市镇必须为所有的收入群体提供住房，并通过它的土地使用规划创造一系列合适的住房选择——而为特殊群体利益或者税收的目的进行区划，是违反宪法的。后来在此案的上诉判决中，法院进一步要求地方政府对“公平份额”进行量化。

图片来源：http://tompkinscountyny.gov/humanrights/fairhousing。

包容性区划就成了实现“公平份额”的重要手段。没法对已经使用的土地要求公平份额，就对空置土地实施，要求新建项目必须拿出一定的比例做可承担性住房。此时，正值联邦住房保障政策从原来大规模地“补砖头”转向“补人头”，同时将保障责任下沉地方。美国城市需要增加可承担性住房供给，包容性区划因此成为重要手段。

严格包容性区划，建设多样化城市

甚至比月桂山案还早两年，1973年，伯克利已经开始实行包容性区划，不过，不是针对郊区新社区设槛不让穷人进入，而是为了防止老社区“贵族化”（gentrification）将穷人排挤走。当时，社区兴起大规模的推旧建新运动，结果房租轮番上涨，穷人待不下去了。

为了保护社区发展，伯克利不得不采取一系列措施（包括包容性区划），对推旧建新加以限制。

现在伯克利市实行的强制性包容性区划，1987年就已立法。这比周围一些地价更为昂贵城市都早（如洛杉矶是2007年，旧金山2002年，圣地亚哥2003年）。伯克利市的包容性区划在很多方面都比其他城市更为严格。比如，有些城市10套起征，伯克利市规定，每建造5套商品房，就必须拿出一套提供给地区中位收入81%以下的家庭。而且，一般不允许缴费代之，或者设地点另建，而且包容性住房单元必须合理地分散于整个项目中，在大小、材质等各方面，与非包容性住房单元完全类同，以实现完全包容的目的。

严格的包容性区划，是伯克利市践行其城市建设理念的重要手段。市议员杰西·阿雷金（Jesse Arreguin）说："我们不需要一个同一的、同质化的城市；我们需要一个多样的、充满活力的伯克利，能将各种思想和人群吸引汇聚到此。而建造什么样的住房，对此至关重要。"包容性区划不仅能让低收入者在城市里留下来，还能住进富人区域，有助于实现真正多样、包容的城市。

而且，伯克利市从很早就认识到，未来给穷人提供可承担性住房的机会只会越来越小："每一个新开发都进一步减少了土地供应量，使剩下的土地价格更高，住房可承担的可能性更小！"（《1994年城市规划发展部报告》）。一个明智之举是现在开始解决：从每一次新开发中拿出一定比例，以可承担的价格，租或卖给中低收入家庭。包容性区划为伯克利市提供了数量可观的可承担性住房。1999~2009年，伯克利市共开发了35个住房项目、1928个单元，其中包含了362个包容性住房单元。

而且，包容性区划并没有阻碍开发。加州实行密度奖励政策：如果开发商将租赁性商品房的10%提供给贫困家庭（即地区中位收入50%），可以享受33.5%的密度奖励。但是，多数开发商并没有寻求他们可以享受的密度奖励，即并没有将房子盖得更高来抵消包容性区划所造成的损失。这从一个侧面说明，包容性住房开发项目是可以运营的。

曲折：从包容性区划到征收影响费

现在，针对租赁房的强制性的包容性区划在伯克利已不再适用。

这源于2009年的帕尔默诉洛杉矶案（Palmer v Los Angeles）判例。帕尔默（Palmer）是洛杉矶市的一名开发商，他获得了位于该市第六街一个混合使用地块的开发项目。市里批准了该项目，但前提是，帕尔默按照包容性区划要求提供60套可承担性住房，或缴费代之。但是，拿到项目之后，帕尔默立即将洛杉矶市告上了法庭，指控其有关可承担性住房的做法违反了1995年通过的Costa-Hawkins法，打击了他实施该项目的经济动力。

加州高院最后裁定帕尔默胜诉。因为Costa-Hawkins法规定，房东有权在租约之初设定房租，现在洛杉矶市强制开发商拿一部分房子作可承担性住房，等于剥夺了房东设置初始房租的权利，因此与法律不符。

14年前，正是Costa-Hawkins法的此条规定，使得强租金控制在伯克利不再适用，因为空房可以重新设定租金。现在，它又使伯克利（及加州其他城市）一夜之间失去了包容性区划这一获得可承担性租赁房的重要渠道（注：这一判例不影响包容性产权房）。

但是，伯克利和加州其他城市的开发商们，并没有因此迎来他们的春天。

除了利用奖励政策，诱导开发商实行包容性区划外，加州城市开始征收影响费。而在伯克利，同意征收的法令 2011 年 6 月市议会已经通过，但是该收多少还在争论之中——而且，焦点是如何多收。

对于影响费的征收，目前有三种意见。第一种意见是每单元征收 20000 美元，因为研究表明，这一征收额度的经济影响与 20% 的包容性区划一样。第二种意见是每单元征收 34000 美元——因为研究显示这是可以征收的最高额度——从而最大限度地获得社区所需。第三种意见是每单元征收 28000 美元，从而逼迫开发商交房子而不是缴费，住房建议委员会和租金稳定委员会等都持此意见。

不管怎样，随着影响费的开征，以及伯克利公共住房的失败，伯克利更加需要非营利组织来提供可承担性租赁房。

（《中国经济时报》2012 年 7 月 5 日第 4 版）

发展社会住房是解决穷人住房的根本出路

公共住房及开发商建房相继失败后，伯克利走上了第三条道路：发展私人的、非营利的社会住房（非营利组织住房、有限权益合作社及土地信托等），解决穷人住房问题。①

作为美国房价最贵地区之一的伯克利，在诸多可承担性住房政策探索之后，终于走上了第三条道路，即发展社会住房，解决穷人住房问题。

社会住房现在已经成为伯克利市可承担性住房的中坚力量。目前，伯克利市有数量可观的非营利组织建房和合作社建房，其中，非营利组织建房 1800 套，与最主要的联邦住房政策 “Section8 房租补贴计划” 所资助住房的数量相当。

那么，伯克利是如何走上社会住房这一第三条道路的呢？作为伯克利市可承担性住房领域经验与知识最丰富的人之一，伯克利市租金稳定委员会副主任斯蒂文 · 巴顿（Stephen Barton）就此接受了我的采访。

① 此摘要为成书时添加。

解决高房价的政策探索

问题还要追溯到湾区的高房租上。旧金山湾区是美国房价最贵的地区之一,一居室房租高达 1200 美元 / 月。而另外一个城市，波特兰市一居室房租为 700 美元 / 月。是因为湾区的公寓比波特兰的好很多吗？不是的。是因为湾区的土地价值更高；湾区的人口增长过快，便宜的旧房子供应不够。

伯克利最初实行强租金控制，不允许租金上涨。强租金控制的运行模式与水、电、气等公共服务产品的运行模式相似。这些产品都具有自然垄断性，建造传输系统（或住房）的初始成本非常高，但是，一旦建造成本摊清之后，传输水、电、气（或者提供住房服务）的成本就非常低。

但是强租金控制后来被加州政府否定了。现在的适度租金控制（即租金控制从租户入住开始实施，一旦租户搬走，租金可以恢复到市场水平），加上“无正当理由不得驱逐租户”的配合性措施，能够给租户创造一种类似于自有房者通过房贷所获得的稳定。

那该怎么办呢？伯克利市几乎尝试了在美国能找到的各种住房计划。比如，市里有由住房管理局运营的“Section8 住房券计划”，支持了大约 1800 户贫困家庭。但是，全市的非学生贫困家庭约有 8000 户，住房券只能资助不到 1/4，其余的只能在漫长的候补和摇号中等待。

伯克利也尝试过公共住房。但是，建造于 80 年代的公共住房仅有 75 套，因为长期资助不足导致运营亏损，最后不得不卖掉了。

伯克利也尝试过开发商建房。结果发现，就算政府提供了开发资助，开发商在掘完第一桶金后，常常很少有动力将合作维持到底，因为它更注重项目的前期和短期回报。即使坚持到了合作结束，如何继续维持这些住房的可承担性，仍是一个巨大挑战——城市因此不得不编制“保护清单”来加以应对。

找到第三条道路

但是，正是从这些可承担性住房政策的探索中，尤其是公共住房和开发商建房的种种问题中，伯克利找到了解决穷人住房问题的第三条道路，即私人的、非营利的社会住房形式。

首先，社会住房属于私人所有，不会像公共住房那样受“敌视”。斯蒂文·巴顿认为，美国的公共住房不太成功的一个原因，是美国的政治对“公共”充满敌意，使得公共住房在政治变迁面前非常脆弱。而社会住房属于私人所有，因此受美国私有财产权的保护。

其次，社会住房虽然属于私人所有，但它是非营利的，与开发商建房的趋利追求不同。在对开发商建造可承担性住房进行保护时发现，通过非营利住房组织和有限权益合作社将这些公共资助正在过期的大楼买下来，转成非营利所有权，是保持其可承担性的一个重要途径。

社会住房具有诸多优势。在遇有政治变迁的时候，在要求政府退出的压力下，租金控制和租金补助可能被削减甚至废除，但是，由非营利组织拥有的土地和住房，作为一种私有产权受到宪法保护；政府对新开发的资助也可能断掉，但是大多数的非营利组织和他们的可承担性住房会被保留下来。而且，社会所有权还会降低租金补助的需要，因为它旨在为穷人提供住房，会首先将费用降下来。

List of Non-Profit Housing Developers in the Bay Area

Affordable Housing
Associates (AHA)
1250 Addison Street, Ste. G
Berkeley, CA 94702
(510) 649-8500
www.ahainc.org

Allied Housing
22245 Main Street, Ste. 204
Hayward, CA 94541
(510) 881-7310
www.alliedhousing.org

BRIDGE Housing
1 Hawthorne Street, Ste. 400
San Francisco, CA 94105
(415) 989-1111
www.bridgehousing.com

Christian Church Homes of Northern
California
303 Hegenberger Rd., Ste. 201
Oakland, CA 94621
(510) 632-6712
www.cchnc.org

Citizens Housing Corporation
26 O'Farrell Street, Ste. 600
San Francisco, CA 94108
(415) 421-8605
www.citizenshousing.org

Community Development Corporation of
Oakland
5636 Shattuck Avenue
Oakland, CA 94609
(510) 428-9345

Community Housing Development
Corporation of North Richmond (CHDC)
1535 Third Street, #A
Richmond, CA 94801
(510) 412-9290
www.chdcnr.com

East Bay Asian Local
Development Corporation
(EBALDC)
310 8th Street, Suite 200
Oakland, CA 94610
(510) 287-5353
www.ebaldc.org

East Bay Habitat for Humanity
2619 Broadway, Suite 205
Oakland, CA 94612
(510) 251-6304
www.habitateb.org

East Oakland CDC
1406 Seminary Ave.
Oakland, CA 94621
(510) 569-8231

伯克利住房领域的社会非营利组织（部分）

资料来源：http://www.ci.berkeley.ca.us/ContentDisplay.aspx?id=10484。

社会住房：所有权＋建设拨款

社会住房的基本经济特征，就是将非营利的所有权和建设补助相结合，提供永久性的可承担性住房，然后按需（而非市场能力）分配。

在伯克利，这主要包含三种所有权形式。

第一种是非营利住房组织所有（Nonprofit Housing Corporations）。这是一种私人的慈善组织，由董事会进行治理（董事会包括或者不包括租户）。

伯克利有三家最主要的非营利住房组织，RCD（Resources for

Community Development，或叫“社区发展资源”）、AHA（Affordable Housing Associates，或叫“可承担性住房联营”）和 Satellite Housing Inc.（或叫“卫星住房社团”）。其中，RCD 和 AHA 都是综合类住房组织，为穷人、残疾人、流浪汉等各种不同弱势群体建房。Satellite Housing Inc. 主要提供老年人住房。伯克利最近几年完成了 8 个可承担性住房项目（近 400 套住房），其中 RCD 和 AHA 各完成了 3 个项目（分别为 198 套和 121 套），Satellite Housing Inc. 完成了一个项目（共 80 套）。

第二种是有限权益合作社（limited-equity cooperatives）。这是一种住房产权形式，由合作社成员共同拥有和运营财产，但是，当成员退社时，不能兑现其财产的市场价值增值。

Resources for Community Development

Creating and Preserving Affordable Housing

RCD（Resources for Community Development，社区发展资源）
图片来源：https://rcdhousing.org/housing-development/new-communities/。

SAHA
SATELLITE AFFORDABLE HOUSING ASSOCIATES

2013 年，AHA 和 Satellite Housing Inc. 合并，组成了 SAHA（Satellite Affordable Housing Associates，卫星可承担住房社团）。

图片来源：http://www.sahahomes.org/。

目前，伯克利有9家这样的合作社，拥有几百个可承担性住房单元。我采访过的“帕克街合作社”（Parker Street Cooperative），因位于伯克利分校往南不远的帕克街上而得名。它拥有24个住房单元，合作社每个成员拥有一份股份，借此排他性地占有一套公寓，但是退社时，只能拿到当时入社的份子钱加利息，不能兑现自己所占有公寓的市场价值的增值（因此叫“有限权益”）。但是合作社每月住房支出非常少，只有475美元，只及周边房屋租金的1/3。

但斯蒂文·巴顿（Stephen Barton）指出，除纽约外，这种合作社形式在美国没有得到长足发展，主要是因为合作社中的每户没有独立的产权，只能通过所拥有的股份使用一个公寓，因此不容易拿到住房抵押贷款。

第三种所有权形式叫土地信托（land trusts），它以私人基金的形式，买下土地，并永久性地拥有其所有权，然后将地面大楼出售，这样就将大楼与土地分离开来，使其从土地价值的升值中获利。一个通常的做法是将土地使用权99年出租，进行租赁的一个前提是保证住房永久性可承担，并对可承担性住房项目进行持续监管。

除了非营利所有权保证住房的可承担外，社会住房还需要建设拨款资助来降低房租。这是因为，住房是一个资本密集型的商品，需要大额初始投资进行购买或者建造。如果最初的开发成本不进入房租，或者主要使用公共资助而非商业贷款，就能有效降低社会住房后来的运营成本支出，房租也就能明显降低。

（《中国经济时报》2012年07月10日第4版）

发展住房合作社，解决穷人住房问题

只需交纳 1.5 万美金，就可以在帕克街合作社独占性享有一居室，每月住房支出 475 美元；周边这样的一居室，售价 15 万美元，租金 1200 美元。合作社将权益附着于房子（而不是变现），把低价留给了后人。[①]

在帕克街上，有两幢醒目并列的三层粉色公寓楼。沿着中间植满花木的甬道走进去，便见廊门上一块匾额："Parker Street Cooperative"（帕克街合作社）。

帕克街住房合作社：1988 年创建，包括两幢公寓楼，24 个房间。现在仍是非营利组织。

图片来源：http://parkerstcoop.org/。

① 此摘要为成书时添加。

伯克利早在20世纪60年代的进步运动时期，就开始提倡发展有限权益（limited-equity）住房合作社，并将之作为发展社区产权、提供可承担性住房的一条重要途径。帕克街合作社是伯克利市现有的9个有限权益住房合作社之一。两幢大楼共有24个单元（以一居室为主），分布在1~3层，楼顶（第4层）一半是公用区域（用来洗衣、上网、健身等），另一半是露天平台，可以鸟瞰湾区。

就在这里，我采访了合作社最早的成员之一布伦特·查德维克（Brent Chadwick）。

为什么成立合作社？布伦特的回答简单得让人惊讶："就是想去掉房东，有自己的房子。想在房子周围种上果树，但是房东不让我种。"

但是，成立合作社的道路，并不简单。1988年，房东想把这两幢1949年建造的老房子卖掉。那时，布伦特和其他几个租户开始谋划将大楼买下，成立合作社。但是，直到1993年，合作社才成立。原因是，银行不愿意给合作社提供房贷。"他们认为风险太大，因为合作社中的每户没有独立产权，只能通过所拥有的股份独占性地使用一个公寓。"布伦特说。

幸好有"储蓄协会房贷公司（SAMCO）"。加州法律（社区再投资法案）规定，储蓄和贷款协会必须拿出一定比例贷款，用于支持一些风险高、收入低但有意义的事业发展。各家银行把钱汇集到圣何塞市的"储蓄协会房贷公司"，由其集中处理贷款。

"但需要24户租户都同意加入合作社，银行才肯放贷。当时只有5户人家对合作社感兴趣。"布伦特说，在接下来的5年里，每当有租户搬走，我们就只让有意愿加入合作社的新租户搬进来，这样增加到了 12 户。我们又另外说服了 7 家加入，通过借钱给他们支付首付。最终是在 19 户的基础上成立了合作社，仍有 5 户到现在仍是租户。

合作社最后拿到了 30 年期的市场利率房贷，20% 首付。整个大楼将近 100 万美元，银行贷款 74 万美元，每家首付 9000 美元。

为了防止房子在合作社成立起来之前被别人买走，住在街对面的杰克·索耶（之前是芝加哥大学心理学教授），将房子买下，在手上整整拿了 5 年，然后以原价转给了他们。杰克在 1988 年买下大楼时，支付了 1.1 万美元的房产交易税，但在 1993 年将房子转给合作社时，市议会免去了这笔房产交易税。

为了未来可承担而放弃权益

帕克街合作社的住房单元大多是一居室，约 500 平方英尺（相当于 46 平方米）。在附近，这样的一居室的购买价格至少要 15 万美元，房租至少 1200 美元。但在合作社，只需交纳 1.5 万美金，就可以独占性享有合作社里的一个一居室，然后每月支出房费约 475 美元。

按照加州法律（有限权益住房合作社法），当初首付 9000 美元的保值、增值幅度可以在 0%~10% 之间，合作社选择了 4%（相当于当时的银行存款利率）。于是，当初的 9000 美元变成了现在的 1.5 万美元。

475 美元的房费支出包含了房贷月供（大约 100~200 美元）、房产税、房屋维修、保险、水电费等等。这一费用水平，几乎停留在当年成立合作社时的水平（那时月租金也只有 400 多美元）。

实际上，大楼的权益（或净资产）一直在增长。如果现在对房产重新评估，其价值可能已经从当初的 100 万美元涨到了 300 万美元（增加了 200 万美元）。1993 年借下的 74 万美元房贷，也已经付清了一半（37 万美元）。如果是市场中的房子，这些权益（净资产或 237 万美元增值）都可以变现，但因为现在成立的是有限权益合作社，这些权益（或净资产）附着于房子，不能分配给大家。所以，股份转手还只能卖 1.5 万美元（外加 4% 的利息），住房支出仍然比市场低 2/3。

那么，谁受益了呢？"我们的后代！"布伦特说，设定这样的法律，目的是让后代们能够住进低成本的房子。这是通过每一代人，尤其当初我们这些成立合作社，支付房贷的人，放弃净资产实现的。等缴清了房贷，后来入社的人连月供都不需要缴了，住房支出会更便宜。

"我们可以选择终止合作社。"布伦特说，根据美国法律，如果投票决定终止合作社后，所有的净资产仍不能给个人，而是转移到非营利组织手中。我们可以决定给哪个非营利组织。但是我们现在没有要废止合作社的想法，因为每个人都喜欢这里的低价格。

参与式民主管理

现在，帕克街合作社成员包含 34 名成人、一个小孩（不包含租房者）。当然，也有并非因为收入原因入社的人。比如杰克，虽然拥有自己的别墅，但是非常喜欢合作社，也在这里拥有一居室。

合作社每月举行成员大会和董事会例会，其中董事会由 7 人组成，每年更换。内部章程规定，一切尽量通过达成共识来解决，即让参加会议的每个人都同意，只有在行不通的情况下，才诉诸投票。现在达成共识是最主要的决策方式。比如，2004 年夏天，经过大约 4 个月会议讨论，合作社成员终于达成共识：同意将大楼外部粉刷成现在引人注目的三文鱼色，在屋子周围种上与其他花木相匹配的藤树。人们将此称为真正的参与式民主管理。

（《中国经济时报》2012 年 7 月 17 日第 8 版）

成员们将帕克街合作社打造成温馨的家（图为屋顶露天阳台）。

图片来源：http://parkerstcoop.org/。

伯克利：非营利组织住房成主流

政府的退出，以及住房提供结构的改变，为非营利组织的成长提供了空间，竞争的生态环境使这些非营利组织更快地成熟起来。

在伯克利市最中心的地方，与著名的加州大学伯克利分校仅一街之隔，有一幢时髦的、堪称标志性的建筑——“牛津广场”。这幢6层大楼的底层是商铺与办公室，2~6层是97套可承担性住房。这是伯克利最近几年完成的8个可承担性住房项目之一，这些项目几乎都由非营利组织完成。

美国从20世纪80年代起，兴起了一场非营利组织建房运动。由于政府停止直接提供住房，转而出资让私人（开发商和非营利组织）提供，非营利组织成为政府、市场之外提供可承担性住房的重要部门。“在一些地方，政府是如此依赖非营利组织，以致政府的成功和非营利组织的成功之间的界限‘已经变得非常模糊’”。有学者这么认为。

市中心的穷人住房：“牛津广场”

熟悉美国可承担性住房历史的人，不禁会想起早期非营利组织建房的失败。60 年代时，非营利组织也和开发商一起，参与政府资助的住房开发，但是失败率是后者的 2~4 倍。一个重要原因是这些组织都是宗教或者兄弟组织，住房只是它们的副业，是它们核心业务的暂时偏离，它们缺乏足够的资源和专业能力来把这项事业搞好。

今非昔比。对于今天参与的大多数非营利组织来说，住房是它们的核心使命。“这些组织提供住房，关注社区，富有使命感，而不唯利是图。而且，它们理解各种资助计划，是很好的合作者。这是这些非营利组织存在以及城市愿意跟它们合作的原因。”丹·萨威斯拉克（Dan Sawislak）说。

丹是 RCD（Resource for Community Development）的执行总裁，大半个职业生涯都在从事可承担性住房事业。RCD 1984 年创建于伯克利，是当地的三大住房非营利组织之一，在伯克利乃至北加州都享有盛名，目前已经开发了三四十个可承担性住房项目，遍布北加州，为成千上万的低收入家庭提供了可承担性住房。

“牛津广场”项目大概能够体现今天非营利组织建房可以达到的成熟程度。“牛津广场”所在的地方，原来是一个地面停车场。市里说，“我们将这个停车场 1 美元卖给你们，但是你们得建一个地下停车场取代。”RCD 与另一家非营利组织在竞争中拿下了这个项目，建了地下停车场，并在上面树立起了两幢标志性的建筑：“牛津广场”和“戴维·布劳尔中心”。其中“戴维·布劳尔中心”楼上拥有大型剧院，并为非营利组织提供展览、展示与办公空间。两幢大楼不仅现代，而且使用了高标准的建筑环保材料，他们矗立在伯克利市中心，成为现代、环保与社会公正的符号象征，丹也几乎成为伯克利的“英雄”。

“牛津广场”是 RCD（Resource for Community Development）参与开发的项目。
图片来源：http://cn.linkedin. com/company/resources-for-community-development。

但是丹在一开始接受采访时并不愿意谈及此项目，因为这是一个有很多财务风险的大型项目。他认为如果让开发商来做，可能会更好，因为它们有更充足的资本金，而且趋利本性使得它们更知道如何使那些商业空间的价值最大化。但是市政府不愿意，希望能从这个项目中获得尽可能多的可承担性住房，压缩盈利空间。“最后很有意思，我们两个非营利组织做了，虽然也建成了，但是很不容易。”他说。

除了开发住房，甚至是非常复杂的住房项目，时至今日，非营利组织的住房业务还包括另外两项：运营大楼和提供社会服务。

非营利组织一般在大楼建成后，将住房租给符合收入的家庭，同时无期限地拥有大楼，并对其进行管理，使其财务与物业运行正常。它们或者与物业管理公司合作，或者它们本身就是物业管理公司。

非营利组织还为租户提供住房一系列服务，包括就业指导、照看护理、教育等等。这些服务的范围很广，主要取决于谁居住在那里，不同的住房项目，提供的服务是不一样的。比如，对于老人住房，社会服务的内容是更加关注怎样让他们从公寓中走出来，或者送食物到他们的公寓；对于为流浪汉提供的住房，服务则围绕提供心理咨询，或者如何解决吸毒问题等展开，因为这些人中很多都有这个问题，此外也可能为他们提供工作训练。

福利多元主义使非营利提供成主流

是什么驱动了非营利组织建造可承担性住房，并成为主流？政府建房是履行政府责任，它手上也有资源，开发商建房是为了盈利，那么非营利组织建房，又为哪般？

首先一个结构性的因素，是政府退出留出了空白。“如果政府稍稍调整一下结构，承担责任，可能就不需要我们（非营利组织）甚至开发商了”，丹说。美国之前主要依靠政府提供（公共住房），“只是这项任务太大了，如果没有受到高度激励，是干不好的。结果它变成了一个政治项目——将城市中特定的人群置于特定的地方。”发现公共住房不太成功之后，政府采取了全面退出的办法，这为非营利组织的进入提供了空间。

“我们更加受使命的驱使。我们是独立的。我们和政府、银行和商界都有密切的关系，但是又不属于它们。如果非营利组织中的某人没干好，处理起来比较容易一些，不像在政府里，政府做起来就比较难——当然不是他们不能做。但不管怎样，现在流行的非营利组织模式，30 多年前就开始了，而且运营得非常好。它创造了整个产业，提供了成百万套的可承担性住房。”丹说。

其次是政府力图推动一个福利多元主义格局，促进政府、开发商（及私人投资者）与非营利组织三者之间的合作。20 世纪 80 年代开始实行的税收补贴，有效地实现了这一目的。现在，可承担性住房的开发，需要私人（投资商或者富国银行之类的银行）和政府共同出资，然后由 RCD 这样的非营利组织独立开发，或者开发商找一个非营利合作伙伴一起开发。

“为了将费用降下来，营利的开发商总是和非营利组织结成伙伴关系来共同开发可承担性住房。我试图寻找从 1999 年以来，开发商建房没有与非营利组织合作的例子，几乎没有。”伯克利市政府住房服务处主管凯瑟琳·胡佛如是说。

最后是竞争的生态。如果说政府的退出以及住房提供结构的改变，为非营利组织的成长提供了空间的话，竞争的生态环境使这些非营利组织更快地成熟起来。竞争主要来源于对资源（建房资金）的争夺。由于现在最大的建房资金来源是税收补贴，而且是开发商和非营利组织一起竞争，再加上要将 6~9 种资金汇集到一起，才能将全部资金凑齐，因此，住房建造变成了一个技术性非常强的过程，工作也变得非常正式化和职业化。今天的可承担性住房事业，已经不是那些想在城市里建造住房就去建的人做得了的，而必须引入各种职业人士。

“一个结果是，现在的非营利，已经不像以前那样基于社区——它仍然为社区服务，但是，通常不再是社区的人运营这些组织。”丹说。

（《中国经济时报》2012 年 7 月 31 日第 4 版）

美国非营利组织如何建房？

在哥伦比亚角时代，政府大规模直接投资往往带来大楼“一夜之间”拔地而起，而当后来收支不能平衡时，一些大楼就溃败成了贫民窟；今天的可承担性住房建设，是先将收支平衡测算好，然后再竞争获取资金，最后才开始建造大楼。

24 岁的流浪青年克里斯蒂娜如今万事诸顺：有地方住、有工作做、有学上。这皆因她新近入住哈蒙花园——伯克利市第一幢专门为流浪青年建造的可承担性住房。

哈蒙花园为伯克利三大非营利住房组织之一的 AHA（Affordable Housing Associate）所建，耗资 650 万美元，能为 15 位流浪青年每人提供一套单间小公寓，以及就业、心理健康咨询、个人理财等诸多方面的在场服务。

“我真感激有这样一个地方。”在大楼的入住庆典上，克里斯蒂娜哽咽了。

这不禁会让熟悉美国公共住房历史的人想起，半个世纪前，那些政府建造的巨大公共住房项目，如芝加哥的泰勒之家、波士顿的哥伦比亚角等。

泰勒之家是全美最大的公共住房项目，28 幢塔楼、4400 户人家。哥伦比亚角则是新英格兰六州最大的公共住房项目，27 幢塔楼、1500 户人家，投资 2000 万美元，建于波士顿南部一个孤岛上，建成之初，即有 1/3 的住房屋顶或墙壁漏水，而且没有公交、学校、商店等任何配套设施。最后这些房屋都退化成了贫民窟并被推倒。

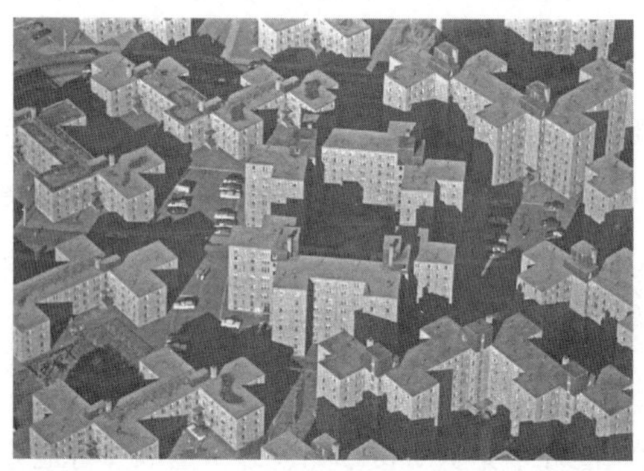

密密麻麻的大楼往往带来贫困聚集，沦落为贫民窟（图为波士顿哥伦比亚角公共住房项目）

图片来源：https://www.digitalcommonwealth.org/search/commonwealth:qb98mp96h。

从哥伦比亚角或泰勒之家到哈蒙花园，公共住房随着福利国家一同隐退，但私人部门尤其是非营利组织却被推到了前台。至此，美国的穷人住房提供也发生了根本性改变。

“小的是美丽的”

“小的是美丽的”取代了当年“宏大”的现代性取向。哈蒙花园只是一幢四层小楼，仅拥有 15 个可承担性单元。

因此，它可以针对更加个性化的需求。并非只是庇护穷人，而是可以帮助 18 岁~24 岁的流浪青年回归社会，并将整个底楼都用作活动聚会和社会服务（如咨询）场所。

它也可以更用心地选址。不再像当年哥伦比亚角那样将穷人扔在荒岛上了事。哈蒙花园位于伯克利市核心位置的萨克拉门托大街上，到地铁站只需步行，周围还拥有自行车店、超市、饭店、银行和剧院。

它还可以更精细地被建造。哈蒙花园成了全国绿色建筑的标杆，获得了美国绿色建筑协会制定的 LEED（领先能源与环境设计）绿色建筑标准最高级别（白金）奖。

哈蒙花园以精细建造著称，是美国绿色建筑的标杆。
图片来源：http://www.sahahomes.org/properties/harmon-gardens。

实际上，比起当年的哥伦比亚角和泰勒之家，这种今非昔比也受到了政府、非营利组织以及出资人三方的约束。

首先，政府的规制越来越严格。目前湾区有 16 个城市（包括伯克利）实行某种程度的绿色规定，比如要求采用绿色大楼结构、使用更高质量的材料、更加关注房子位于何处等等。

其次，非营利组织发展的需要。非营利组织现在是物主，房子的好坏也直接影响到非营利组织的可持续发展。通过物业管理经验积累，他们也懂得了如果所开发住房一开始便质量低下，后果将会是什么，所以他们自然会努力推动高质量的产品。

最后是出资人的要求。出资人越来越懂得高质量的重要性，因此便将之作为提供资金的重要依据，项目坐落于何处、是否绿色等都成为评分标准。

企业化的运作

不仅是审美取向发生变化，穷人住房的提供方式也发生了根本性改变。

在哥伦比亚角时代，在政府大规模直接投资下，大楼常常“一夜之间”拔地而起，然后才开始考虑收支平衡的问题——而当后来收支不能平衡时，一些大楼就溃败成了贫民窟。

而今天的可承担性住房建设，是先将收支平衡测算好，然后再竞争获取资金，最后才开始建造大楼。这更像是一种企业化运作。

“众所周知，可承担性住房收入非常有限——只能来自租金或政府补贴，所以事先一定要进行很好的测算。”伯克利非营利组织 RCD 的执行总裁丹·萨威斯拉克（Dan Sawislak）说，“你得清楚地知道究竟需要多少钱用于保险、多少钱用于维护、多少钱用于人员费用？如果需要更多的钱运行大楼的话，从一开始你就得搞清楚并想出办法，不能等到入不敷出时才说：我得将这个人撵出去，找可以承担更高房租的人来住。一旦处于那种境地，你就麻烦了！”

测算的起点是开建之前就知道每个单元将获得多少收入。因为，已经知道了房屋将租给哪个群体，虽然不知道具体是谁。哈蒙花园2009 年的一份预算报告显示，其中 10 个单元租给地区中位收入 30% 以下者，另外 5 个则租给地区中位收入 50% 以下者。因此，房租是他们收入的 30%，分别为 272 美元和 781 美元。此外，唯一能获得的运营补助是 Section8 租金补贴，能够将房租补足到市场水平（注：哈蒙花园的 15 套住房最后都获得了足额补助。这样，一年的租金加运营补助 14.5 万美元，运营费用支出能够达到 11 万美元）。

有了这样一份测算才能去竞争资金。丹说："在项目开建之前，你已经知道租金收入是多少，支出预计是多少。如果不知道的话，没人会资助你。因为我们要申请政府和私人资金，而且不止是一种资金来源，如果你不能显示你能很好地运行和保持收入平衡的话，没人会让你建这个项目。你必须能走进去说：我觉得这个项目应该保持这个数目的现金流才够。"

非营利组织现在已加入与营利开发商一起竞争税收补贴这一主要建房资金的格局中。在这样的融资方式下，私人投资一般占 50%~70%（银行或私人辛迪加投资），地方政府资金占 30%（无偿拨款或者一些软性贷款），传统银行债务占 10%，其他私人资助占（如基金会捐赠等）5%。

哈蒙花园项目资金有八种不同来源。其中私人投资占到一半，另一半主要是地方政府投入，大大高出之前 RCD 完成的牛津广场项目中政府投资的比例（为 33.8%）。这主要是因为哈蒙花园项目的 2/3 租户是有心理健康问题的青年。这些人收入非常低，扩大政府无偿或者软性投入的目的，是有效降低债务支出。

没有完美的方式

但现在的一个很大挑战是，政府资金削减。

今年以来，地方资金削减 75%，主要原因是州再开发资金被砍掉了。此外，联邦层面的资金也被削减得厉害。"目前，这只影响到

RCD 预算的 3%。但长期来看，其影响可能是 100%。”丹说，因为可承担性住房项目依赖很多不同来源的资金，缺了哪一块都不行。

另外一个问题是，现在的方式不能提供足够的住房。“建房成了一个非常技术化的、需要一个项目申请的过程，而且成本昂贵。我觉得一个好的计划应该能够提供更多住房，比我们现在作为一个部门所能提供的还要多”，丹说。

但是，伯克利市租金稳定委员会副主任斯蒂文·巴顿（Stephen Barton）却没有那么悲观。他认为，非营利组织住房比租金控制、开发商建房甚至公共住房都更有其内在持久性。政治气候好的时候，非营利组织就能拿到更多的钱，建更多的房；政治气候不好时，非营利组织不能有大作为，但至少仍然拥有它们已经盖好的可承担性住房。

（《中国经济时报》2012 年 8 月 9 日第 4 版）

社区土地信托让住房永久可承担

当人们想拥有自己的家，又买不起房子时，该怎么办？社区土地信托这一方式正在美国悄悄兴起：它通过社区控制土地所有权的方式，将住房与土地相剥离，从而使住房永久可承担。

社区土地信托圆了住房梦

如果说目前中国多数人买不起房的话，在美国，面对这样困境的，更多是像琳达这样的人：刚离婚、带三个孩子，干两份工作。“我赚得越多，需要支出的就越多！”精疲力竭的那一刻，她想过放弃，寻求政府公共救助的庇护。但还是坚持了下来：继续上学充实自己，并梦想有一天拥有一幢自己的房子。

OPAL（Of People And Land，“人民和土地的”）社区土地信托新近完成的小区，最后圆了琳达的住房梦。这些漂亮的别墅，价格只有市场的1/3到1/2。但是有一个条件：将来只能以可承担的价格（而非市场价格）卖给同等收入水平的人（所谓可承担，一般指住房支出不超过家庭收入的30%）。

这样做的目的，是为了让像琳达这样的人能拥有自己的家，同时住房保持其永久可承担性。

社区土地信托完成的 OPAL（Of People And Land，“人民和土地的”）小区
图片来源：https://www.opalclt.org/。

社区土地信托采用的方式是，在出售琳达住房的同时，不出售土地所有权，但将土地使用权以名义价格出租（比如说 1 美元，99 年）。它通过将土地转移出市场、土地与住房相分离的办法，使房子永久可承担。

琳达的生活因此和 OPAL 的创建者之一迈克尔·思凯（Michael Sky）发生了联系。作为作家的迈克尔，原先和妻子住在麻省。有一天他从杂志上读到了一篇关于社区土地信托的文章，立即被深深吸引。在他看来，土地财产私有是导致今天美国文化种种弊端的重要根源——比如，财富的进入使原住民被拆迁，社区被撕扯得七零八落，而社区土地信托指出了一个可以纠正人和土地关系的方向。

出于各种偶然，1988 年，迈克尔和妻子搬到了美国最西北角的华盛顿州奥卡斯岛。这是一个度假胜地，一个隐匿的天堂，很多百万富翁在这里拥有豪宅，使它成为华盛顿州房价最高，同时工资收入最低的地方。住房价格对于琳达，甚至一些普通家庭来说都越来越不可承担。

奥卡斯岛区位

图片来源：http://melindajanekellogg.com/?page_id=488。

迈克尔很快协同志同道合者开始了社区土地信托的实践，解决住房问题。一年以后，美国西部地区第一个社区土地信托 OPAL 成立。1990 年，他们设法获得两笔政府拨款，8 万美元的联邦社区发展组团基金和 30 万美元的华盛顿州住房信托基金，得以折扣价买下了一块 7 英亩的空地，但是建房资金仍缺口巨大。1993 年，他们终于有幸成为美国农业部农户住房贷款的样板工程，获得了由该部门提供的 1% 住房抵押贷款。一年之后，仿共同居住模式建造的、有 18 栋别墅的第一个社区 OPAL Commons 即完成。到目前为止，OPAL 已经建了六个小区，为这个小岛大约 5% 的工人家庭（琳达是其中之一）提供了住房。

社区根源

社区土地信托方式在过去的 40 年中，在美国、加拿大甚至英国等一些国家悄悄兴起。

旧金山湾区社区土地信托负责人里克·刘易斯（Rick Lewis）说，在美国，这一模式发展与联邦政策有关。里根政府上台后，有意识地终止了联邦政府在建房中的主要角色，转而提供资金给非营利组织建房。非营利住房随之蓬勃发展，社区土地信托是其中一种模式。

旧金山湾区社区土地信托负责人里克·刘易斯（Rick Lewis）

图片来源：https://www.tristancap.com/people/partners/ric-lewis。

这种模式衍生于社区，最早在美国南部，通过社区拥有土地，长期租赁给黑人农户耕地，以保证他们对土地的获取。20 世纪 80 年代，这一模式被开始用来解决城市住房问题。它通过社区拥有土地、提供住房，防止穷人被排挤走，从而建设更加稳定的社区。

全美目前有 200~300 个社区土地信托，遍布全国各地。社区土地信托一方面从地方发展起来，植根于地方，相互独立，另一方面，已经形成了全国性模式和全国性网络。

“社区根源使社区土地信托与一般住房非营利组织有两点不同。”

里克说，首先，它主要关注产权房而非租赁房。美国的非营利组织着重建造租赁住房，但是社区土地信托认为，租户应该对自己的家拥有产权控制，是其运营责任的主要承担者。其次，它是真正的社区组织。大多数非营利组织任命董事会，社区土地信托采用会员制，选举产生董事会。董事会中，土地信托住房居民，拥有一定职业技能或商界的人以及更广大社区居民各占 1/3。社区土地信托还大量依赖义务劳动和社区参与。在奥卡斯岛还曾发生过当地居民将自己的住房捐赠给 OPAL，用来提供给穷人。

社区根源也使社区土地信托在各个地方寻找更适合的发展模式。比如在更加寸土寸金的旧金山湾区，社区土地信托一个更重要的作用，是帮助建立住房合作社。

“土地信托和住房合作社结合，是一种更好的形式。很多买房人在过去的 5~10 年中，抵押贷款都缩水了。但是这个情况并没有发生在住房合作社身上。在住房合作社中，你没有机会赚很多钱，但是也没有失掉投资的风险。”里克说。

居民们常常对合作社的成立与运营缺乏必要的知识和技能，社区土地信托便为其提供指导。我采访里克的那天晚上，他正要去伯克利的帕克街住房合作社做一个培训指导。

启发与借鉴

对于我们今天的保障房建设，社区土地信托可以引发三点思考。

第一，我们今天有没有必要把土地中所有的金子都挖出来?

土地获利和住房可承担性成反比。社区土地信托通过将土地转移出市场，保证了住房的永久可承担性。但是我们今天总是想将土地中的金子尽可能都挖出来——政府招拍挂尽可能高的价格，开发商垄断开发与定价，每一个环节都追求利益最大化，再加上一些土地倒买倒卖的中间环节，最后房价高企并不奇怪。

第二，经济适用房（甚至廉租房）可不可以卖？

其实我们也有一些将金子留在地里，使住房可承担的做法，比如，经济适用房和廉租房就采用了划拨土地的办法。但是，与美国的社区土地信托相比，这些住房往往会陷入一次性补贴的误区，而忽略了永久可承担这一点。虽然经济适用房市场出售后，买房者会吐回大部分市场获利，但是将来再盖同样的可承担性住房，成本远比现在要贵得多。

第三，能否开发社区的力量？

我们现在除了市场（开发商）和政府之外，反而把社会的力量给忽视了。我们原来其实有很强大的社区力量——村集体力量、合作社力量（社区土地信托制度设置，与我们的村集体土地制度非常接近）。这些社区力量元素未尝不可以转化成我们今天城市社区发展以及解决住房保障问题的创新力量。

（《中国经济时报》2012 年 8 月 14 日第 4 版）

对地租重新分配，让老百姓住得起房

我们今天的保障房建设一直有两个疑问：一是我们为什么要建保障房？二是保障房的资金应从哪里来？如果明白了土地的价值是社会创造的，应该以某种方式返还给老百姓，答案就不言而喻了。

对土地征税盖保障房

在伯克利采访时得知，今年11月份，该市将可能就某种税收措施投票，以获得更多的资金来建设可承担性住房。伯克利市的可承担性住房建设资金，绝大部分来自联邦政府，但是如今在共和党国会和奥巴马政府的妥协下，削减得厉害，已经捉襟见肘。

其中一种动议，是提高对营业执照税的征收。在伯克利做生意的人，都需要交纳营业执照费以获得经营许可。如果租房，营业执照税是房租的1%。伯克利市租金稳定委员会副主任斯蒂文·巴顿（Stephen Barton）告诉我说，现在的一个想法，是将营业执照税提高到2%~4%。

乍一听起来，这不是在对生意人征税吗？其实不然，斯蒂文·巴顿说，这其实是对土地的一种变相征税。伯克利是一个住房紧张、房价畸高的地区，住房市场已经不存在多少消费者剩余——如果房东能够再多收10个点的房租，他们早就那么做了。因此，额外的税收只会落到房东的头上。自从伯克利 1995 年废除了强租金控制以来，该市的房租已经上涨了 50%。此举一定程度上能够将上涨的地租收回来。

征收的是地租，是社会共同创造的价值

但问题是，为穷人建房，为什么偏偏要对土地征税？难道也如在中国一样，土地是政府的聚宝盆？

其实不是，斯蒂文·巴顿向我解释道：我们要征收的，是地租。他说，我们租赁公寓时，所支付的租金其实包含两部分：一部分用于支付大楼的建造、运营和维护（即大楼租金）；另一部分用于支付对该区位的使用（即土地租金）。所以，旧金山湾区房租 1200 美元 / 月，而其他美国城市不超过 700 美元 / 月，并非因为湾区的房子质量更好、运营成本或者建造成本更高，高出的 500 美元其实是地租差额。

如果说大楼租金为房东运营、维护大楼之应得，那么地租来源于社会所共同创造的土地价值。从 20 世纪 50 年代中后期开始，硅谷和生物技术企业引领湾区经济迅速腾飞，政府大规模投资建设世界一流大学、高速公路、公共交通甚至公园，再加上湾区风景宜人、文化璀璨，吸引人才荟萃，湾区土地价格因此节节攀升，房价高企。但是，土地是上天之赐予，并不能轻易增加。旧金山市中心方圆 50 英里之内，3/4 的面积或为水面，或为陡峭山坡。于此之中，人们也设想过自由市场式的解决方案——通过“填湾造地”，可以为湾区增加几百英亩的土地。当然幸好方案最后没能实施，否则，湾区今天将美丽不再。

但是，在私有产权下，仅仅凭借对土地这一稀缺资源的占有，地主 / 房东就能坐享地租，占有社会所共同创造的土地价值。租户或其他穷人协同将城市变成一个更加美好和更有意思的地方，并在此

过程中提升了土地的价值，同时也提高了他们需要支付的租金。

对土地征税，就是要将这部分地租（至少部分）征收出来，返还给社会（或者穷人），斯蒂文·巴顿说。而且，由于地租是一种非生产性收入，所征收的是垄断利润部分，这种税收，是最有效的税收形式了。对地租征税不会影响住房的生产，也不会扭曲市场，反而会鼓励更加高密度和密集的开发，抑制城市扩张蔓延，降低对土地的空置。

重新分配地租，使住房可承受

其实早在100多年前，就有一个人已经看到土地价值为社会共同创造，但被个人扼取这一点，他提出了解决办法。

这个人叫亨利·乔治。它是旧金山的一位报人和社会活动家，著有《进步与贫困》一书，其影响堪比《汤姆叔叔的小屋》。他较早

亨利·乔治

图片来源：https://zh.wikipedia.org/wiki/%E4%BA%A8%E5%88%A9%C2%B7%E4%B9%94%E6%B2%BB。

图片来源：https://book.douban.com/subject/6891842/。

洞见到，人们共同创造了土地的价值。如果认为人们有权享有其创造的价值，那么广大社区的公众就有权利收回他们所创造的土地的价值，而不是让它落入个人的手中。

由于美国土地私有，并不能将土地充公，亨利·乔治因此提出了实行“单一税”来将土地增值全部收回的办法。它是对土地（排除地上建筑物）的价值进行征税，税收几乎接近于经济地租（平均利润和超额利润）。这一征税形式不影响经济效率，而且会有效打击土地投机，降低土地价格，为国家运行提供足够的收入。如果实行有效的话，其他形式的税收都可以免除，所以叫“单一税”。亨利·乔治还带头在美国兴起了一场轰轰烈烈的“单一税”运动。

这一运动最后虽然以失败告终，但是影响深远——孙中山先生的“涨价归公”思想即来源于此；它今天依然影响着像伯克利这样的进步城市（progressive city）的住房政策。

伯克利今天实行的很多可承担性住房政策，都旨在通过重新分配地租，为穷人提供住房保障。如伯克利曾经实行过强租金控制，直接阻止房东获取地租，从而使住房可承担。因为房东所获得的是非生产性收入，而非维护大楼之所必须，租金控制不会影响住房供给的效率。包容性区划和密度奖励是伯克利实行的另一种重新分配地租的形式。尤其在那些公共投资巨大、租金上涨迅速的区位，政府一方面允许开发商将房子盖得更高，以获得更多的地租，同时要求开发商将一定比例的住房拿出来作保障房，这其实是对地租的一种变相征收。

而伯克利最近的营业执照税的动议，是对地租的一种直接征收。斯蒂文·巴顿说，在整个湾区，租户所支付租金大约156亿美元，其中至少 1/4 甚至 1/3 是地租。对其征税，将为州和地方政府提供更加公平、经济有效的手段，以减轻高地租对低收入租户所造成的影响。所征收的地租，可以以各种形式用于可承担性住房建设，如用于资助非营利组织为穷人建造更多的住房，或者补助那些收入低到不足以支付住房的运营和维修费用的租户，等等。这种税收还能降低投资者对于地租的投机，使住房回归其使用价值的本原。

结 语

回到中国的现实，如果明白了土地的价值是社会共同创造，应该以某种方式返还给老百姓的话，就不会再为“我们为什么要建保障房”，以及“建房的钱该从哪里来”这样的问题纠结了。

在我的采访中，斯蒂文·巴顿也谈到，中国的土地归政府所有，应该比私有产权下的美国更容易将社会共同创造的土地价值收回。但事实上在目前的中国，一者，“溢价归公”并没有完全做到，土地增值大量流失到了开发商和炒房者的手上；二者，政府收取到的地租，也没有充分返还给老百姓，所以很多人买不起房，甚至租不起房。

因此，我们需要对地租进行重新分配，让老百姓住得起房。

（《中国经济时报》2012 年 8 月 28 日第 4 版）

我们想建什么样的社区？
——伯克利“共同住宅”社区采访

共同住宅并不是一种典型的保障房模式。因为我们优先考虑的不是“尽可能地便宜”，而是“我们来共创社区空间”以提高生活质量。

当农村包产到户后，集体就开始慢慢瓦解；当我们住上城里的商品房后，每个人都变成了疏离的原子。但是，即便是在美国，当人们在个人主义里徜徉久了，也开始寻找某种集体主义的回归。他们开始建设一种将个人和集体相结合的“共同住宅”（co-housing）社区。这里，自家的房子小了，但是共享的空间多了。

美国的“共同住宅”并不是典型的保障房形式，却引发我们深思：我们将要建设什么样的社区家园？

第一次见识共同住宅社区

1967 年，不满于现在冷漠邻里关系的丹麦人波蒂尔·葛拉雷（Bodil Graae）撰写了一篇题为“孩子们应该有 100 个家长”的报刊文章，结果启发了 50 个家庭创建了世界上第一个共同住宅社区。20 世纪 80 年代，共同住宅被引进美国。目前，全美已建成 130 个共同住宅社区，且尚有 100 多个正在建设中。

Bodil Graae

图片来源：http://www.journalistveteraner.dk/journalisterindringer/da-kvinderne-blev-journalister-2/。

在伯克利，我第一次见到了真正的共同住宅社区。在这里，人们在没有经济联系的情况下，承诺作为一个社区生活在一起。每户独立，享有足够的私人空间，同时又是社区大家庭的一员。他们一同规划、设计、管理小区，共享社区公共设施产权，共享各种社区生活（如在公屋大厨房里轮流掌厨开伙）。

这个伯克利唯一的共同住宅社区位于城市西区的萨克拉门托大街上。小区临街有个停车场，必须停车步行入内。一条石砖铺就的小径贯穿小区，通向每家门口，两边十几幢房子错落有致。

社区成员之一的雷恩斯·科恩热情地接待了我。科恩早年毕业于加州大学伯克利分校地理系，是一名建筑师，也是一位理想主义者，长期致力于共同住宅社区的推广工作，曾经两度担任美国共同住宅协会董事。

等他带我在小区内走了一圈，并参观了他们的“公屋”（common house）——类似于社区的客厅，我才知道，这个看似普通的小区，

伯克利共同住宅社区
图片来源：http://cohousing-solutions.com/communities/berkeley-cohousing/。

其实包含了共同住宅社区的很多匠心之处。首先，停车场置于小区一隅，使人们只能沿小径步行出入，在给大家增加很多碰面和互动机会的同时，也让孩子们可以更安全地在小区内奔跑戏耍；其次，房子间隙紧密，可以节省土地，留出更多空间共享，用于绿地或者公屋建设。

小区中的公屋（common house），更是小区的心脏部分，这里有偌大的厨房。原来，小区居民们至少每周一次在此集体做饭进餐；公屋里还有洗衣房、客厅，甚至还有客房，谁家来了客人，在这里5美元可以住一个晚上。

公屋（common house）是小区的心脏部分

图片来源：http://www.fresnocohousing.org/commonhouse.html 。

自家的房子小了，但共享空间多了

这个共同住宅社区是如何建起来的呢？科恩说，这里最早是一个农庄。“农户的房子在这里，他女儿的房子在那儿。”他指给我看那些已有百年历史的老房子。

到了20世纪90年代初，共同住宅运动兴起，好几家团体相中了这块地方。最后，1994年，现在的这个组织（即“东部湾区共同住宅”）拿下了这块地，然后以合作社的方式，花了3年时间进行彻底改造：拆掉小区中间的汽车道，将停车场搬到了小区的一角；对衰败的老房子进行彻底的整修，还扩展了几个新单元，并对这些不同年代引进的房子进行风格的协调统一；最后甚至拆掉了围墙，以便邻居能够以辅助成员的身份参与社区的活动。

“他们为什么想成立共同住宅社区呢？”我不禁想知道。“成员们受了一本有关共同住宅书籍的影响。”科恩说，这个概念来自丹麦。它使我们能够将私有性和社区结合起来，我们可以拥有更多共享空间，而我们自己住的房子可以更小一些，我们不需要额外的客房，不需要额外的洗衣房和储藏室，因为我们都可以共享。

那么，受这一感召并付诸行动的，又是一些什么人呢？“各种各样。我的邻居大卫是创建者之一，他是一名金融理财师；我的另一位邻居（已经过世了）道恩也是创建者之一，拿过城市规划的学位。还有一位是社会工作者，是老人照顾者。”科恩说，有一点可能更具有启发性：共同住宅社区多出现于“蓝色之州”（支持民主党的州），如大学城，受进步运动势力影响的城市。居住共同住宅社区的人，大多学历很高，很多具有硕士或者博士学位，有老师、非营利组织管理者、社会工作者或者医护人员等等。他们不一定追求最高的工资，但是他们追求一种新型人际关系的社区。

美国的住房金融进一步提供了个人与集体之间的纽带。社区中每一户都拥有独立的产权和房贷，但是公共空间（如公屋）部分，社区成员则共享产权、共担一个房贷。因此，也就更紧密地联系在了一起。

相互连接和支持，共创社区空间

“目前的小区因为政策原因具有可承担性。”科恩强调，共同住宅并不是一种典型的保障房模式。因为我们优先考虑的不是“尽可能地便宜”，而是“我们来共创社区空间”以提高生活质量。

但是，当回归集体时，我们又会害怕集体的束缚，以及人与人关系密切后的种种矛盾。共同住宅如何面对这一问题？

“共同住宅能做到的一点是，我们有社区，同时我们也有私人空间。”科恩说，首先，这里并不全是社区，有足够的私人空间；其次，我们会训练使用各种工具来解决冲突。比如，如果我不能与简沟通，我可以跟乔说，让他去跟简说。我们通过不同的关系，越过障碍去沟通。我们也可以雇佣职业协调者和促进者，给我们提供工具和模型。“在我看来，找到各种办法来相互连接和支持，这是社区真正的力量所在。”科恩说。

（《中国经济时报》2012 年 9 月 4 日第 4 版）

我们想建一个什么样的城市？

——访伯克利市市长高级住房助理加尔文·方

一个真正包容性的城市，会给每一个人提升自己、获得体面生活的机会。在伯克利的社会保障领域，一群有理念的人，负有道德义务式地在将之付诸实施。

去年夏天，我第一次去伯克利小住，房东维克托（Victor）带我四处转一转。人民公园里壮观的流浪汉景象把我镇住了——他们很多甚至还很惬意地躺上草坪上享受着阳光。而这时远在大洋彼岸的中国南方城市——深圳，为了大学生运动会清理8万“有不稳定因素”人群的事情刚发生还不久。

公园里休息的流浪汉，让公园真正成为“人民公园”，体现着一个城市的包容与人性。

图片来源：http://zhangjiehai.blog.ifeng.com/article/232584.html。

“你们的政府难道不想把这些流浪汉赶走？”我好奇地问。维克托为我的问题感到吃惊：“那是人民的公园！这是一个自由国家！你要是想睡那儿，晚上也可以卷个铺盖去，没人阻拦你！”

房东及莫逆之交 Victor Lab（已过世），真正的进步主义者，最后一个嬉皮士。

维克多制作的“太阳神基亚（Zia）”彩绘玻璃。

在我调研期间给予了巨大帮助的房东及朋友 Victor Lab（已过世），是一个真正的嬉皮士和进步主义者。

事实上，伯克利不仅没有撵走这些流浪汉，而且为他们提供服务，为他们过夜提供床铺，甚至为他们建房——比如，伯克利三大非营利住房组织之一的 AHA 之前完成的哈蒙花园，就是一个耗资 650 万美元，为 15 位流浪青年提供住房和服务的项目。

后来重回伯克利做保障房的调研，有机会问市长高级住房助理加尔文·方（Calvin Fong）为什么要给流浪汉提供住房，他回答：“因为我们想建一个包容性的城市。我们只是想给流浪者一个机会，在他们想回归主流社会时，有这个选择。”

伯克利市连流浪汉都包容的城市理念深深地打动了我。

包容性城市的理想

在伯克利做保障房问题调研，慢慢发现，城市的很多人执着于保障房建设，不是为了扩大投资，或完成上级的任务，甚至不是迫于选民的压力，只为实现建设一个包容性城市的理想。

对于这样一个包容性城市理想，个人表述不同。议员杰西·阿雷金（Jesse Arreguin）喜欢用多样性（diversity）这个词。“正是年龄、收入、宗教以及种族的多样性，使伯克利成为一个独一无二的地方！”他说。他为高房价下，伯克利的逐渐贵族化和黑人比例的下降而担忧。“住房政策对我们将要建设一个什么的城市有直接影响。这也是我花这么多时间来推动伯克利的可承担性住房发展的原因。这也是让我最有激情的问题！”这位还不到三十岁的年轻议员说。

租金稳定委员会副主任斯蒂文·巴顿（Stephen Barton）更喜欢“社区构造”（the fabric of the community）这个词。在他看来，伯克利要坚持其独特的社区构造，更加以“市民”为基础（而不是以“市场”为基础），尊重一系列普通职业者如作家、研究者、艺术家、手工艺者、老师、护士、残疾人照顾者等等的贡献，使他们能够安居。

而加尔文所谓的包容性城市，更强调给每一个人一个机会，让他们成为社会更有效的生产力，或者被有尊严地对待。“如果你提升了每一个人的地位，整个社会裨益，这也就是我们给流浪汉盖房的原因”。“另外，我们也给老人建房。”加尔文补充说。“这些老人，终其一生，没有取得过惊人的成功（如发明谷歌或脸谱），但是他们辛勤养育家庭，诚实努力工作，是体面的公民。应该获得体面的、有尊严的对待。”

包容、有人性光辉的城市为弱势群体盖房。
图片来源：http://bbs.co188.com/thread-9073285-1-1.html。

克服来自社区的抵制

在理想的实践中，这个曾经的嬉皮士和60年代学生运动的发源地，现在仍是世界上最有生机的地方之一。人们常常是来到这个城市之后，就不想走了。

但实践过程又何尝一帆风顺。一天上午，我和加尔文就这个话题聊了几个小时。加尔文是美国出生的华裔，1990年左右就开始投身伯克利市的保障房事业，是该领域的元老，对其中的种种风云也都亲身经历。

加尔文给我讲了一个很有趣的故事。这是他到伯克利后第一个主要参与的项目，是由RCD开发的Erna P. Harris Courts项目，对一个名声不好的汽车旅店进行改造，为有过（精神）药物滥用历史的低收入者提供住房。初次接触这个项目，加尔文的第一反应是：真愚蠢，给无家可归者和药品滥用者提供住房？但是第二个念头是：给他们一个机会。

位于大学路1330号的Erna P. Harris Courts保障房项目，共有35套，为流浪汉和残疾人提供住房。

图片来源：http://jsco.net/property/erna-p-harris-court/。

项目遭到了小区的强烈抵制。在美国，这被叫做Nimbies（Not In My Backyard，即“别在我的后院里”）——是的，我支持所有那些美好的目标，只是别在我的后院里。一方面是担心项目进来后，自己的房产会贬值，另一方面是种族主义，小区里有房的都是白人。

经过长时间的、激烈的斗争之后，项目还是成功地向前推进了。“这主要归功于市议会的强烈政治意愿。”加尔文说。而且证明，以后也一再证明，引进保障房项目常常成为社区复兴的一个转折点。最有意思的是，完成这个项目后，加尔文也在一个街区之外买了房子。

克服开发商的抵制，及钱从哪里来?

此外，还要有足够政策智慧去克服开发商的抵制，同时面对一个具有世界普遍性的难题——钱从哪里来?

加尔文给我介绍了一个出台住房信托基金的例子。“我当时还在住房建议委员会工作。当时市议会开始采用包容性区划法令，也就是让开发商拿出20%的商品房作保障房。这在当时是一个非常革命性的做法。很多开发商都很憎恨，作为抵制，很长时间内什么都不建造。这时，市长决定制定住房信托基金，将钱放到这个基金里，为保障房开发提供资金。这样非营利组织如RCD和AHA等就能够申请资金，获得地方配套，在此基础上申请联邦或者银行资金。”

这样一来，不但非营利组织建房发展起来了，而且打破了开发商的抵制。加尔文给我介绍说，伯克利的现任市长2002年上台后，大概总共开发了3000套房子，其中600套是低收入住房。其中60%通过包容性区划法获得。

最近地区组织“湾区政府协会”下达一个非正式指令，要求伯克利在接下来的20年里，建造大约3000套到6000套住房，以满足未来人口增长的需要。由于这些人口中，有一定比例的低收入者，也必须为他们提供住房。

但是，2009年强制性的包容性区划被州政府否决，使地方政府再次陷入困境。“我们正在讨论如何收取影响费。”加尔文说。征收影响费有足够的法理依据，无可争议，并根据连接费（linkage fee）提出了每套征收2.8万元的计划。但是假定你建100套房子，那么就需要280万——那是一个非常大的数目。开发商又强烈抵制。所以现在僵持不下。

“已经有 3 到 4 年，我们试图计算出一个好的公式。如果你知道谁有的话，告诉我！我想我们应该尝试一下彩票。”加尔文说。

帮助别人是一种道德义务

我知道加尔文会坚持，就像我在伯克利采访过的其他人一样。

但是我还是问了一个问题：你为什么觉得自己有责任去这么做?

他愣了一下。“为什么要这么做? 这是道德义务。我不去教堂，虽然我妻子是虔诚的天主教徒，但我不是。可能是我的教育和我的背景的缘故，如果我有机会和资源——事实上我们没有资源，因为政府经费削减严重。能去帮助别人时，就一定要去做，这是一种道德的义务。我不认为每个人都应持此观点，但是这是这个城市共享的价值观。”

（《中国经济时报》2012 年 9 月 11 日第 8 版）

伯克利如何超越美国剩余福利模式?

当在伯克利这个充满生机的小城进行走访，看到人们用租金控制、非营利组织建房、包容性区划等各种在其他城市不多见的手段来解决保障房问题时，一个始终萦绕在笔者心头的问题是，伯克利还是美国的剩余福利模式吗？或者在某种程度上，伯克利已经超越了剩余福利模式？

伯克利 VS 美国

美国是典型的剩余福利模式，即政府（保障）只是市场之“剩余”，是最后的手段。美国早期的公共住房，就是为了充分显示其“剩余”地位，严重偏离主流住宅形式，低质量大规模集中建造，最后很多变成了贫民窟。现在全球化下，作为“剩余”的政府保障，又进一步从福利领域退出，结果，如 2009 年，美国有 460 万人获得了联邦住房资助，但同时还有 1430 万有需要的人没有获得资助。

但是在美国房价最贵城市之一的伯克利，问题并没有显得更严重。周末去著名的电报街（Telegraph Avenue）上走一走，看看摆满工艺品的小摊，你就知道穷人在这个城市也能待下来。而且，向往的人们继续从世界的各个角落来到这里，而且能够来之安之。

伯克利著名的电报街

图片来源：https://en.wikipedia.org/wiki/File:Telegraph_Ave.,_Berkeley_looking_north_1.JPG。

其实，初到伯克利不久，笔者就发现了这个城市与美国在保障房措施上的差别。

伯克利租金稳定委员会副主任斯蒂文·巴顿（Stephen Barton）为笔者列举了伯克利最主要的保障房政策，依次如下。

1. 租金控制，即从租户入住开始，租金上涨受到控制。这一政策惠及全市 19000 户租户，而且其中 3500 户是强租金控制期间就入住的，租金要比市场低很多，这些租户中大约 2000 户是低收入家庭。

2. Section8 租房券，惠及了大约 1840 户家庭。

3. 住房信托基金资助非营利组织建房，共建造了大约 1800 套保障房。

4. 包容性区划（即要求开发商将所开发商品房的 20% 拿出来作保障房），建造了大约 200 套保障房。

在铃木俊隆创立的伯克利禅教中心，早期搬入居住的美国朋友罗斯至今仍享受着强租金的保护，租住500美元的一居室（相当于市场价的40%）。

图片来源：https://en.wikipedia.org/wiki/File:Berkeley_Zen_Center.JPG。

三个方面与美国模式不同

那么，伯克利究竟如何与美国模式不同呢？斯蒂文·巴顿指出，这主要围绕三个方面展开。

首先是实行租金控制。伯克利曾经是美国少数实行强租金控制的城市之一。1995年被加州法律废止后，伯克利继续实行适度租金控制（注：两者的区别在于，适度租金控制允许空房租金恢复到市场水平，而强租金控制不允许）。适度租金控制不能抑制租金，但是可以为租户提供一个稳定的租赁环境，因为租户一旦入住，租金便不能随便上涨，房东也不能随便撵租户走。1999~2000年硅谷的dotcom浪潮时期，房价租金疯长，如果不是因为伯克利以及周边其他城市（如旧金山、圣何塞、奥克兰等）都有适度租金控制，更多的租户会被驱逐。

其次是要求开发商缴纳连接费。即开发商进行（非住房类）市场项目开发时，需要缴纳一定的费用到城市的住房信托基金，以便用来建造永久性的可承担性住房。这笔费用成为伯克利市住房信托基金的一个重要资金来源。

而对住房类市场项目开发，伯克利也早在 1987 年就立法，实行强制性的包容性区划，从而成为伯克利获取保障房的一个重要渠道。但是 2009 年的帕尔默诉洛杉矶案（Palmer v Los Angels）之后，加州废除了地方强制实行包容性区划的权利。现在伯克利正在讨论如何征收影响费代之（即从原来的让开发商拿房，到现在的让开发商缴费，这一费用其实也是连接费的一种），将之放入住房信托基金，用来建造可承担性住房。

最后是非营利组织建房。在美国其他地方，保障房都是开发商在政府资助下建造，或者由社区开发公司来建，但是在伯克利，主要由 RCD、AHA 和 Satellite Housing 这样的非营利组织来做。斯蒂文・巴顿指出，这是旧金山湾区自创的一种模式，它通常是一个非营利的住房开发公司。湾区的这一模式目前已经遍布了全加州。

进步主义的修正——人民（社区）更重要

为什么会有这三个措施？它们的背后关联是什么？

斯蒂文・巴顿说，这些都是进步主义下地租分配的措施。伯克利是一个深受进步主义影响的城市。在市场—政府—人民（社区）三方架构中，进步主义突出强调人民（社区）的力量，将它作为考虑问题的起点。正因为认识到了地租或者土地的价值是人民（社区）

共同创造的财富，应该人民（社区）共享，才有了这些进步主义、地租转移的保障房措施。其中，租金控制通过对价格的控制，阻止上升的土地价值从租房者向房东转移；对商业开发所征收的连接费，旨在防止上升的土地价值转化为私人获利，至少将其部分转移走，用来盖保障房；非营利住房则是通过所有权的方式，将住房费用与土地价值上涨剥离开来，从而保护租户免受不断上升的地租的影响。

那么伯克利实施的是一个新模式吗?

“事实上我们只是在美国模式的基础上，进行了一些进步主义的修正罢了。”斯蒂文·巴顿说。可以说，伯克利强烈反对剩余福利模式，如果可以的话，我们更愿意实行“社会保险”模式，或者是“制度”模式，这样普通人能够在市场的负面作用面前受到更多保护。

他指出，在大多数的北欧和西欧国家，都有相当规模的社会住房部门与私人市场竞争，这在美国是完全缺乏的。伯克利的一个最主要做法是鼓励市场开发，但是要求开发商贡献一定的费用给住房信托基金，用来建造永久性的可承担性住房。但现实是，地方可以产生的资源远远不够，因为伯克利既不拥有土地的所有权，也没有充分的权利对上升的土地价值进行征税，所以伯克利模式并没有像我们想要的那样，与剩余福利模式有很大的差别。我们还没有建立足够的社会住房，以帮助更多需要帮助的人。如果有足够的资源，伯克利更愿意模仿德国—斯堪的纳维亚模式中的社会住房模式，但是这发生的可能性不大。

（《中国经济时报》2012 年 9 月 20 日第 8 版）

调研后记：马秀莲博士在《中国经济时报》发表连载，介绍美国城市如何解决保障房问题

2012年9月20日，社会和文化教研部马秀莲博士以《伯克利如何超越美国剩余模式》一文，完满结束了她在《中国经济时报》刊发的“美国城市如何解决保障房问题”系列。该系列共包括文章21篇，完整地介绍了美国加州伯克利解决保障房问题的做法。

2012年春节期间，马秀莲博士自费到位于美国旧金山湾区的伯克利市采访调研。鉴于国内保障房建设大规模展开，但困难疑虑重重，她试图从一个城市案例入手，对成熟市场经济国家的保障房模式进行深入解剖，以为我国提供借鉴经验。

在伯克利期间，她先后采访了市政官员（如议员、市长助理、政府住房部门负责人）、住房非营利组织执行总裁、住房合作社成员等一系列相关人员。有一些当时没能见上面的，回北京之后又继续通过电话进行了采访。

从5月17日开始，马秀莲博士以“美国城市如何解决保障房问题”为题，在《中国经济时报》发表连载，介绍在伯克利的调研成果，共发表文章21篇。

这些文章详细地介绍了伯克利市各项保障房政策（如租金控制、

租金补贴、公共住房、开发商建房以及社会住房等）的具体实施情况，以及该城市最后所作出的政策选择及内在逻辑。研究发现，伯克利市强烈反对美国的剩余模式，大力发展社会住房，但是囿于美国的制度框架，改革毕竟有限。该系列所介绍的伯克利经验，对我国的保障房模式以及具体的政策选择有重要参考价值。系列文章发表后，被新华网、人民网、新浪、搜狐等网络媒体广泛转摘，产生较好影响。

马秀莲博士 2009 年入职国家行政学院之前，曾留学美国多年，获美国犹他大学社会学系博士及统计学硕士，并主要从事城市研究，之前她还曾担任过《经济日报》记者，这些都为她的美国调研打下基础。近一两年来，她致力于保障房问题研究，所开发的“美国哥伦比亚角公共住房案例”教学在国家行政学院举办的省部班和司局级班均受到好评。

（2012-09-24，http：//www.nsa.gov.cn/web/a/keyanchengguo/ 20120924/1005.html）

二 社会组织如何提供保障房?

一场非营利的盛宴

见证了一场盛会，才明白，美国的保障房提供，不仅非营利主导，而且政—企—社合作共治。中国若能建此模式，保障房及其他领域公共服务提供都将更可持续，社会治理能力也将大大提高。

北加州非营利住房协会政策部主任迈克尔·莱恩（MICHAEL LANE）这两天特别忙，正和手下全力以赴筹备5月初的年度颁奖大会及35周年会庆。

图片来源：NPH官网，https://nonprofithousing.org/event/save_the_date_for nph_21st_anual_leedership_awards/。

去年的那场盛会，仿佛还在眼前。

（2013 年）5 月 1 日晚，在位于旧金山核心区域的金融区桑瑟姆大街 155 号的城市俱乐部，第 17 届“可承担性住房领导力年度颁奖大会”正在举行。

这一晚，共颁发了四个重要奖项。“凯瑟琳·鲍尔终身成就奖”，以美国保障房政策奠基人命名的这一奖项，颁给了湾区住房非营利组织 EAH 的总裁玛丽·穆塔夫（Mary Murtagh）。玛丽终身从事保障房事业，尤其在过去的 30 年里，将 EAH 从湾区小城市圣拉斐尔市的一家微小草根，发展为活跃于加利福尼亚与夏威夷两州、拥有 108 处房产、10 亿资产的大型非营利开发商。

“具有感召力的非营利领袖奖”，获此殊荣的，是加州住房伙伴公司（California Housing Partnership Corporation）执行总裁马特·施瓦兹（Matt Schwartz）。马特，斯坦福历史系的本科生，哈佛肯尼迪政府学院公共政策的研究生，两年印尼的志愿者经历后，明白了房子对于穷人至关重要，而非营利方式更持久，从此投身于非营利住房事业，先做开发商，然后再做中介，以发挥更大影响（加州住房伙伴公司当地领域中最重要的中介组织之一）。

“慈善领袖奖”，颁给了硅谷社区基金会（Silicon Valley Community Foundation）。2013 年“脸谱”首席执行官马克·扎克伯格（Mark Zuckerberg）一项市值 9.9 亿美元、1800 万股“脸谱”股份的捐赠，不仅创下了当年全美最大的单笔慈善捐赠，还让这家名不见经传的机构一下成为全美资产排名第一的社区基金会。它也是湾区非营利住房最大的资助人。从开发商，到中介组织，再到社区基金会，这是一场非营利的盛宴！

如果以为只有非营利组织，那就错了。第四个奖项，授给了今晚最重要的人物——旧金山市华人市长李孟贤（Edwin M. Lee）。去年他力主通过法令修改，成立了旧金山市住房信托基金，保证了该市接下来30年保障房建设的稳定资金来源。此外还有很多政府相关机构到场，除监管部门外，还包括政府开发商（如圣克拉拉县住房管理局）和政府金融机构（如旧金山联邦住房贷款银行），与那边的非营利组织一一对应。

如果以为只有非营利和政府，也还错了。晚上到场的上百家单位，一半是商界。有瑞联置业（Related Companies，美国最大的私人地产商之一）加州分公司、乔恩·斯图尔特公司（John Steward Company，加州最大的房地产商之一），以及众多的私人建筑设计公

旧金山市华人市长李孟贤（Edwin M. Lee，已去世）
图片来源：http://www.tsbtv.tv/2014/1128/33476.shtml。

司和施工承包商。还有众多的金融机构（如花旗银行、联合银行、硅谷银行）和中介服务机构（如美国保险业巨头亚瑟加拉格尔有限公司，Arthur J. Gallagher & Co.，法律咨询机构 Gubb & Barshay LLP，等等）。它们都是湾区非营利保障房的重要参与力量。

当此盛宴，会明白一点：美国的非营利保障房，绝不再是传统认识里的慈善苦情戏。非营利的人们，有的看上去仍像嬉皮士，牛仔裤膝盖留着破洞，有的更像金融或者地产界的大佬、白领。非营利主导，而且将政府、商界都带入了轰轰烈烈的保障房事业中。

这种共治格局，于我这个专门来调研非营利保障房的人，也多少有些意外。2012 年春节期间，我曾在湾区的伯克利市进行过保障房调研，后来以“美国城市如何解决保障房问题”为题，在《中国经济时报》连载。其中一大发现，是美国的保障房在政府、开发商提供相继失败后，发展为非营利主导下的公私合作模式，在湾区尤为成功。相形之下，中国 3600 万套租赁为主的保障房建设虽已如火如荼展开，但是可持续模式尚待建立——如由谁提供最有效？怎么提供最可持续？旧金山调研之旅即想帮助回答。有幸乍到便临此盛会，见证非营利组织运营并不意外，但是见证其主导下的政府—企业—非营利组织合作共治，仍不免意外。

接下来近一个月的调研，力图解析这一合作共治格局的历史与现在。设想：若中国也能构建类似模式，不仅保障房提供可持续，其他领域公共服务提供（如解决农民工子弟学校之举步维艰、社区养老设施之不足，甚至地方公共文化服务站之过度供给等等）也可改善。中国的社会治理能力岂不大大提高？

（《中国经济时报》2014 年 5 月 14 日第 5 版）

保障房：小即是美

保障房问题虽小，却是社会良治的试金石。美国经历了从公共住房，到私人建房，再到社会住房的嬗变。穷人住房问题，最后还是要靠社会自己起来解决。

在旧金山湾区调研非营利保障房，常常想到一句话："小即是美"。小是指份额少。美，不在技术，而在合适的制度。非营利保障房，甚至整个保障房，在美国住房体系中只占很小部分。2011 年，美国自有房率 65%，其余 35% 家庭（约 4000 万户）租房。后者中，联邦提供住房保障有约 500 万户家庭，另外为 200 万户家庭提供租房券（供市场租房），两项占 17.5%（或美国家庭总数的 6%），份额实在很小。

但是小，有时候更重要。成熟市场经济如美国，能让多数人住上别墅，却未必能让穷人都租得起房，尤其在剩余福利制度之下。1930 年的美国，资本暴利与居住需求冲突，经济危机之下，妥协为剩余福利制度下的二元住房供应体制。自由市场经济、银行与地产商联盟联手，将拥有一个美丽的"家"（郊区独栋别墅为典型），构筑为"美国梦"的一部分。政府为市场之剩余者提供租赁性保障房，作为社会安全阀的一部分。

从此，虽然资本暴利追逐下房地产泡沫仍会周期性发生，但是住房价格收入占比基本均衡在3%左右，美国人的住房梦得以实现，背后大量政府补贴不可或缺。已故伯克利知名教授约翰·奎格利（John M. Quigley）指出，2005年，美国支持买房自住的税收支出（包括按揭利息扣除、资本利得税减免和房产税减免）1470亿美元，且过半收益进入15%最富的人的腰包。支持穷人住房的税收支出仅48亿美元，直接财政支出410亿美元，分别为前者的3.2%和28%——却承受了所有的攻击。

已故伯克利知名教授约翰·奎格利（John M. Quigley）

图片来源：http://www.berkeleyside.com/2012/05/16/in-memory-john-quigley-cal-leader-inspirational-mentor/。

另一方面，华府智库预算和政策中心（CBPP）的一份研究显示：2011年，美国租金占收入一半以上，且享受不到任何补贴的家庭达700万户家庭，相当于联邦80年时间内积累出的资助家庭数。一个更严重的数据（来自HUD，即美国住房与城市发展部提交国会的一份报告）是：2005年，美国住房设施不足，或租金超过收入30%、或无家可归的家庭高达4200万户，约占全国人口的35%，比没有医疗保险的人数还多一倍。

公共住房曾被当作矫正自由市场痼疾、解决穷人住房问题的良方，最后却是社会改良者（及很多社会学家）残酷的幻灭，知名伯克利教授克劳德·费彻（Claude Fischer）如是指出。公共住房项目始于新政时期，战后加速，1970年代被广泛认为惨败（尤其在1972年广为报道的圣路易斯市大型项目Pruitt-Igoe的炸毁中被盖棺定论）后基本停止，近一二十年实际数量下降。

Fisher教授从UCLA毕业，1972年来到伯克利，致力于城市社会生活方面的研究。

图片来源：http://ucnets.berkeley.edu/team/members/。

从此，联邦对保障房的支持逐渐吝啬，并更多寄希望于市场，鼓励穷人用租房券（Section8）去市场租房，补贴私人，而不再是住房管理局建房。

但是随后见证的那场全国性的保护危机——政府补贴私人建造保障房，结果20年提前清偿期一到，房东们迫不及待终止合同，几十万套保障房转入市场套利，平均房租上涨了57%——使人们终于认清：商人的短期利益最大化，与保障房的长期可承担性之间终不可调和。哪怕给企业再多补贴，有些问题不是市场（哪怕是功能良好的市场）能解决的。于是社会起来，自己解决：通过非营利住房公司为穷人建房（主导形式），组建有限权益住房合作社，成立互助住房协会及土地信托。其共同点是：非营利，社会产权（不归政府也不归私人老板所有），按需分配（而非按市场购买力分配）。社会住房正不断壮大，汇聚成流，试图最终解决穷人住房问题。

从公共住房到私人提供，再到非营利住房（或社会住房），保障房虽小，却是市场经济中社会良治的试金石。它美在合适的制度。

（《中国经济时报》2014 年 5 月 19 日第 4 版）

美国公共住房项目失败的背后

公共住房是美国20世纪城市与住房史上的痛。

美国伯克利仅有的75套公共住房，正在进行私有化，易手加州联瑞地产。里士满市住房管理局赤字700万美元，旧金山市住房管理局在美国住房与城市发展部的评分中仅得到54分，李孟贤市长发誓整顿，局长离职，7位理事会成员换掉了6位。旧金山美联署社区发展部主任戴维·埃里克森在他的新书《住房政策革命》中总结了非营利模式之成功，并对比了Pruitt-Igoe所代表的官僚政府提供的失败。

曾经美国最大的公共住房项目都成了贫民窟——芝加哥的罗伯特泰勒家园和卡比利尼·格林，波士顿的哥伦比亚角，纽约市的皇后桥。

1950年代中期，Pruitt-Igoe作为美国最大公共住房项目之一和现代主义代表之作，在圣路易斯市崛起，设计师是山崎实，即后来纽约世贸大厦的设计者。33幢11层塔楼，充分体现了现代建筑旗手勒·柯布西耶“花园中的高楼”的思想。有隔层才停的电梯以及长廊（人们必须穿过才能到达自己家门及洗衣房、储藏室），意在营造“垂直的社区”。

然而它迅速蜕化，20世纪60年代末已几乎废弃、破败。连它的设计者都不禁感叹：“从未想到，人原来如此具有毁灭性。”1971 年，可容纳 15000 人的项目，只 17 幢楼里住了 600 人，另外 16 幢楼空置。

1972 年 3 月 16 日，Pruitt–Igoe 的第一幢楼被炸毁；到 1976 年 33 幢楼全部炸毁。Pruitt–Igoe 倒掉那日，后现代主义建筑理论家查尔斯·詹克斯叹道：“现代建筑死了。”公共住房也在很大程度上停止。

Pruitt–Igoe 成为美国城市更新和公共政策规划失败的象征，被建筑学、社会学与政治学教科书广为援引。

现代主义建筑被指为罪魁祸首。因为高层毗邻的低层公共住房“卡尔村”，人口结构相似，但是 Pruitt–Igoe 变迁过程中始终满员且安然无恙。因为众多无名的空间——一眼望不到头的走廊，设置于广场上无保卫的大楼入口——使租户无法认同，无力加以保护。甚至当初令人兴奋的设计创新（隔层停的电梯和长廊），最后变成犯罪活跃之处。

直到 1991 年，Pruitt–Igoe 作为经典失败案例影响了整整一代建筑系学生，伯克利大学建筑系博士生的《Pruitt–Igoe 迷思》一文，为其正名：一切不过话语构建的迷思；归咎设计者，就可以不用关注公共住房背后的制度性和结构性原因了。

一个更深层的结构性原因，为 2011 年的同名纪录片所揭示：仿佛另一个底特律，1970 年至 1980 年间，圣路易市人口减少了 28%（而同期底特律才减少了 25%）。工作向郊区、阳光地带甚至海外搬迁，有钱人向郊区迁徙（感谢房贷、高速公路修建等联邦政策的支持）。留下贫困的城和贫困的人，连公共住房都喂不满。高大疏离的公共住房塔楼中，且不说一大群穷人聚集的悲哀，更实实在在的结果是大楼没钱维护了，公共住房靠租金运转。

或许有人会问。政府为何不出手援助？这又是另一个深层结构性原因。政府资助从来不足，已是公共住房的恒久话题。当初建造时，就因为单位成本超标，联邦介入，将原本高、中、低层混合的设计统一成了 11 层。联邦政府确实从 1971 年开始，将租金封顶于租户收入的 25%（防止地方住房管理局不断涨租平衡收支），不足部分补助，但是从未足额到位。这也是为什么今天伯克利要出售公共住房权，按联邦现有拨款速度，22.5 年筹齐；旧金山管理局 2012 年资金需求已达 2.7 亿美元，联邦只补助了 1000 万美元。这也让伯克利教授克劳德·费希尔感慨：美国公共提供基本需求时，资助如此不足。

（《中国经济时报》2014 年 5 月 21 日第 5 版）

Pruitt — Igoe 是现代主义的经典的失败案例，最终不得不面对被炸毁的命运。
图片来源：https://www.theguardian.com/cities/2015/apr/22/pruitt-igoe-high-rise-urban-america-history-cities。

一场从商人手上打捞保障房的保护战

加州住房伙伴公司（California Housing Partnership Corporation，简称 CHPC）刚刚庆祝了 25 周岁生日。这个非营利组织存在的意义，不仅在于它是湾区乃至加州保障房领域最核心的中介组织之一，还在于它是一段重要历史的见证人。如果说 20 世纪 60 年代开始美国诸多大型公共住房项目的失败，使人们失望于政府，转而让商人 / 企业（在美国叫营利私人）来提供保障房，那么，CHPC 则见证了商人 / 企业提供保障房的办法行不通，导致最终非营利组织兴起的这一过程。

这要说到 25 年前美国那场从商人手上打捞保障房的运动。

原来，像 Pruitt-Igoe（20 世纪 50 年代中期美国最大公共住房项目之一）这样的大型公共住房项目失败后，失望于住房管理局这样的官僚部门提供，联邦开始补贴私人建房。其中一种主要形式是，为私人提供低于市场利率的抵押贷款（40 年期），后者建房给穷人住。市场利率 6.5%，联邦以 1%（或 3%）的利息贷给私人，低息转化为低租金，让渡给穷人。联邦确保私人房东 6% 的利润，为抵押贷款提供保险，确保其风险无虞；还规定 20 年期满可提前清偿。

待遇不可谓不丰厚。尤其 20 年可以提前清偿这一条，大约是以为 20 年时间很长。但其实弹指一挥间。20 世纪 80 年代中期，最早一批私人建房 20 年期满，私人房东们纷纷要求提前还清贷款，及早退出保障房领域，转入私人市场更大套利。80 年代末的一项估计：接下来 10 年中，有资格退出的房子高达 30 万套，高峰年份为 1991~1995 年。哪怕其中很小一部分退出，穷人都有可能露宿街头，结果不堪设想。这也让专家——比如说圣路易斯大学土地法与保障房问题专家 Peter Salsich 教授——感慨："当初建房时，觉得 15~20 年的承诺已经很长了。但是看看今天的穷人住房问题，才觉那样的承诺太短！"

整个美国都被调动了起来，进行一场保护穷人住房之战。

联邦层面，国会分别于 1987 年、1990 年先后出台《低收入住房保护紧急法》、《低收入住房保护与居民自有房法》，限制私人手上的保障房入市。胡萝卜与大棒并用：一边法令限制抵押贷款提前清偿（须经美国住房与城市发展部的批准才行），一边给房东提供相当于公平市场房租的补贴。

加州层面，与联邦呼应的法规出台；同时，CHPC 在加州州长乔治·杜美金签署的第 1287 号参议院法案（1987 年）下临危成立。法案开宗明义，一大批保障房正面临转入市场的危险，需各方协力抢救，成立 CHPC，旨在完成此项任务。

数量显著的为较低（或极低）收入家庭建造的住房，正在从市场上消失。这一现象，源于政府允许提前清偿抵押贷款的政策，不再更新建房补贴的政策，以及不动产升值下变保障房为中、高收入住房或办公商用住房的市场压力逐渐增大。

作为应对之策，州里鼓励地方、州政府、非营利组织和私人企业最广泛地联合，进行保护。出于公共目的，允许成立一个非营利组织，为非营利住房开发公司的辛迪加项目融资私募股权，用于保障房的收购、修复和建造。

当联邦试图通过禁令、补贴，尽可能留保障房于私人之手时，CHPC 则试图借私募股权之力，转移保障房到非营利组织之手。这是一条新路。

1988 年，CHPC 法人化为正式的私人非营利组织，即美国 501（c）（3）条款下的慈善公益类组织。8 名理事会成员均由政府任命，分别来自政府、金融、法律会计、保障房开发、管理与修缮等专业领域。

1991 年，CHPC 进行了它的第一个保护项目，加州杰克逊市一幢叫“梅多斯”的保障房大楼。与非营利开发商阿马多尔–图奥勒米社区行动机构合作，CHPC 协助其对梅多斯进行了收购和翻新。如今，梅多斯是一幢 30 个单元的老人公寓，由美国最大的非营利开发商之一的 Mercy Housing 管理。同年，CHPC 对非营利组织和地方政府工作人员进行保障房保护培训，达 500 人次。到 1993 年，仅 5 年之内，已经保护保障房将近 1000 套，培训超过 1000 人次。

CHPC 的第一个保护项目，“梅多斯”保障房大楼。
图片来源：https://www.mercyhousing.org/view.image?Id=480。

此时，联邦的保护路径反而陷入了困境。从 1987 年开始，房东们围绕联邦限令进行了一系列诉讼，迫使国会于 1996 年恢复了他们提前清偿的权利。为了让穷人免于驱逐，联邦开始向私人房东提供高级租房券补贴，支付任何市场房租与租户可承担租金之间的差额。有些房租贵比豪宅，亦不例外。可即便如此，仍不能保证这些保障房的永久性。比如伯克利的奥斯顿公寓，房东领了 5 年的高级租房券补贴后，还是终止了合同，打算出售房子及早套现。

私人提供保障房的幻想破灭之下，CHPC 进一步扩展它的非营利之道。一边加大非营利保护力度，一边开始帮非营利开发商建房。1997 年，CHPC 协助保护了第 2000 套保障房，同时，协助建造了将近 1000 套保障房。此后，保护、新建几乎以每年各一千套的数量增长。成立 25 周年之际，CHPC 已在加州地区新建、保护保障房超 2 万套，培训超 1 万人次，成为加州名副其实最重要的非营利住房中介组织之一。

CHPC 所见证这段历史，让人们明白了一点：私人市场，哪怕是运行良好的私人市场，哪怕给私人企业再多补贴，有些问题它仍无法解决；商人提供模式，解决不了私人短期利益最大化与保障房长期可承担性之间的矛盾。在这一点上，住房体制与其接近的邻国加拿大，倒是早明白了十多年，所以政府提供的公共住房失败后，直接进入了非营利组织提供。

从此，美国的保障房走上了非营利组织提供之路。

（《中国经济时报》2014 年 6 月 4 日第 5 版）

美国非营利住房的兴起：政府 + 社会合力的结果

在圣路易斯市的大型公共住房 Pruitt–Igoe 的倒掉中，在从商人手上打捞保障房的保护战中，美国的非营利住房兴起。它是政府与社会合力的结果。

垄断与默认设置

伯克利市中心地铁站的旁边，著名的加州大学伯克利分校入口处的对面，矗立着一幢现代的、标志性建筑，“牛津广场”，一幢有 97 套保障房的六层建筑。它与姊妹建筑戴维・布劳尔中心（里边拥有大型剧院，并为环保非营利组织提供展览、展示、办公空间），共同站立在伯克利市中心，成为现代、环保与社会公正的象征。

非营利组织已经垄断了伯克利的保障房供给。过去 10 多年里，伯克利非营利组织建房 1800 套，基本由当地的三大非营利组织完成，其中 RCD（Resources for Community Development）便是牛津广场的开发者。

而在湾区其他城市，非营利组织至少也是默认设置——如玛利亚・沃尔夫所表述的，她活跃在当地保障房领域，为政府、非营利组织和企业提供跨界咨询。默认设置表现为，无论是社区保护式的保障房开发，还是高歌猛进式的扩大再生产，非营利组织都是首选。

前者如 TNDC（田德隆社区发展公司），硬是在旧金山市中心，将一个穷困社区，一个财富与权力的洼地，保存了下来。田德隆社区东北接联合广场（有世界上最奢华的购物中心），西南连市政广场（旧金山市政府所在地），却是旧金山最贫困社区。社区穷到连超市都不愿意进驻，于是自辟了一块地，种菜自给，起名叫“人民菜园”。TNDC 买下社区一幢又一幢大楼，改造成保障房，提供给社区的流浪汉和穷人住。TNDC 翻建的楼如此之多，多到“一块石头扔下去，不能不砸到”。

后者如 BRIDGE Housing，如今是加州最大、美国最大的住房非营利组织之一。30 年前从旧金山起家，最初的资金来自于一笔匿名捐款，1 万股的 IBM 股票，价值 65000 美元。第一任领袖唐纳德·特纳要求他的男性工作人员都穿西服、打领带，给人以严肃的印象。更重要的是他的哲学：在尽可能多的社区，建造尽可能多的保障房。现在，BRIDGE Housing 在全美拥有 14000 套保障房，资产达 40 多亿美元，堪比任何一个营利开发商（虽然它只活跃在保障房领域）。

从旧金山起家的 BRIDGE Housing，如今是美国最大的住房非营利组织之一。
图片来源：http://www.bridgehousing.com/sites/default/files/prop_rivermark.jpg。

从 5% 到三分天下

并非所有美国城市的保障房供给都像伯克利或者湾区其他城市一样，由非营利组织垄断，或者至少是默认设置。但是非营利组织迅猛发展成为重要力量的一支，已是不争的事实。1982 年政府出资的保障房，只有 5% 由非营利组织递送。这是来自美国约翰 · 霍普金斯大学公民社会研究中心萨拉蒙教授的一项调查。这位非营利组织研究的领军人物发现，对于政府出资的保障房，非营利组织、私人及政府递送的比例分别为 5%、7% 和 88%。非营利组织在保障房领域的存在如此微不足道，尤其较之于其他福利领域，如社会服务（56% 由非营利组织提供）、就业培训（48%）、卫生（44%）、艺术文化（51%）。

但是，随后的 20~30 年里，人们看到，保障房及社区发展成为美国非营利组织发展最迅速的一个领域，直至今天，非营利组织形成了三分天下有其一的局面。

占老资助房的三分之一：20 世纪 60~70 年代，美国联邦政府通过低于市场利率抵押贷款、租金补贴等方式，资助私人建造了大量的保障房，到 1995 年，其中 35% 的房子已经转移到了非营利组织的手上。因为非营利组织能够从产权上保障这些保障房的永久可承担性，如加州住房伙伴公司的非营利保护之道，以及伯克利奥斯顿公寓转入非营利之手后显示的效果。

占新资助房的 1/3：1987 年，美国联邦政府开始采用一种新的、以税收抵扣（TaxCredit）为主的资助方式支持保障房建设。对 1987~1996 年间该资助方式建造的 1/4 的样本调查发现，略低于 1/3

的住房由单独非营利组织或者与非营利组织结成伙伴开发。

占最新资助房的1/3：社区经济发展全国联盟（NACEDA）最近一项调查发现，2005~2008年间，35%的联邦资助房由非营利组织生产，这一比例从1999~2004年以来就未曾变过。

社区经济发展全国联盟（NACEDA）

图片来源：http://community-wealth.org/sites/clone.community-wealth.org/files/styles/large/public/naceda_logo%2Btagline_june2011-lowres%281%29.jpg?itok=T4iLUQCz。

政府+社会

非营利住房组织是如何发展起来的呢？

这要放到更加广的社会住房兴起的背景中来看。社会住房本来是一个欧洲流行的概念，新自由主义改革以来（大约是出于对它的不满），美国也开始流行。它直接相对私人市场住房：不是为了利润拥有或者运营住房；永远不在市场销售住房以套利；人们可以永久居住，实现住房的社会目标。

严格意义上讲，政府提供的住房（如公共住房），也属于社会住房。但是，对政府提供住房的失望，使得人们要在市场以及政府之外，自己解决自己的住房问题。

人们组建住房合作社，圆自己的住房梦。伯克利的帕克街合作社在 20 多年前组建时仅源于一个简单的念头——摆脱房东管束，好在屋子四周任意种果树。现在，缴纳 1.5 万美金，月房费 475 美元，就可独占性享用合作社中的一居，而周边一居售价至少 15 万美元，租金至少 1200 美元。到 2003 年，美国有 425000 套有限权益住房合作社住房，一半在纽约。

发展社区土地信托，将土地从住房中剥离。比如，活跃在华盛顿州奥卡斯岛上的 OPAL（Of People And Land），让小岛上大约 5% 的工人家庭住上了别墅，但是价格只有市场的 1/2~1/3。方式是 OPAL 永久持有土地所有权，土地使用权以名义价格出租（如 1 美元，99 年，可续）。相应的，将来这些家庭若要出售房子，只能以可承担性价格（而非市场价格），卖给同等收入水平的人。全美目前有 200~300 个社区土地信托，拥有 6000 套住房。

此外还有互助住房协会（一种集体拥有的租赁房形式），全美有 8300 套；限制售价，有限权益资本回报的个人产权房，等等。

但是，非营利组织提供的租赁性保障房，绝对是其中的主导。数量有 150 多万套（占美国住房总量的 1%~2%），包括 4600 家 TNDC 那样的社区开发公司提供的 125 万套，和 BRIDGE Housing 那样大型的住房组织提供的 30 万套。

TNDC 或者 BRIDGE Housing 这样的非营利组织的理念执着，固然功不可没。但是，比较这些社会住房形式背后的政府支持，答案会更清晰。有限权益住房合作社很少能享受到政府支持，帕克街合作社享受到的直接政府支持，是免掉了一笔 1.1 万美元的房产交易税。社区土地信托旨在将土地与住房剥离，但是因为没钱收储备土地而发展缓慢。只有非营利组织建房，除了 10% 的传统银行债务，以及 5% 的私人捐赠之外，资金几乎全部来自政府：30% 的地方政府无偿拨款或者软性贷款，50%~70% 的私人权益投资（最后由联邦所得税抵扣归还）。也正是在 Pruitt–Igoe 的倒掉，以及从商人手上打捞保障房的保护战中，政府要将非营利组织发展成为美国保障房的主要递送者之一。在政府的推力下，非营利住房组织茁壮成长。

可见，政府与非营利组织不是此消彼长，他们可以是伙伴。美国非营利组织住房的成长，不只是社会，更是政府与社会合力的结果。

（《中国经济时报》2014 年 6 月 23 日第 4 版）

政府掌舵，非营利划桨

美国的非营利住房提供，是20世纪70年代末在西方福利国家改革的风云变幻中，兴起的政府—非营利伙伴关系提供公共服务之潮流的一个成功范例。

缩减政府

在旧金山调研的那两天，全世界正在悼念撒切尔夫人的去世，可谓褒贬不一。朋友乔尔（Joel Rubenzahl）对她的态度就不大恭维。年轻时委内瑞拉移民美国的乔尔，毕生从事住房非营利事业，是湾区重要的中介组织“社区经济公司”（Community Economics Inc.）总裁。

Joel Rubenzahl是保障性租赁住房投资发展方面的专家，他在非营利组织和公共机构中有丰富的工作经验，做过很多地方及联邦的保障房项目。

图片来源：http://communityeconomics.org/joel- rubenzahl/。

在某种程度上，她就是个灾难！乔尔言下之意。这时他指着伯克利满街的流浪汉："里根政府干的好事！将州里官办的精神病院都解散了，说要回归社区，但是从来没给社区钱。结果这些人流浪街头。"

里根与撒切尔曾经毫不留情地削减政府支出，大规模地私有化与去管制化，就如里根在就职典礼那天说的："政府并不是解决问题的方法，政府本身才是问题所在。"里根在任期间，1980~1988 年间，美国联邦社会福利实际支出（卫生与收入补助除外）减少 40%，从 1190 亿美元减到 730 亿美元。直到 2000 年，联邦的实际支出仍比 1980 年低 8%。

再造政府

但是，福利国家建设及政府改革，到了 20 世纪 90 年代，发生了转向。人们看到，政府回来了，而且以强劲的姿态、崭新的形象回来了。

1992 年，奥斯本和盖布勒（David Osborne 和 Ted Gaebler）的《改革政府：企业家精神如何改造了公共部门》（*Reinventing Government: How the Entrepreneurial Spirit is Transforming the Public Sector*）一书出版，概括了美国公共部门正在发生的变革——从过去的官僚型政府，变为更加灵活、更加具有创造力、更加企业家型的政府。

此后克林顿政府 8 年任期内，以此书为圭臬，以副总统戈尔为首的"再造政府工作组"，继续推进这一趋势的政府改革。联邦福利支出也逐渐恢复，虽然到大约 2005 年才超越了 1980 年的支出水平。

这说明，哪怕新自由主义者和新保守主义者曾多么希望削减甚至打碎政府，政府这种集体行动形式仍如此不可或缺，政府提供的

《改革政府：企业家精神如何改造了公共部门》(*Reinventing Government: How the Entrepreneurial Spirit is Transforming the Public Sector*)

图片来源：https://www.amazon.com/Reinventing-Government-Entrepreneurial-Spirit-Transforming/dp/0452269423。

公共服务（如教育、医疗、住房、反贫困等等），又如此必不可少。

同时，政府的治理方式发生诸多改变。其中一条口号是：政府“Steering rather than rowing”，即政府掌舵而非划桨。如提供保障房，以前政府直接成立住房管理局提供（即划桨）；现在是让更加灵活、更有效率、更贴近服务对象的私人（企业或非营利组织）提供，政府则把握方向、提供资金（即掌舵）。因为，如纽约州前州长老葛谟（Mario Cuomo）说：“政府的责任不是提供服务，而是看好服务怎么提供。”

这样的公私合作治理，是要在财政紧缩后，用更少的钱，提供更多、更好的公共服务，同时鼓励多元主体参与到治理格局中去。

为什么是非营利组织?

在社会福利领域很快成为趋势的，不是“政企”而是“政社”合作，虽然在西方框架里，“私”包括企业和非营利组织（即社会组织）。

在美国，这个政府产生之前社会组织已广泛活跃的国家，国家—社会（非营利）组织伙伴关系，早在1960年代的“伟大社会”运动时期已经奠定。1982年，美国约翰·霍普金斯大学公民社会研究中心萨拉蒙教授抽样调研就发现，政府出资提供福利服务（住房与社区发展除外）时，主要依赖非营利组织递送。比如社会服务，非营利递送56%（vs.政府递送40%）；就业培训48%（vs.43%）；卫生44%（vs.33%）；艺术文化51%（vs.49%）。与此同时，非营利组织最主要资金来源，是政府（38%），而并非人们通常所认为的慈善捐赠（21%）。

因此，里根政府时期的福利支出削减，如削足适履。到1990年，政府福利支出增加，非营利组织发展才如鱼得水。在此期间，公益服务类组织的增加远快于商业组织的增加；1987~1997年间，非营利组织年均新增2.7万家，几乎是1977~1987年间的两倍（1.5万家）。

在英国，这个曾经将非营利组织推到边缘的国家，在“第三条道路”思潮影响下，1998年，政府与非营利组织签订了合约（Compact），申明：

——一个健康的志愿和社区部门，是民主社会的一部分；

——政府与该部门共同为社区工作；

——政府认识到提供公共服务所需成本，在资助志愿和社区部门中扮演主要角色；

——第三部门按照开放、负责的程序运作，接受公共资金支持时，服务达到适当的标准。

此后，英联邦国家的加拿大和澳大利亚，也分别于2001年和2010年签署了类似协议。即便在国家传统强大的欧洲大陆，如法国，

1901 年非营利组织才合法化，如今，7.8% 的经济活跃人口全职就业于非营利领域（几乎是世界平均水平的两倍），主要从事教育、卫生、社会服务等福利提供，且 60% 的资金来自于政府。

为什么是非营利组织？萨拉蒙指出，相比企业而言，非营利组织与政府目标最接近，都为公益服务。但是“公”的目标之外，它又有“私”的结构：可以自由成立与解散（不比我们的编制体制，流动困难）；通常很小的规模，与公民紧密连接，灵活；具有撬动私人主动性实现公共目的的能力，等等。因此是帮政府划桨、提供福利服务的理想选择。与此同时，政府掌舵，可以弥补非营利组织的诸种失灵（如资金不足导致的慈善不足、只服务于某类人的特殊主义，等等）。

“政府掌舵，非营利划桨”，政府与非营利在某种程度上完美结合。美国的非营利保障房提供，正是在这样的背景下走出的成功范例。

（《中国经济时报》2014 年 6 月 30 日第 4 版）

住房非营利成世界趋势

也许很多人知道，过去三四十年，非营利组织参与公共服务提供已成全球趋势，它们活跃在教育、医疗及社会服务等关键领域，政府为其提供将近一半的收入来源。但很多人不知道的是，在保障房领域，它们同样活跃。住房非营利已经成为一种全球（至少是发达国家）趋势。

当然，人们更不会知道，住房非营利之间所进行的跨国交流。国际住房伙伴（International Housing Partnership）便是这一交流的产物。

2003年，在麦克阿瑟基金会资助下，美国"住房伙伴协会"组织了向荷兰、英国等同行学习的考察团。住房伙伴协会是由美国96个领头的非营利住房开发商组成的联盟，提供美国约20%的非营利住房（其余80%由约3000家规模更小的、基于社区的社区发展公司提供）。考察团包括了协会当时近半数的理事会成员，以及一些国内顶级的非营利开发公司老总，如加州的桥住房（BRIDGE Housing）、明尼阿波利斯的共同纽带社区（Common Bond Commnities），匹兹堡的行动住房（ACTION Housing）和华盛顿的住房保护开发公司等。

BRIDGE Housing

图片来源：http://www.bridgehousing.com/properties。

Common Bond Commnities

图片来源：https://www.glassdoor.com/Photos/CommonBond-Communities-Office-Photos-IMG424647.htm。

向欧洲学习住房非营利经验，这一点都不奇怪。欧洲大陆的非营利住房历史由来已久，而且覆盖广泛。仅以最初的参与者荷兰为例，在荷兰，私人非营利的住房协会拥有的保障房数量，占全国住房总量的 35%（这一比例在欧洲国家中也是最高的；而美国这一比例不过 1%~3%），占全国租赁性住房的 75%。荷兰目前有将近 500 家住房协会，很多住房协会的历史，可以追溯到 20 世纪初，甚至 19 世纪下半叶。

交流得以开展的前提是，各国保障房都在向非营利转化。这发生在非营利住房主导、政府住房为辅的国家（如荷兰）；也发生在政府住房是主要甚至唯一保障形式的国家（如美、英、加）。1990 年之前，荷兰还有很多市政住房公司，现在这些公司都已转成了住房协会。美、英、加都曾经是公房主导。加拿大 1970 年代公共住房失败之后，直接走上了非营利提供之路；美国则是在尝试了营利私人提供并失败之后，才走上了非营利提供之路。英国的公房比例最高（约占住房总量的 30%），撒切尔夫人治下曾将约 1/3 的公房出售（这也是导致今天英国大城市年轻人住房困难的根源之一）。今天，一半保障房已经归住房协会所有；余下公房中，一半也由非营利组织管理。

为什么是非营利？某种程度上，这与保障房这一（准）公共产品本身的特性有关。穷人的恒久性，说明一定数量的保障房当永久存在。营利性私人承担不了此任——他们会想尽一切办法，在合适时机，将保障房卖掉套利（如我们在美国看到的那样）。政府提供既然被指官僚化、不够灵活、不能满足个性化需求，甚至不利于引入社会资本等等，非营利组织自然成为首选。将这种政府大量补贴，且又有大量溢价空间的资产类公共产品交给不分配利润、以社会产权形式运行的非营利组织，政府恐怕也会比较放心。

多次欧洲—美国互访之后，“国际住房伙伴”于2008年成立。2010年至今，已经分别在柏林、华盛顿、温哥华、悉尼和伦敦（将）举行了年度交流会晤。

交流机制很快建立的一个重要原因是，住房领域可能比社会组织所参与的其他任何公共服务领域都更加需要企业家精神。这与拿一点捐款、提供一点福利服务的传统慈善事业已经远远不同。非营利组织需要像企业一样地融资，然后在较低的现金流下实现收（主要是租金）支（包括财务、运营管理及维修等成本）平衡。这使得它们甚至比营利开发商更加谨慎开发项目，也使它们非常希望从同行那里学到好的经验。

对于美国而言，欧洲同行们确实提供了可资借鉴之处，尤其在项目vs公司平衡这一点上。美国的保障房项目，因为融资结构的关系，只能一个项目一个项目地平衡，项目之间却孤立（一个项目的盈余不能用来补贴另一个项目的亏损）；也不能以资产清单为抵押进行公司层面贷款。欧洲的非营利住房组织则不存在这一问题，它们在公司层面实现平衡。这样，不仅保障房的长期可持续运营有了保障（主要通过交叉补贴），还可以快速扩张业务（通过公司层面贷款）。如何在组织层面实现平衡，已经成为当下美国非营利住房领域的一个重要议题。

美国虽然起步较晚，也并非没有好的经验可以提供。而美国的创新之处在于其对公私合作网络的娴熟运用。美国的非营利保障房构建了一个私人投资商、银行、联邦与地方政府、非营利中介组织、非营利开发商（甚至营利开发商）共同参与的网络，从而实现了保障房问题的网络化治理。这种广泛参与的治理架构，值得欧洲同行们学习。

也正是在这种相互交流学习中，全球（至少发达国家）的住房非营利不断发展。

（《中国经济时报》2014 年 7 月 18 日第 11 版）

社区发展公司：一个组织制度创新

美国非营利住房的成功，离不开“社区发展公司”这一制度形式。这类组织，内部社区控制，外联公司、美国政府及更广大社区资源；按公司原则运作，但为社区目标存在。这一制度形式值得中国的社区社会组织学习。

美国的保障房，不仅在政府、营利私人提供的相继失败之后，走上了非营利，而且底层发生——与有些国家（比如加拿大）的自上而下模式不同——创新丰富了“社区发展公司”这一制度形式。

不会被拆掉的社区

田德隆社区是旧金山权力与财富中的一块洼地。东边联合广场（可谓世界上奢华的购物中心），西边市政府，围在中间的田德隆是旧金山贫困的社区。

但是它恐怕不会被“城市更新”掉。诸种原因，包括：一批社区发展公司（TNDC，Reality House West，Tenderloin Housing Clinic 等）努力保护、复兴着这个社区。从 1981 年成立起，TNDC 就一幢

Tenderloin HousingClinic
图片来源：https://www.thclinic. org。

幢买下社区大楼（今天已经拥有 30 幢），改造成保障房，供社区里的老人、单亲贫困家庭、流浪汉居住，帮助稳固了这个旧金山淘金时代已经诞生、少数族裔文化丰富的贫困城市社区。

全美现有 4600 个社区发展公司（Community development corporations，简称 CDCs）。它们在复兴贫困社区、积累社区财富方面扮演着关键作用：一、通过开发住宅和商用不动产（从保障房，到购物中心，及其他商业），将资本留在社区；二、理事会至少 1/3 成员由社区居民组成，使草根的直接决策参与成为可能；三、在改善社区环境的过程中，组织社区，对居民赋权。

CDCs 为社区复兴而生，但是保障房提供是它们主要抓手，它们也成为主要的提供者：美国非营利住房总量的 80%，由其提供。

图片来源：https://macdc.org/。

图片来源：http://www.tmaconsulting.org/new- index/#new-page-2。

图片来源：http://community-wealth.org/strategies/panel/cdcs/support.html。

图片来源：http://community-wealth.org/content/national-low-income-housing-coalition。

政府主导模式的失败

CDCs，完全是美国政府主导的社区发展模式失败的产物。

这一模式，从 20 世纪 40 年代起大规模开展，旨在应对中产阶级白人郊区化和工厂外迁下不断加剧的内城衰败。包括城市更新（联邦为城市提供资金，用于购买 / 征用贫民窟区域，然后交由私人开发商开发）、公共住房建设（1949 年），以及州际高速公路修建（1956 年）等计划。结果是，多少穷人小区被“开膛破肚”，甚至连根拔起，用于修建高速公路、文化设施和高级商住楼。社区资本网络的破坏，穷人的去向，小生意人损失的补偿，都不考虑。黑人社区被殃及，人们愤怒地斥之为“赶走黑鬼”（Negrore moval）运动。

当林登·约翰逊正准备开展更加大规模的“对贫困开战”时，愤怒和抗议，在城市贫困和种族冲突的交织下，以城市暴乱形式爆发，漫及全国。严重者如洛杉矶（瓦特斯地区，1965 年）、芝加哥和克利夫兰（1966 年）、底特律（1967 年）、孟菲斯、芝加哥、巴尔的摩及其他城市（1968 年）。其中，仅 1967 年夏天就发生了 159 起种族骚乱（因此有“漫长的炎夏”之称）。

在此背景下，第一家社区发展公司，贝德福德—史岱文森复兴公司（BSRC），在小肯尼迪（被刺杀的肯尼迪总统的弟弟）的推动下，在纽约的贝德福德—史岱文森（Bedford-Stuyvesant，有“美国最大的贫民窟”之称）社区落地。

小肯尼迪认为：政府主导模式的失败，是那些影响穷人的制度（如教育、就业等）远在穷人控制之外，而不是与穷人一起制定计

纽约布鲁克林的 Bedford-Stuyvesant 社区

图片来源：https://nextcity.org/daily/entry/we-need-to-be-more-thoughtful-about-displacement。

划。出路是政府允许一种社区控制型的新型组织出现，并提供支持，BSRC 旨在实现这一构想。小肯尼迪说服了国会和政府，为城市贫困社区发展机构提供资助，就从他的 BSRC 开始。

BSRC 构想的另一半，是撬动公司美国（大公司、大财团及基金会等）的权力与财富，进行社会改良。其后，一批顶级企业大亨（如 IBM 和花旗银行主席）坐镇 BSRC 理事会，大量企业捐赠（如福特基金会 75 万美元，阿斯特基金会 100 万美元）。

融合社区控制与撬动大公司这道天然鸿沟并不容易。这导致初期创立了两个组织：一个代表社区，一个代表大公司。“得有我们的人在那儿看着，别让他们偷了我们的钱！”福特基金会及其支持者说。一个在社区办公，另一个在曼哈顿核心区。

一切直到富兰克林·托马斯（一个与纽约政治精英关系密切的黑人精英，后成为福特基金会的主席）任总裁后扭转。

他首先用公司模式重塑社区组织。向通用汽车、IBM 看齐，运用大型工业企业有效调动资源和产生利润的原则，避免以往扶贫机构的失败。这成为今天 CDCs（及其他住房非营利组织）的一个基本特点。

其次，着手能迅速带来改变与结果的行动。如 5 年之内让联邦住房管理局投放了 850 笔抵押贷款，使社区住房所有率迅速提升。引入 IBM 工厂，为 125 家急需资金的地方业主提供贷款等，创造了上千个工作岗位等等。

成绩显现后，两组织于 1974 年合并，像公司一样运作，但是旨在实现社区目标的社区组织。

弹性与网络治理的发端

大约根植于这些特点，后来的发展，充分展示了 CDCs 所具有的弹性（resilience）：政府支持时，就大力发展；政府削减资金了，去更广大的社区中汲取资源，一样茁壮成长。

20 世纪 60 年代后，CDCs 的两次大发展，都与政府资金有关。第一次是 1974 年联邦设立社区发展组团基金后。这一阶段诞生的 CDCs，更主要的任务，是保障房开发，而且几乎都由联邦资助。目前在运营的 CDCs 中，50% 创立于 1973~1980 年间。第二次是 1990 年联邦资金更加多样化且稳定之后。CDCs 参与更加广泛的经济发展活动，如建造商业空间，用于社区支持型的社会服务（如托儿所、卫生院、青年中心等）。

1981~1987 年，在里根政府停止一切保障房建设资金期间，CDCs 依然茁壮成长。TNDC 不仅成立于此期间，1981~1988 年间还买下 8 幢大楼（约 450 个单元）。印第安纳波利斯市的 CDCs，东边社区投资（ECI），1980 年 90% 资金来自联邦政府，到 1986 年，只剩 10% 了。但是在此期间，它修复了 1000 套住房，设立了一项小企业孵化计划，开发了 25 英亩工业园，创造了 300 个工作岗位。

尼采说，“那些没有消灭你的东西，会使你变得更强壮。” CDCs 在联邦资金断流情况下构建更广大的社区网络这一点，成为美国非营利住房走向网络治理的开端。

启示与借鉴

美国的 CDCs，现在每年生产住房 96000 套，建造商业空间 741

万平方英尺，创造工作岗位75000个。它们不仅是非营利住房的主要提供者，也是贫困社区复兴的主体。而且，这一制度形式，左派和右派都支持——左派觉得它为社区而存在，右派觉得它用市场原则替代了大政府。

社区发展公司，奠定了美国非营利保障房成功的制度基础。中国的社区社会组织至少可以借鉴三点：一是实现真正的社区控制，这是根本。二是外联广大社区，这是源泉。三是像公司一样运作，成为真正有竞争力的、有效率的市场主体，同时不偏离公益目标。

（《中国经济时报》2014年7月30日第5版）

不会被拆掉的贫民窟

田德隆社区，旧金山市中心的贫民窟，一个权力与财富中的洼地，但是也许永远都不会被拆掉，因为曾经的社区抗争与保护，因为今天政府与非营利组织一同进行的修复。

权力与财富中的洼地

每次从旧金山市中心鲍威尔大街地铁站出来，踏上艾迪街，神经不免绷紧一些——那么多流浪者，年老或年壮，男或女，三三两两，无所事事地晃悠！待走入街角的田德隆社区发展公司（TNDC），穿过两道上锁的门和狭窄的门厅，紧张的工作气氛，又让人有点透不过气来。与街上的无所事事，正好对照。流浪汉和TNDC，一起书写着这个贫民窟的历史。

田德隆社区犹如一个传说。40个小街区，2.5万人口，0.9平方公里，“困”在旧金山市中心的权力与财富之间。

曾有人这样描写田德隆——东邻剧院区、联合广场（注：旧金山最奢华的购物区），西接市政府、歌剧院、交响乐厅，以及光彩耀目的新公共图书馆，田德隆似乎拥有一切：高级公寓（如奥法雷尔大街上的）、豪华酒店（如圣法兰西斯、克里福特）和顶级饭店

（如沃尔夫冈·帕克里奥餐厅）；众多街头妓女（在最繁忙大道上工作，受到陪审团的容忍而不愿起诉）和妓院（以按摩店和脱衣舞俱乐部形式出现）；非法的毒品和合法的酒；新潮跳舞俱乐部（如“俱乐部 181”），吸引了爱逛贫民窟的影星迈克尔·道格拉斯，而隔壁酒类商店，前两天刚有一名顾客中流弹身亡；公寓旅馆（橱柜大的房间，东南亚移民家庭四个、五个或六个人挤在一张床上）……这里还有免费餐。格莱德教堂前，每天饭点，流浪汉和穷人们排起了长龙。转过三个街区的金门桥大道上，方济会组织圣安东尼的大食堂里，1200 人同时就赈济餐。有的田德隆居民，已经在这里吃了几十年。

旧金山的田德隆社区

图片来源：https://en.wikipedia.org/wiki/Tenderloin,_San_Francisco#/media/File:Tenderloin_Street_Chess,_SF,_CA,_jjron_26.03.2012.jpg。

你会惊讶这样的地方竟没有被“旧城改造”掉！大多数美国城市中心都曾有像田德隆一样的社区，现在都被“贵族化”（Gentrification）了，唯独田德隆还在。

社区抗争与保护

旧金山作家加里·卡米亚将之归结为四个原因：规划法，城市政治，根深蒂固的非营利组织，及（尤其是）独特的住房存量。其实，社区组织才是最根本原因。

田德隆拥有独特的住房存量，公寓式宾馆，大约100幢，比美国其他任何社区都多。旧金山这样的宾馆，多为1906年大火后，为满足海上季节性劳力需求而建，今天却成为低收入群体、季节性劳力和移民的栖身之地，以及穷人露宿街头前最后的庇护所。由于建造较早，占据越来越优势的区位，连“拆迁办”都认为“这些土地太宝贵了，不能让穷人占着！”整个20世纪70年代，公寓式宾馆的拆迁和租户群起反抗之间的烽火，在城市此起彼伏。1980年，烽火也降临田德隆社区。开发商获准在田德隆建造三家拥有2200个房间的豪华宾馆，以满足去工业化后，新兴旅游和会展业对旅游宾馆的需要。租户活动家们非常清醒：这不过是整个“贵族化”过程的序幕。他们很快组织了“北部市场街规划联盟”（NOMPC），开始有步骤、有计划地抗争。旧金山社区组织传统本来就强，这次行动，更成为后来成功的范本。

首先，让开发商补偿。NOMPC与灰豹组织（美国一激进维权组织）及其他社区活动家一起，组成了“豪华宾馆工作组”。因旅游宾馆的修建符合现行规划，阻止不了，“工作组”短期目标非常明确——减轻旅馆修建对社区的影响。结果是全美第一个“社区利益合约”的签订：旅游宾馆每出租一个房间，拿出0.5美元，用于社区低收入人群住房开发，使得社区接下来20年每年大约有32万美元的进账；每个旅游宾馆为社区服务项目捐款20万美元；等等。

其次，让政府调整规划。NOMPC和其他社区联盟，通过请愿、施压等方式，要求政府修改规划——禁止修建新的旅游宾馆；小区限高从30层减密到8~13层。1985年，新的规划法令通过。

最后，让非营利组织拥有大楼，作保障房。一批非营利组织——TNDC、田德隆住房诊所、Mercy住房等诞生或更加活跃；大量与方济会有关的基金会和慈善捐款涌入，提供支持。TNDC便在此间成立，旨在实现两个相关的愿景：保护社区不被贵族化；通过住房等手段，改变社区穷人命运。今天，TNDC在田德隆社区拥有30幢宾馆大楼，“一颗石子扔下去，很难不砸到TNDC的楼”，成为这个贫民窟不被拆除的稳定器。

提供服务，修复社区

今天，田德隆不会被拆除，还有一个原因：旧金山的发展理念，已经实现了从“大拆大建”到“包容性社区”的转变。去TNDC的项目中转一转，就会发现，非营利组织早已不再是抗争角色，而是在和政府一同修复社区——如果说社区（社会）修复，也是一种公共产品的话。

——让老人颐养天年

TNDC在美国最早开创“服务支持性住房”（Supportive Housing），每个楼都配有专职社工。社工志清带我走进她服务的、主要供老人居住的玛丽亚·马诺尔大楼。大厅里，一群中国老人正在打麻将。边上坐着的连阿姨，一个劲地跟我夸志清，夸这里：“我儿子那里有地方给我住的。我来这里还要给钱的（250 多美元一个月）。周五、周六去我儿子那里住了回来，打开自己的房门，心里高兴的感觉说不出来的！这里就是一个大家庭！”

——还流浪汉体面、舒适

TNDC 很大一部分保障房，为此前的流浪汉居住。手臂纹身、身材矮小健壮的项目管理员萨尔，带我去看大使、西部及达勒大三幢

“扔一个石子下去，很难不砸到 TNDC 的房子”。TNDC 的保障房项目遍布田德龙社区，成为社区保护的主要力量

图片来源：http://www.tndc.org/take-a-virtual-tour-of-our-properties/。

大楼，它们正好合拢成一个区域。开锁进楼，门厅整洁敞亮。大厅沙发休息处，偶尔有人阅读。约二十平方米的小单间，无厨房，其余——床、卫生间、小冰箱、微波炉、电视等一应俱全。楼下偌大的公共厨房，餐桌上堆满捐赠的面包。后院见一小花圃，有五六十盆花草，郁郁葱葱。萨尔说："这些是一名流浪汉种的！"

TNDC 保障房大楼内的休息室。保障房房型以宾馆式单间为主，多收留流浪汉（图片为现场拍摄）。

TNDC 最近完成了它迄今为止最复杂的一个工程，凯利·卡伦社区。集历史建筑改造、流浪汉保障房，与支持性服务于一体。改造完好地保存了这幢 1909 年的基督教青年会大楼的历史性建筑的特征，如恢宏的入口、大厅和旋转而上的楼梯，天井、阁楼、报告厅等。又在一楼开设一年可服务 25000 人次的诊所，还有 100 多平方米做零售空间，三楼还有健身房。172 间单间，供从前的流浪汉住。

保障房后院一位租客（从前的流浪汉）种的花（图片为现场拍摄）。

TNDC 和路德会下的机构，提供社会服务；诊所提供医疗服务。这样，不仅原本危险的街角，变为安全与有生机，流浪汉们还回到体面、舒适甚至美感中居住。

TNDC 的 CEO 唐·福克介绍说，使流浪汉有地方住，比让他们流落街头更便宜——这里的 172 名流浪汉中，有 50 人之前是急诊室的常客，耗费了大量公共卫生资源。

——建“人民菜园”

TNDC 最近还建起了“人民菜园”。由于社区实在太穷，没有超市愿意进来，人们无法就近买到新鲜蔬菜，或者根本买不起。而 TNDC 认为，获得健康的食物，是基本人权。于是市里将与市政府一街之隔的一块地，租给了 TNDC 种菜，就成了“田德隆人民菜园”。

菜园被当成了社区的共有财产。其维护完全靠义工。TNDC 的很多居民——流浪的、失业的、老人们，竟从菜园中找到了生活的

人民菜园

图片来源：https://sidebararch.com/featured/its-national-volunteer-week-heres-a-quick-guide-to-some-of-our-favorite-organizations/。

意义。在他们的劳作下，生菜、西兰花、花椰菜、芥蓝、羽叶甘蓝、番茄等等，一年四季生长。巴掌大的菜园，第一年就收获了 3000 斤蔬菜，全部免费分发给了社区居民。

离开田德隆时，我相信，这个（曾经的）贫民窟，不会被拆掉，而会一点点地被修复。

（《中国经济时报》2014 年 8 月 13 日第 5 版）

非营利机构应像大企业一样运作保障房

“商业与慈善的界限在哪里？”这是很多人关心的问题，而美国大型非营利开发商的经验或许可以提供一些回答。这些组织像大企业一样地运作，不停地创新、联合、再创新，从而将非营利的组织架构，与企业式金融相结合，有的甚至动了企业的奶酪。但是，非营利开发商做这些的目的只是为了慈善。

非营利土地信托投资基金买下保障房

去年，在美国保障房领域发生了一桩“改变游戏规则”的事。几个住房非营利组织，成立土地信托投资基金（REITs），买下了芝加哥郊区的一幢公寓大楼群，将它从“贵族化”（gentrification）手中夺了下来。

美国市场现在面临越来越激烈的保障房资源的争夺。哈佛大学住房研究联合中心 2011 年的一份报告显示，收入 15000 美元及以下的租户，过去 10 年里增加了 200 万，而可承担性租赁住房数量却下降了 47 万套。根源在于保障房房源的争夺上，非营利组织竞争不过企业——既出不了更高价格，也无法迅速完成交易。因为要申请公共资金，所以一桩交易有时需要两年才能完成。

土地信托投资基金（REITs）
图片来源：http://pic.pedaily.cn/201511/20151110085794679467.jpg。

但是，非营利组织“仁慈住房”芝加哥分部此次通过土地信托投资基金，仅用三个月时间就拿下了项目（耗资520万美元）。该基金由12家非营利组织组成，从花旗银行、摩根士丹利、保德信金融集团，以及麦克阿瑟、福特等基金会融资1亿美元。

将非营利的组织结构与营利企业的金融灵活性相结合，然后再与其他企业争抢房源，直指美国“不与自由市场竞争”之圭臬。

美国大型住房非营利组织

这次唱主角的是仁慈住房（Mercy Housing Inc.），以及另外11家美国大型住房非营利组织，包括旧金山的桥住房（BRIDGE Housing），加州长滩的LINC，马里兰安纳波利斯的美国之家（Homes For America），纽约的NPH基金会等等。与田德隆社区发展公司

图片来源：https://www.mercyhousing.org/image/mercy-housing-logo.png。

（TNDC）这样专注于社区的发展公司不同，这类组织代表了美国大型的、区域性的非营利组织，旨在为穷人多建房，这类组织更加锐意创新，更具企业家精神。

但从一开始，两个组织的目标就有一点根本不同，即TNDC就想保护田德隆社区，而仁慈住房则是要为穷人多建房。30年后，TNDC拥有了田德隆社区30幢大楼，有效地稳定了这个贫困社区，仁慈住房成为美国最大的非营利住房开发商之一，业务遍及全美41个州。开发、保护及资金支持了约45800套保障房（TNDC最多不过保护了三四千套），开发房产28亿美元，每天服务15万人，雇员1300人。

美国大约有100家仁慈住房这样的大型住房非营利组织。到目前为止开发和保存了大约30万套住房，占美国非营利住房存量的20%，其余为社区发展公司提供。它们已经成为美国提供非营利住房的主要力量。2004年，它们提供了低收入住房税收抵扣（LIHTC）下60%的非营利住房，同时生产了联邦组团基金下80%的保障房，而这两项为美国最主要的保障房补助。

在开发住房、物业管理之外，也并非只有TNDC这样的社区发展公司才提供服务，大型住房非营利组织也提供有这方面的业务。仁慈住房的租户组成有51%的家庭，33%的老人，还有16%的特殊需要人群（艾滋病患者、流浪汉、残障者等）。对于家庭，孩子要日托、上学及放学后的照看。老人需要养老服务，艾滋病患者、流浪汉及残障者更需要社工和医疗服务。所以，美国的大型住房非营利组织，共创建了26万个特许学校名额，19万个日托和放学后空位，服务26万人的社区医疗服务中心。通过住房、社区设施和服务，它们帮助了430万人。

除此之外，这些组织还集诸多中介职能，将社区金融、技术支持、政策影响与倡导等功能集于一身，旨在为穷人多建房并提供服务。这也使得这些组织比社区发展公司更具创新性与企业家精神。

大型非营利组织金融服务。如仁慈住房1985年就成立了“仁慈贷款基金”，一个社区金融机构，提供社区开发商急需而传统金融机构又无法满足的贷款。到目前为止，基金贷款2.45亿美元，杠杆撬动资金17亿美元，为52200人修建保障房19400套。大型非营利组

宾州的行动住房（Action Housing）

图片来源：http://www.nextpittsburgh.com/wp-content/uploads/2016/07/Penn-Mathilda.jpg。

织还提供中介服务。威斯康辛住房开发伙伴（Wisconsin Partnership for Housing Development），同美国住房与社区发展部签订合同，为附近5个州的社区和住房开发组织提供培训、技术支持及咨询服务。大型住房非营利组织还会影响住房政策。如宾州的行动住房（Action Housing），针对匹兹堡就业状况恶化的情况，提出了防止抵押贷款提前收回的措施，后来成为州际政策。

合作与社会企业创新

不仅如此，美国大型住房非营利组织的创新与企业家精神还在于，在“住房伙伴网络”的基础上进行社会企业创新。“网络”是由100家企业组成的一个生意上的合作联盟，该联盟在1990年初创时只有37家企业。2013年，“网络”获麦克阿瑟创新与有效制度奖，该奖项包括荣誉称号和150万美元的奖金。

成立迄今，“网络”进行了一个又一个社会企业创新。1995年成立了第一个社会企业，为成员的产权房咨询项目作融资中介。2000年成立了自己的社区金融机构，迄今为止已提供了100亿美元的社区贷款。“9·11”事件发生后，鉴于商业保险费率大幅提高，保险项目取消，“网络”成立了第一个由非营利组织开发商拥有并运营的“自保公司”。据称，保险公司去年盈利300万美金。次贷危机发生后，看到大量住房被银行提前收回或索性被废弃，“网络”与另外五家非营利组织联合成立了“全国社区稳定信托”，将这些住房从金融机构手里买下来，翻修后再卖给社区，但不提高利息，而是用社区服务与支持来冲抵风险，以稳固社区。

毫无疑问，最近成立的REITs也是美国一个由非营利组织创办的土地信托投资基金，更是“网络”社会企业创新的浓墨重彩。REITs 不仅让非营利组织动了企业的奶酪，而且打破了非营利组织公司层面融资的瓶颈，之前美国的保障房融资只能按项目进行。芝加哥收购之后的短短半年内，REITs 又分别在加州的费尔菲尔德，伊利诺伊的奥罗拉和弗吉尼亚的诺福克完成了三桩交易，并且有计划地扩资到 5 亿美元。它可以提供 6%~7% 的回报率，比市场低，商业银行或者基金会等投资者为了社会目标，却非常愿意接受这项投资计划。

（《中国经济时报》2014 年 8 月 18 日第 4 版）

通过中介组织推动社会组织发展

在经历了政府、私人提供的相继失败之后，美国的保障房提供走上了非营利的道路，而且独创了社区发展公司这一形式。目前，4600 家社区发展公司主导了美国贫困社区的住房提供和社区开发。星星之火何以燎原？非营利中介组织扮演了不可或缺的作用。

帮新生组织获得融资

1979 年，社区发展公司在美国衰败的内城社区生根发芽。米切尔·斯维里多弗上任福特基金会城市运营部主任后，将业务重心从严格的社会服务转移到了经济发展和住房。这位福特基金会“灰带项目”的纽黑文州负责人，相信非营利组织在这个方面的潜力。

一次去巴尔的摩考察社区发展公司归来的火车上，福特基金会的一位信托人抛出了难题：“如果给你 2500 万美元，你怎么帮助这些新生组织？”

斯维里多弗差不多花了一年时间，给出了答案。在福特基金会新任主席富兰克林·托马斯（亦是美国第一个社区发展公司，贝德福德—史岱文森复兴公司的前任总裁）的大力支持下，在福特基金会及另外六家大公司提供的 930 万美元的基础上，于 1980 年成立了

图片来源：https://revitalizationnews.com/article/job-openings-local-initiatives-support-corporation-lisc/。

为社区发展公司提供贷款、免费拨款及技术支持的中介组织地区行动支持公司 LISC（Local Initiative Support Corporation）。

LISC 依据两条原则运作：（1）筹集公司和基金会资金，支持全国城市中地方创办、地方执行的社区发展项目；（2）与已有行动的社区合作。仅仅四年时间，LISC 从 250 家公司、基金会及 3 家联邦机构获得了总计超过 7000 万美元的资助，在全国设立了 31 个分支办公室。该机构还支持社区、组织与项目。首先选择社区，然后组建一个地方咨询委员会，作为 LISC 与地方组织之间的桥梁，再根据地方委员会的推荐，批准拨款、贷款或进行权益资本投资。仅最初的一年半，LISC 就收到 600 份申请，要求项目与组织支持。到 1982 年，LISC 已经与 16 个城市中的 80 家社区发展公司建立了联系。三年后，扩展到了 30 个地区、超过 350 家的社区发展公司。

今天，LISC 是美国三大中介组织之一，与美国 2800 家社区发展公司结成伙伴，为 1/4 的社区发展公司提供过超过 5 万美元的拨款、贷款及投资。1980 年至今，LISC 为这些社区发展公司共筹资 138 亿美元，撬动资金 412 亿美元，共建造 31 万套保障房，4.7 万平方米零售和社区设施，193 所学校，190 所托儿所，及 273 座儿童游戏场。

提供“生产性服务”

基金会创办并不是唯一形式。詹姆斯·劳斯原来是著名房地产商，建造了很多大型郊区购物中心，助推了内城空心化。然而，他在1982年却创立企业基金会（现改名为企业社区伙伴，Enterprise Community Partners），试图用做企业的办法来做慈善，通过资金和技术支持非营利开发商恢复内城活力。现在，该基金会是美国三大中介组织之一，与2400家社区发展公司结成伙伴。

除了以上形式外，还有政府创办。1978年，美国国会成立了社区再投资公司（2005年改名为美国邻里工作，Neighbor Works America），希望通过与社区、居民和地方政府的合作来推动地方金融机构对衰败社区的投资。该公司通过240个独立的社区组织，服务全国4500个社区，也是美国三大中介组织之一。

而地方性中介组织如加州住房伙伴公司，最初为了从开发商手上获得保障房，所以由政府创办，后来独立为私人非营利组织。执行总裁马特·施瓦兹从非营利开发商改做中介，他认为这样可以服务更多的组织，发挥更大的影响。1988年成立至今，已为90多家非营利组织的200多个项目提供了服务。

图片来源：https://www.chapa.org/event/chapa-neighborworks-america-health-and-housing-roundtable-discussion-springfield-ma-june-10。

马特·施瓦兹（Matt Schwartz），加州住房伙伴公司 CEO，斯坦福和哈佛肯尼迪政治学院毕业生，投身保障房事业已经 25 年。

图片来源：https://chpc.net/about-us/staff-board/。

无论是由基金会、商人还是由政府创办，也无论是全国性还是地方性的公司，中介是这些组织的一个共同特点。中介（intermediary）这个词，原来用在金融服务领域，指帮助借贷双方完成交易的中间人。用到非营利服务提供领域时，就成了后方资助机构（个人、政府部门、基金会或公司）和前方受益的“服务提供商”（主要是社区发展公司）之间的中间人。

中介将“后方”补给源源不断地输送到“前方”社区发展公司，为其提供一系列的“生产性服务”。首先，提供资金。美国 41% 的社区发展公司从中介组织获得过超过 5 万美元的无偿拨款、投资或者贷款（2005年）。其次，在提供资金的同时对项目进行监管，保证资金的使用。再次，当社区发展组织能力不足时，提供技术支持，培养组织能力。

正是由于中介的“生产性服务”的输入，社区发展公司才能够提供从儿童照顾到保障房的一系列公共服务产品。

撬动公司与政府力量

但是这些生产性服务的资金从哪里来？事实上，中介撬动了公司和政府的力量。公司与基金会捐款是主要来源，LISC 就起家于此。2012 年募集各类捐款 4700 万美金。25 个最大的捐赠人，包括了麦克阿瑟、福特、洛克菲勒等基金会。

另外还有银行贷款。银行都不愿意贷款给穷人，在这样的压力之下，美国通过了“社区再投资法案”，要求银行向所在的中低收入社区提供贷款，并作为监管部门是否批准银行设立分支机构和是否允许收购兼并的参考指标。为了减少风险，银行把钱先贷给 LISC 或者企业社区伙伴这样的大型中介，由中介再贷给社区，同时提供必要的技术支持。LISC 的 25 位最主要的贷款人包含了摩根大通、美国、花旗、富国等美国大银行。

以税收抵扣为基础的私人权益投资也是重要来源。1986 年，美国通过低收入住房税收补贴政策，该政策是美国目前保障房生产主要的资金来源。投资商以权益资本的方式投资保障房，然后联邦政府再逐年抵扣所得税。中介就将一系列保障房项目中的权益分块出售给投资商，筹集投资给非营利组织进行保障房开发，同时监管项目，提供技术支持。

对中国的借鉴

中国目前也在大力发展中介组织，以推动社会组织发展。最具代表性的就是枢纽型社会组织和社会组织孵化器。例如，2008 年北京建立了一批市级单位作为枢纽型社会组织，管理服务于社区组织发展。上海则建立街道层面的枢纽型社会组织（社区民间组织服务中心和社会组织联合会）。

但对比美国，会发现这些组织与美国的中介有两点根本性的区别。首先，美国的中介本质是提供可持续的“生产性服务”。但中国的枢纽型组织更想做的是管理，甚至控制。中国的社会组织孵化器，只关注早期的孵化，孵化之后的长期可持续发展问题则没有顾及。

其次，美国的中介组织帮助撬动了公司和政府的力量，这成为中介之基础。但是，中国民间、政府以及企业的力量，还没有被真正撬开。

美国经验说明，中介能够有效地推动社会组织发展，但前提是能够持续提供“生产性服务”，及撬动各方资源。中国中介组织的发展，有必要沿着这两个方向更加深入地进行改革。

（《中国经济时报》2014 年 8 月 22 日第 4 版）

地方政府与非营利组织：从对立到伙伴

美国非营利住房兴起过程中，地方政府起到了不可或缺的作用。从最初颇有敌意的存在，到相互依赖的合作伙伴，这一转变过程的发生，先是中央福利责任的下沉，导致地方政府不得不以非营利组织为臂膀；然后，非营利部门组织化程度不断提高，要求政府提供更多支持，并与政府形成不同的合作模式；最后，城市理念彻底向包容性发展转变，使政府与非营利组织合作有了可以植根的理念基础。

相比于今天刚刚放开社会组织的发展，地方政府与社会组织信任关系尚有待建立的中国，美国的地方政府与社会组织之间，已经建立起了一种稳固的伙伴关系。

以旧金山为例，为了应对经济复苏带来的住房成本上升，这两年，市长李孟贤在保障房领域重拳出击。先是年初提出，到2020年修建3万套住房（其中至少1/3为保障房），6月又提出，接下来两年内投入9400万美元扩大保障房建设。而两年前的一项更大的举措是，设立市住房信托基金，30年内，将总共投入12亿美元，用于保障房建设。因此北加州非营利住房协会将2013年的政府官员奖授予了李孟贤，因为在旧金山，保障房主要由非营利组织提供。

这种看似浑然天成的地方政府与非营利组织之间的关系，并非一开始就如此。回到20世纪60年代“对贫困开战”时期，初生的社区发展公司与地方政府之间，多少有某种天然的敌意。因为在种种由上而下开展的保障房建设、社区发展以及城市更新项目中，社区发展公司代表了另一种治理结构——社区控制，试图打破原本由政府、商界、地主、房东，甚至媒体等精英们组成的与土地开发、增值有关的“增长联盟”，那怎么行？

那么，180度的态度大转变，是如何发生的呢？

分权下的伙伴关系

首先是向地方政府分权后福利责任的下沉所带来的压力，使得地方政府以非营利组织为臂膀。如果说80年代之前住房还主要是联邦政府的责任的话，那么里根政府期间这一切都被扭转了。在1986年的一次住房和城市发展公私合作会议上，丹佛市市长培尼亚语出惊人：“我不在乎谁当选下一任美国总统，联邦的住房计划与我们城市的住房需求基本无关！”1980~1987年间，联邦住房预算下降了72%。

正是在这样的政策真空中，非营利住房开发商抓住了媒体、政策制定者以及政治家们的想象力。非营利开发商展示出来的在艰苦条件下克服重重困难进行保障房建设的坚毅与正直，让对于政府的官僚化以及私人营利组织的逐利化感到失望的人们，在非营利组织身上看到了前两者之所长——旨在帮助穷人的承诺，相比私人市场（自由企业）之热诚与灵活。

地方政府集合各种资源，支持非营利组织。1983~1987年间，美国的州政府开发了超过300个的新住房项目，包括成立住房金融局和住房信托基金。住房金融局本质是抵押贷款银行，从传统资本市场或者通过发行免税债券融资，为非营利组织建房提供低息贷款。到1989年，全美有48个州成立了住房金融局，资助了90万套住房。住房信托基金则汇集各种来源的地方资金，支持保障房建设。最早的资本金来自基金会、保险公司、宗教组织以及各州的社会投资。后来的资金来源包括各种土地开发相关费用（加高密度或者出租公寓转产权式公寓所交费用，出售城市更新土地等等）。到2002年，美国有各种住房信托基金275个，每年提供住房建设资金7.5亿美元。

1989年的一项对于126个城市的非营利组织抽样调查发现，82%的城市为非营利组织提供开发资本。同时，超过50%的城市为非营利组织提供所需要的管理费用、前期开发融资以及技术支持。在旧金山，非营利组织为政府提供了大约42%的保障房。非营利住房开发商最初的管理资金中，60%来自政府，而总收入中则有一半来自政府。非营利组织成为政府的伙伴。

组织化与合作模式

社区住房部门也开始组织起来，推动政府部门增加支持力度。在一定数量的非营利组织基础上，它们开始组织起来，或者组成一个联盟，或者成立低收入住房倡导团体，继而对地方的住房政策施加影响，最终导致政府提高对非营利组织的支持力度，包括管理性资金、前期开发费用、项目融资以及技术支持等等。对于非营利组织的支持，变成了一种地方住房倡导者与公共官员之间的政治安排。

这种政治安排采用不同的模式。比如“地方政府赞助式”，地方政府提供并满足非营利组织的主要需要。如在旧金山，政府为所有的非营利组织提供持续的运营支出。政府还出钱资助两家支持服务型公司的运营，以为非营利开发商免费提供包括建筑、工程、设计在内的各种技术支持。

还有一种是“伙伴式”，公共、私人以及非营利开发商组成伙伴关系，提供低收入住房，芝加哥和波士顿就实行这种模式。其中，私人部门主要是抵押贷款的地方借贷者，保险公司投资者以及其他私人投资者。通过伙伴关系（也包括地方行动支持公司这样的中介），将项目资金以及技术支持输送给非营利组织，虽然不能像旧金山那样提供相同程度的管理性支持。

再或者是“基于社区的网络模式”。政府与非营利组织之间并没有持续的关系，但是非营利组织组成类似于联盟的组织。如圣保罗市 21 家组织组成社区发展联盟；明尼阿波利斯市组成非营利协同组织。它们去游说倡导，旨在推动政府提供更多的资金和技术支持。

植根于包容性发展理念

压力与选择中形成的地方政府与非营利伙伴关系，在理念的变革中更加坚固。这一点在旧金山最具代表性。市长住房办公室主任李笃正说，旧金山在保障房建设方面做得可能比其他任何美国城市都好。在过去的 20 年中，通过持续投入让非营利组织建设住房（采用前边提及的地方政府赞助模式）。由于信息、金融、高校等云集，旧金山不缺乏活力。旧金山的理念是，让经济活力使每一个旧金山人受益。旧金山欢迎发展，但是市场开发所提供的税基，要用来为全市的人提供公共服务，为穷人提供住房。所以不是为发展而发展。

旧金山的卡斯楚街（Castro Street），著名的同志街，到处是彩虹的标志。

图片来源：https://en.wikipedia.org/wiki/Castro_District,_San_Francisco#/media/File:Castro_street_theatre.JPG。

丰富多彩的旧金山

图片来源：http://www.xianlvke.com/post/3/3472/。

旧金山不要成为一个只有富人的地方，而是保持原样——穷人与富人并存，有新移民也有长期居住者，有年轻人也有退休老人，有正常就业者，也有流浪汉与残疾人。旧金山喜欢多样性。正是在包容性发展与多样性追求中，地方政府与非营利组织合作有了可以植根的深厚理念基础。

（《中国经济时报》2014 年 8 月 27 日第 5 版）

分权式福利国家与非营利组织发展

美国住房非营利成长过程中，联邦政府发挥了重要作用。它成为保障房资金最主要来源——这说明，福利国家没有衰退。通过地方政府和私人投资商投入资金，大力扶持非营利组织成长，福利国家以分权形式再次出现。

20世纪80年代里根政府时期，美国联邦保障房资金削减了80%，让人不禁唏嘘福利国家的衰退。但是，再看今天的保障房项目，大约80%资金来自联邦政府，虽然多为间接投入，包括抵扣联邦所得税的私人权益资本投入；联邦拨付但由地方政府配套投入的组团基金等等，而且规定必须按一定比例给非营利组织。这说明福利国家没有衰退，只不过以更加分权的形式出现。

反思福利国家责任

常常有人认为：因为福利国家紧缩，非营利组织才发展；发展了非营利组织，福利国家就可以紧缩。

笔者认为，这句话只对了一半（前半段），至少对美国的非营利住房而言。美国的住房非营利在20世纪80年代逆境而生，在中介组织的孵化、组织能力培养与技术支持中不断壮大，在地方政府的扶持以及合作伙伴关系中成长，最终形成了地方网络，旨在弥补福利国家紧缩留下的空白。但是，地方网络一旦形成，就开始要求联邦政府复位（尤其是提供资金），显示了国家福利责任的无可逃脱。

1987 年，美国银行、住房与城市事务委员会下的一个机构，召集领域内 26 名翘楚组成了全国住房工作组，对全国的住房状况进行了评估。最后结论是：目前形成的地方网络极具潜力，但如果要真正成功，则需要来自联邦的能量、领导，尤其是资金支持。1990 年的一份社区发展报告又重申了类似观点：已经形成的地方住房提供网络不过是对抗美国日趋严重的住房问题的一场游击战，要形成大规模反击，必须依赖联邦政府的支持才行。

住房问题倡导者和活动家们对联邦的质询也开始了。

——地方行动支持公司（LISC）总裁保罗·格罗根表示，虽然现在的地方行动比之前的联邦主导更加灵活、有效，但是联邦是这一关系中唯一缺席的伙伴，而且是能够使大规模的保障房生产有可能的、真正有资源的伙伴。

——全国住房会议主席约翰·西蒙表示，联邦政府拿走了我们税收中的大头，它有义务提供住房！

——全国低收入住房联盟主席巴里（BarryZigas）认为，住房是一项人权，联邦政府有义务提供服务；联邦政府应该承担起责任，保证人们获得体面的、可承担性住房的机会。1990 年，美国通过了《全国可承担性住房法案》，核心是叫作HOME的、每年20亿美元的、地方专门用于保障房生产的组团基金拨款。1993 年，美国通过试验性的低收入住房税收补贴政策。美国管理与预算办公室估计，2005

年，该政策为保障房提供了38.8亿美元补贴。现在，保障房项目融资中，40%~50%来自税收抵扣；30%来自HOME这样的组团基金；10%银行贷款；5%基金会捐款。联邦资金占大头。联邦政府重新承担起了福利国家责任。

分权式福利国家

当前美国保障房投入方式早已超越了公共住房时代的官僚式直接投入方式。

——通过私人投资商投资。保障房项目资金中，40%~50%来自联邦所得税抵扣。联邦将税收抵扣额（最初是每人1.25美金）分拨到州，州再拨付给申请的保障房开发商。开发商将这一额度卖给投资商（比如花旗银行），所获资金作为权益资本投入项目；投资商在项目成功的前提下，将拿到的税收抵扣额分十年向联邦政府抵扣所得税。

税收抵扣不仅引入投资商，也使一向备受保守派攻击的保障房建设在美国获得了更加广泛的政治支持，同时使得私人资本、商业技能，以及更加严格的市场约束同私人权益资本一同进入了保障房项目。数据显示，税收抵扣下建设的保障房项目，失败率不足1%。

——通过地方政府投资。HOME投资伙伴计划一开始就目的明确：在增加保障房供给的同时，提升州和地方政府制定和执行该方面计划的能力；促进联邦与地方政府之间，以及与私人部门（包括营利与非营利）之间在保障房生产与运营方面的合作。

HOME组团基金每年拨付约20亿美元资金给州和地方政府，每个州不少于300万美元，每个地方政府（市或者县）不少于50万美元。并且每1美元地方须配套25美分（即1美元中各出75和25美分）。并且规定，至少15%的资金给社区发展组织。

——鼓励银行投资。1995年，要求银行向所在贫困社区发放贷款的《美国社区再投资法案》得到了强化。哈佛大学住房研究联合中心的研究发现，那些受再投资法案管制的金融机构明显比不受管制的金融机构（如抵押贷款银行或信用合作社）更多地向贫困社区发放贷款。现在这部分资金占到保障房项目融资的10%。

扶持非营利组织成长

扶持非营利组织成长，也是这个分权式福利国家中不可缺少的一部分。

从20世纪80年代末开始，联邦一系列政策推动非营利组织发展。当政府进一步向分权方向发展，旨在服务更加弱势的群体，其考虑的不只是建房，还有外部效应（如社区建设、反贫困）时，非营利组织就更容易受到欢迎。

——给予非营利组织从重组信托公司购买陷入困境的储蓄贷款社或者失败了的商业银行手上优先购买房产的权利。期望非营利组织能够帮助激活这些房产，联邦政府在1989年《金融机构改革、复兴与强化法案》和1991年的《联邦存款保险改革法案》中，对此项优先购买权都做了规定。

——给予非营利组织从开发商手上购买“即将到期”的保障房的优先购买权（1990年）。一旦房东打算提前清偿抵押贷款，非营利组织有以货真价实的报价买下房产的优先权。

——至少15%的HOME资金必须分配给非营利组织。实际上到

1992 年，非营利组织获得了 28% 的资金。

——公共住房居民可以选择非营利组织转移他们的项目管理权（而不再由问题重重的公共住房机构进行管理）（1992 年）。

——至少 10% 的低收入住房税收抵扣项目（或资金）必须分配给非营利组织。实际上在 1987~2002 年间，22% 的项目由非营利组织负责，1998 年甚至达到了 36.6%。

——设立新市场税收抵扣计划（2000 年）。类似于低收入住房税收抵扣，但是主要用于社区发展领域。虽然营利机构也有资格，但是主要实体还是非营利组织。

——1987~1991 年，联邦对于流浪汉的资助中，87% 的资金投向了非营利组织。

对中国的借鉴

并不是非营利组织发展起来了，福利国家就可以收缩了。恰恰相反，社会组织需要福利国家的资金与支持。福利国家责任不能缺失。中央政府是更有资源的主体（在央地关系上多少有点像美国），应该承担更多的福利责任。

但是可以采用分权式福利国家的形式。资金通过私人、地方政府投资，以调动它们的积极性；发展非营利组织提供福利服务，推动公私合作。

（《中国经济时报》2014 年 9 月 12 日第 10 版）

构建提供公共服务产品的内部市场

充分发挥市场的资源配置作用，这一原则同样适用于公共产品或福利产品提供。美国的保障房提供就为我们贡献了一个绝好的案例，它通过竞争机制构建起了一个内部市场[①]。

美国保障房市场上的激烈竞争

伯克利阿什比地铁旁边的一幢老年家庭公寓，正在如火如荼地建设中。

两年前，美国伯克利市政府拿下了哈珀大街上这块占地不过两亩，但是位置甚佳的地块，意在为家有老人的伯克利市家庭建造亟须的保障房。

消息一出，收到8份申请，都是有经验的开发商。五家非营利组织（包括过去十多年里几乎垄断了伯克利保障房开发的三家当地组织以及两家全国性的组织），两家房地产公司，还有一份企业与非营利组织联手递交的申请。

这种不仅多个甚至多元主体的竞争格局的形成，在于美国对于保

① “内部市场”亦称“准市场”。

No.	组织	性质（服务范围）	Average Category A Score	Average Category B Score	Total Score
1	Satellite Housing	营利（伯克利）	47.9	39	86.9
2	Resources for Community Development (RCD)	非营利（伯克利）	45.1	34.5	79.6
3	Affordable Housing Associates (AHA)	非营利（伯克利）	43.8	33	76.8
4	Bridge Housing	非营利（全国）	37.8	38	75.8
5	AMCAL	营利（加州）	34	38	72
6	Habitat for Humanity	非营利（全国）	32.2	34	66.2
7	ROEM Corporation	营利（湾区）	33.1	28	61.1
8	Foundation for Affordable Housing/ Fore Property Company	非营利/营利（全国）	25.7	27.5	53.2

注：Category A（50分）：推荐（5），开发建议书（15），开发团队与以往经验（10），合同终止与法律行为（5）；目标人群与所提供服务 (15)；Category B（50分）：成本/价格（15），资金财务（15），要求市里补贴（10），项目开发与时间进度（10）。

伯克利哈珀大街老年公寓项目申请与结果（资料来源：采访中获得）。

障房提供的支持制度并不作主体的区分。开发商每完成一个项目，都会拿到政府100万~150万美元的开发费用，而且融资过程与补贴都一样，无论该开发商是非营利组织、房地产企业，还是政府的住房管理局。

在这一项目中，伯克利的卫星住房组织最后胜出，这与其46年的老年公寓开发经验，以及在伯克利市开发的老年公寓项目也都口碑甚佳有关。卫星住房组织在该项目设计上也颇费心思。42套公寓中，拿出了14套用作残疾老人公寓（与另一非营利组织一同提供服

建成后的 Harper Crossing 老年公寓（共 42 个单元）
图片来源：https://www.sahahomes.org/properties/harper-crossing。

务）；装饰设计上更细心考虑，比如安装各种扶手、走廊栏杆等，让老人生活得更安全、方便。

不过拿到项目仅仅是一个开始。政府不会直接拨款，需要社会融资。

卫星住房组织提交了项目预算，和接下来 30 年的现金流分析。项目总预算 1556 万美金。卫星住房组织估计可获得 957 万美元的联邦税收抵扣（占项目总预算的 61.5%）。该资金的获取，本身就是一个竞争激烈的过程，需要和全州的开发商一起，向州里的分配委员会申请。其次大约可贷到 180 万美元的商业贷款（占 11.5%）。这是项目微薄的现金流（主要靠租金，并且控制率不能超过 5% 才行）所能负担得起的债务比例。最后的缺口融资（约 25%）只能靠地方政府了。地方政府的支持，一部分通过土地作价投入，另一部分采用软性贷款的形式。

多种来源的资金汇到一起不容易。融资的复杂，现金流的微薄，加上每一来源的资金都有其自己的约束，在美国做保障房比做市场住房难得多。但是项目失败也不容易，30年的账，从一开始就算得清清楚楚。

等项目融资建完了，最后还要“销售”——将房子在市场上租出去。目前，早已过了政府一家提供、保障房家庭别无选择的时代。随着提供主体的多元化，伯克利的老人公寓项目已经丰富多样。另外，保障房只能租给62岁及以上的老人（且租金不能超过他们收入的30%），而且有空置率在5%之内的“达摩克利斯之剑”，压力甚大！于是当初的地段选择、对象定位、设计上的精心考虑，以及后来的服务等，都变得至关重要——卫星住房组织当初的很多精心设计，现在就彰显出作用来了。

从竞争性申请，到市场化融资，再到最后的产品销售，美国的保障房构建出了一个公共/福利产品提供的市场，而不再是原来的官僚部门提供与行政分配。

为什么是“内部”市场?

但这个市场仍然是“内部”市场（也叫准市场），因为有市场不能取代的部分。

首先，限定供给对象和价格。美国每年大约新建十几万套租赁性保障房投入市场。不同于市场住房面向所有人，价格因地段、配套设施与建造质量等随行就市，保障房只向一类人开放——被市场购买力排斥了的穷人。在美国，这被定义为收入不超过地区中位收入（AMI）60%的家庭。福利国家的责任将他们庇护了起来，按照支付能力缴纳房租，租金原则上不超过家庭收入的 30%。

其次，对该领域的资源投放，更多地由政治过程决定。租赁性保障房建设的主要资金来源，可由联邦政府的税收抵扣，2002 年按人头（每人 1.75 美元）拨付到州，以后每年随通货膨胀率调整。另一主要资金来源是联邦社区发展组团基金，拨款额度分别是 47 亿美元（CDBG，2004 年，其中 1/4 用于保障房生产）和 20 亿美元（HOME）。而地方与银行的资金，需这些资金的配套才有意义。长期的努力与斗争，才建立了这些主要资金来源。这些资金，基本上决定了“蛋糕”可以做多大。而给多少“面粉”，由福利制度和政治过程决定。

最后，提供上倚重非营利组织。伯克利老年公寓的竞标中，80% 是非营利组织，最后夺标的也是非营利组织。这与多元主体公平竞争的逻辑并不相悖。多元主体竞争带来效率。但是内部市场需要不是纯粹为了追求利润最大化的组织参与。美国保障房领域非营利组织常常胜出的原因，不是因为它们建造的房子最便宜，而是因为它们能够覆盖到最弱势的群体，为穷人提供更多的服务，与政府的目标最接近。换句话说，它们促进了分配效率与社会公正。

结论与借鉴

其实类似的内部市场（或者准市场）改革，英国 1980 年末就开始实行，涉及教育、医疗、个人社会服务、住房等诸多领域，曾经作为福利国家改革的一部分，颇受争议。到 2012 年，曾经对改革将信将疑，后来又帮助新工党进行改革设计的伦敦经济学院资深教授勒·格兰德（Julian Le Grand）撰文肯定了改革的成功。比如，英国的卫生医疗体系比之前更快地提供更高质量的服务，更具反应性。

Julian Le Grand
图片来源：http://www.julianlegrand.net/。

美国保障房领域的成功更是有目共睹。从1986年迄今，新模式已经生产了250万套保障房，超过了之前半个世纪内政府提供的公共住房，或者联邦资助私人建房的数量。这些房子质量非常好，为穷人提供了庇护，改善了社区，真正实现了可持续发展。

同样，市场配置资源原则，一样适用于我国的公共产品或者福利产品提供。比如，我们可以用社会组织提供公共文化服务，而不是由政府垄断，它们常常不知道百姓的真正需求是什么。我们也可以将民营企业，甚至民间非政府组织引入保障房开发领域，充分建立市场化融资机制，使它们可以与国有公司一同竞争。但需注意的是，在充分发挥市场机制作用的同时，我们也要始终清晰地知道，什么是市场不能取代的。

（《中国经济时报》2014年10月20日第4版）

美国 PPP 模式提供保障房

美国保障房 PPP 模式利用了政府—私人投资商—非营利组织各方之所长，旨在避免之前公共住房以及联邦资助私人建房的失败，实现保障房的长期可持续发展。它给我们的启示是：PPP 不仅仅是一个融资工具，更是一个合作管理工具；构建中国可持续的保障房 PPP，政府投入更多的低成本甚至无成本建设资金仍是关键。

很多人都听说过美国的公共住房，以及它的失败。美国今天早已超越了那个时代，公私合作（PPP）成为保障房提供的主流。

从官僚提供到 PPP

牛津广场矗立在伯克利市中心。向左一拐，就是著名的加州大学伯克利分校入口处；向右几步，是地铁市中心站。可以说，没有比这更好的区位。高标准建筑环保材料建成的 6 层现代建筑，却是一幢保障房大楼，其底层是商铺与办公室，2~6 层是 97 套保障房，供收入不足地区中位收入一半的穷人居住。它与并排而立、拥有大型剧院，并为非营利组织提供展览与办公空间的戴维 · 布劳尔中心一同，矗立在伯克利市中心，成为这个略为激进的城市现代、环保与社会公正的象征。

美国的保障房真是今非昔比，如果你还记得当年的公共住房，比如哥伦比亚角项目，你定会如此感叹。哥伦比亚角是波士顿住房管理局于1960年代初完成的，也是新英格兰地区最大的一个公共住房项目。但是1000多户被“扔”在一个“孤岛”上，最初没有配套学校、医院、超市、公交等任何设施，刚建完就有1/3的房子漏水。这样的公共住房项目，后来蜕化为贫民窟，也不奇怪。

美国后来所有的努力，似乎都在避免哥伦比亚角这样的问题再次发生。从伯克利，到旧金山，再到加州中部的弗雷斯诺，调研足迹所到之处，都是像牛津广场这样的项目——比如旧金山的Hunter'view（也叫猎人景，是对一个臭名昭著的公共住房区进行改造的项目），或弗雷斯诺的Parc Grove Commons。它们通常规模适中，建造在优秀地段，交通方便，配套设施齐全（从健身房到托儿所一应俱全），而且房子质量非常好，使用时间通常至少要100年。除了物理外表之外，这些房子的背后都有一个独立、独具市场竞争意识的开发商和所有者，绝非当年的波士顿住房管理局那样的官僚机构可比。无论是开发牛津广场的RCD（又名社区发展资源，伯克利三大住房非营利组织之一），还是牵头开发猎人景的私企约翰·斯图尔特公司（John Stewart Company），还是开发Parc Grove Commons的弗雷斯诺住房管理局，皆具此特点。为了社会目标，约翰·斯图尔特这样的私企甘愿降低利润水平；改革后的弗雷斯诺住房管理局，更加接近非营利组织，而不是从前的住房管理局。

Parc Grove Commons

图片来源：https://www.apartments.com/parc-grove-commons-apartments-fresno-ca/j3fvb27/。

而且，它们背后都有非常多元的融资结构，不仅仅依靠财政拨款。牛津广场融资构成中，33.8% 是地方政府（包括市里的再开发基金、住房信托投资基金，以及州里的多户住房计划）提供的软性贷款；47.9% 是私人投资商的权益资本（可向联邦进行所得税抵扣）；16.7% 是银行贷款；还有 1.5% 是基金会捐款。

美国的新型保障房，是政府、独立的开发商与私人投资商之间公私合作（PPP）的产物。到 2008 年，美国已经建造至少 200 万套这样的住房，超过了前 50 年建造的公共住房数量。

美国保障房 PPP 的三个特点

我们最熟悉的 PPP 模式，即公路中的特许经营（concession）模式。私人投资建造运行，通过收费收回成本并获取一定利润后，将设施转交给政府。

但是，美国的保障房 PPP 几乎是与公路特许经营模式相反——它是政府出资，设施最终归私人所有。这也是它在公私合作方面最突出的特点。而这在很大程度上也是由于保障房租金现金流非常有限，甚至不足以偿还建造成本，前期需要投入大量无成本资金。美国保障房项目中，除了大约 10% 的银行贷款外，均为不需要归还的资金。在牛津项目中，包括 33.8% 的地方政府软性贷款，47.9% 的私人权益资本，以及 1.5% 的基金会捐款。

首先，项目归私人所有。这使得开发商更加想建好房、管理好房。政府大量无成本资金的投入，使项目现金流实现平衡，长期可持续运营成为可能。但是附加的条件是，联邦税收抵扣政策要求保障房项目至少服务 15 年；加州地方政府通过软性贷款这一形式将服务延长到了 55 年。

其次，依赖以投资商为主的特殊功能公司。美国保障房项目 PPP 中，包含了一个投资商与开发商各分担 99.99% 和 0.01% 的“有限责任伙伴关系”，它在很大程度上保证了项目的成功。

1986 年，联邦政府实施低收入住房税收抵扣政策。私人投资商向开发商购买政府通过竞争方式分配到后者手上的税收抵扣额度，一方面资金保障房项目变成权益资本（占项目的 50%~70%），另一方面，投资商分 10 年向联邦政府抵扣联邦所得税。项目进行保障房服务至少 15 年。服务期满后，投资商自动退出，不动产完全归开发商所有。

投资商实现了盈利性融资——大约 15% 的投资回报率。投入资金可以获得相当于联邦长期和中期贷款利率的平均值，而且通常能以低于 1 美元的价格购买 1 美元的税收抵扣额。政府获得了项目成功的保证和 15 年的保障房服务，而且根据美国税法规定，一旦项目失败，不但之前抵扣的税额都要“吐出来”，还要遭受很严重的惩罚。这导致投资商对项目严格监管，将其商业技能充分运用进来。审计发现，此类项目最后抵押贷款出问题的情况不足 1%，而当年联邦低于市场利率抵押贷款资助私人建房的失败率是 25%。从这种角度讲，PPP 不仅仅是融资工具，更是一个帮助实现保障房可持续性的管理工具。

再次，依赖非营利组织。这也是美国保障房 PPP 模式的另一个重要特点。15 年服务期满后，“特殊功能公司”自动解体，不动产完全归开发商所有。如果开发商是非营利组织，这些房子将永远是保障房，只要补贴足够。所以虽然在美国，非营利组织、私企和政府（改革后的住房管理局）都可以提供保障房，但是非营利组织仍是首选。

对于美国保障房 PPP 模式对中国的借鉴方面，首先，PPP 不仅仅是融资工具。今年以来，财政部也在力推公私合作模式，旨在缓解地方城市建设的融资瓶颈。但是，美国保障房 PPP 的宗旨，是政府—私人投资商—非营利组织各取所长，从而实现保障房提供的可持续发展，扭转之前美国公共住房，以及联邦资助私人建房之失败格局。依此角度，PPP 的功能远远超出了融资工具范畴。

美国最近也发生了这方面的观念改变。2007 年抽样调查发现，美国城市管理者实施 PPP 的两个主要原因是：降低费用（86.7%）和减轻财政压力（50.3%）（其他原因没有超过 16% 的）。但是金融危机之后的 2012 年，调查发现，提供动机转变为：更好的过程（69%），关系培养（77%），更好的结果（81%），撬动资源（84%），合作式服务提供是“正确的事”（86%）。其次，寻找中国保障房PPP的合适机制。现金流低，但又要可持续，导致美国保障房最终采用了“政府出资，设施最终归非营利所有”的合作模式。但是目前国内的保障房（尤其是公租房）建设，政府不愿意投入，依赖企业出资或者银行贷款，最后现金流平衡不了，一卖了事，与保障房应该长期保有的宗旨正好背道而驰。要构建可持续的中国保障房PPP模式，除了找到合适的提供主体、充分调动私人投资商的积极性外，为保障房建造投入更多的低成本甚至无成本资金，仍是关键。

（《中国经济时报》2014年11月14日第10版）

多元主体竞争下的企业提供

美国保障房，虽然已走上了非营利组织提供的道路，但是政府构建的多元参与框架下，企业成为必不可少的提供主体之一，并且与非营利组织各扬所长，合作互补。

猎人角改造

对猎人角（Hunter's view）的改造是旧金山城市史上成功的一笔。改造的一个重要组成部分是将一个近于贫民窟的老公房区域（包含267套1957年建成的老公房），改造成一个由800户组成的混合收入的新小区。新的街道网络与更大社区相连，建筑满足LEED-ND标准，公园、儿童游乐场、停车场等便民设施齐全，社区还有社会组织提供近期及长期的社会服务。

该项目由诸多政府部门、企业与非营利组织合作完成，约翰·斯图尔特公司（John Steward Company）是参与开发的企业之一。这家旧金山本土企业是美国保障房物业管理行业的第七大（也是加州第一大）公司，以保障房管理效率高而得名，建成小区物业将由该公司进行管理。

图片来源：http://jsco.net/。

约翰·斯图尔特公司并非活跃在旧金山保障房领域的唯一企业，还有很多其他企业活跃的身影。如AMCAL是专营保障房服务的公司，其加州分部负责人克雷格·艾德曼（Craig Adelman）曾在非营利组织开发过保障房，在旧金山市长办公室管理过公共住房，后来到该公司。再如瑞联地产是全国甚至全球性企业，保障房是其业务的重要组成部分，其加州分公司刚刚买下伯克利的公共住房，并将继续保障房运营55年。

构建一个多元参与框架

美国保障房提供已经走上了非营利的道路，但企业仍是不可或缺的提供主体。熟悉美国保障房历史的人都会注意到这种反差。20世纪60~70年代，公共住房失败后，美国联邦曾经补贴私人（包括企业、私人房东）建保障房，但仍以失败告终。一个突出问题是，营利私人的短期利益最大化与保障房的长期可承担之间存在不可调和的冲突。这才导致美国走上了非营利的道路。

但是现在，企业参与为什么又行了呢？因为政府构建了一个多元参与的框架。“我们和非营利组织如桥住房（美国最大的保障非营利组织之一）之间并无很大差别。我们使用同样的政府激励计划（低收入住房税收补贴），遵守同样的游戏规则，所以营利、非营利之区分，并不完全准确。”克雷格如是说。

1986年，联邦政府设立了低收入住房税收补贴政策，开发商获得政府分配的抵税额，然后卖给投资商（通常是银行），用所得资金开发保障房。大公司通过这些抵税额为其利润进行避税，开发商则被允许获得一些项目开发费（根据项目大小，获得100万~250万美元不等）。政府并不区分开发商性质，不管是非营利组织、企业，还是政府的住房管理局都可以。

“两种组织（企业和非营利组织）都需要从开发中获得足够的收入，用以支付项目开发时的费用。区别只在于，项目结束后，任何剩下的钱，非营利组织都会留在组织内部，继续服务它的社会目标；而在企业则会成为公司所有者的财产。”约翰·斯图尔特公司CEO杰克·加德纳（Jack Gardner）说。

Jack Gardner
图片来源：https://www.linkedin.com/in/jack-gardner-b881501/。

低利润下企业为什么愿意?

关键是，这些项目费对于企业是否足够？约翰·斯图尔特公司的税前利润为6%~7%，税后为3%~4%。如果经营市场住房的话，税前利润为 25%~30%，大约是前者的 3~4 倍。公司物业管理 3 万套住房，其中 80% 是保障房（包括自己开发的 3000 套）。另一个参照系是，当年，联邦补贴私人建房时，保证房东利润 6%。即便这样，私人房东们仍然一有机会，就想把房子转入市场套利。

如此的低利，企业为什么愿意接受？第一个原因是保障房能赚钱且风险小。加州联瑞公司副总裁丽迪雅·谭（LydiaTan）认为，房地产之核心，就是平衡风险与收益、报酬。保障房优势不明显，但是风险也小。在大多数市场中，保障房只要能建起来，基本上都可以租出去，而且报偿也并不低。约翰·斯图尔特公司对此更深有体会。"2007~2008 年金融危机时，房地产开发停滞，很多公司没生意可做。但是我们的收入几乎没有下降。保障房物业管理是一个非常稳定的产业。哪怕经济和住房市场下滑时，也可以产生收入，虽然看起来有点无趣、太过稳定。"杰克说。

丽迪雅·谭 Lydia Tan

图片来源：https://ced.berkeley.edu/events-media/news/lydia-tan-joins-bentall-kennedy-lp-as-senior-vice-president-development。

另外，制度设计已经使企业的心态转变。丽迪雅指出，20 世纪 60~70 年代联邦补贴私人建房时，政府保证企业获得市场租金（通过租金或贴息补贴方式），而且合同期限只有 20 年，企业并未脱离利润最大化心态，甚至一有机会就想把手上的保障房转到市场上尽快套利。今天的保障房建设收取的房租金非常有限，日常运营也得不到多少投资回报，再加上 55 年合约（加州的税收抵扣政策要求保障房服务 55 年），企业想的就是长期可持续运营，而不是短期套利。

第三个原因是保障房企业已经成为更具有社会责任的企业。“这通常和公司老板们的政治信仰有关。”丽迪雅说。她公司老板威廉·维特，以及约翰·斯图尔特公司创始人约翰·斯图尔特，都将保障房事业当作一种对社会的选择和承诺。杰克·加德纳也对于这样的观点表示认同，“我也希望税前利润能有 8%~10%。但是我要那么多钱干嘛呢？住更大的房子？开更好的车？这些我现在都有。而服务于社会福祉，会让我更快乐！”

和非营利组织优势互补

企业给保障房领域带来了它们的优势，即效率和市场约束。克雷格之前在市长住房办公室负责保障房工作，尤感非营利住房之贵。即便再好的地块，非营利组织也只会建保障房。而企业却有更大“工具箱”，可以建市场住房，可以建保障房，也可以两者结合建混合收入住房。企业凭借其对市场风险的天然偏好，以及更高的成本效益和商业约束，将保障房带回主流。企业与非营利组织，一个更具市场灵活性，一个更秉持理念、贴近社区。在如今的旧金山湾区保障房市场上，它们不单单是竞争关系，还形成了优势互补。非营利组织主动与企业结为伙伴，请资产雄厚的企业为其进行融资担保（因为自身净资产不足），或者与企业一同进行混合型收入住房项目开发（因为企业对于市场住房开发更有经验）。企业也会主动与非营利组织结盟，以便有资格享受房产税减免，或者更好地进入社区，以保证项目成功。正因为这些相互需要与优势互补，在非营利组织主导保障房提供框架中，企业成为不可或缺的一部分。

所以，像美国的保障房这样，创造一个多元主体（包括事业单位、企业、社会组织）竞争参与、优势互补的提供格局，是未来我们公共服务改革的方向。

（《中国经济时报》2014 年 12 月 10 日第 5 版）

政府直接提供，真的不行吗？*

政府直接提供不一定不行。美国以弗雷斯诺为代表的公共住房管理局改革的成功说明，政府直接提供要成功，至少需要做到以下三点：与租户建立像私人一样的合约关系；保持对政府的相对独立；保持资金的相对独立与自足。

3600万套保障房将由谁来提供，这一直是一个大问题。在今天这个似乎全球的公共服务提供都私有化了的时代，国家直接提供被认为是一个失败，随着凯恩斯主义和福利国家一同隐退。在英国，撒切尔将大量的政府住房出售；在美国，提供主体转为私人——营利或者非营利的私人，美国公共住房管理局则成为低效和官僚的代名词。

但是新的浪潮在重露端倪，至少在美国一些地方，住房管理局在重生，回到保障房提供的主角上来：加州的弗雷斯诺和奥克兰市，纽约和西雅图等。

在加州中部城市弗雷斯诺，过去5年中，新建的保障房都由弗雷斯诺住房管理局提供；虽然城市人口只占加州1.5%，却竞争获取

* 本文为成书时添加。

普雷斯顿·普林斯（Preston Prince），弗雷斯诺住房管理局 CEO，由于其出色的管理业绩，2013 年当选为全国住房与再开发公务员协会 (NAHRO) 主席。

图片来源：https://ced.berkeley.edu/events-media/news/lydia-tan-joins-bentall-kennedy-lp-as-senior-vice-president-development。

了州政府 15% 的保障房建设资金（低收入住房税收抵扣），而且为住房管理局一家囊括。

弗雷斯诺一甩美国人心目中住房管理局官僚、低效、失败的形象，旨在告诉人们：政府直接提供也行！那么，成功经验是什么？主要有以下几条。

1. 改变与租户的关系，像私人一样运营房产

政府住房收租难，恐怕是一个世界性问题。北京公租房的收租率是 60%，当年英国的公租房交租率也差不多。不给政府交租能怎样？现在解决的办法很简单：驱逐。将无限责任政府与租户（公民）的关系，转变成私人房东和租户的关系，就可以解决欠租，以及其他一系列租户行为约束问题。

2. 改变与政府的关系，保持相对独立

被驱逐的租户确实写信给市长或者议员，住房管理局长也不时受到质询：是否如信中所说，虐待了租户？这时，住房管理局的真正老板（董事会）出面。董事会 14 人，7 名由市长任命，7 名由县里任命

（免费服务），但是一旦任命，便相对独立于政府，市长或者县里没有特殊理由，不能解雇他们。只有董事会有权力聘用、解雇住房管理局局长，制定他的薪金，以及决定局里的各种重大事项，它也成为政府与局长之间的保护层。

3. 保持资金自足，减少对联邦政府的依赖。美国公共住房失败的一个重要原因，是政府从来没有给它足够的钱进行良好运营。每年的国会预算拨款变成一场政治和公共政策斗争，联邦最后只拨付应拨付资金的 80%。只有资金独立，住房管理局才能真正获得新生。弗雷斯诺的目标是将这一资金依赖度从 80% 减少到 20%。保障房的钱仍必须来自政府，但不是像现在一样每年被随意削减。一个办法，同开发商一样参与申请保障房建设资金（低收入住房税收抵扣，由私人投资保障房，然后到政府那里拿税收抵扣）。另一办法，是更加广泛地使用交叉补贴：收入高的住房补贴收入低的住房；市场住房补贴保障房；他们甚至还想着通过商业空间来补贴保障房。当保障房产清单足够大、并多样时，存量住房运营就有可能保持自我平衡。

我们现在大规模建设保障房，尤其是公租房，政府直接提供（如住房保障中心提供）已经成为一个重要的手段。但是如何避免它重蹈之前福利公房的覆辙，或重蹈美国公共住房管理局的低效、官僚的失败，以弗雷斯诺为例的公共住房管理局改革经验值得我们借鉴。其核心是三点：与租户建立像私人一样的合约关系；保持对政府的相对独立；保持资金的相对独立与自足。

调研后记：马秀莲博士继续在《中国经济时报》发表连载，介绍美国社会组织如何提供保障房

2014 年 5 月 14 日至 12 月 10 日，国家行政学院社会和文化教研部马秀莲博士以“美国社会组织提供公共服务（保障房）”为题，继续在《中国经济时报》发表连载（共 16 篇），介绍美国社会组织参与提供保障房的经验。这是她 2012 年《中国经济时报》“美国城市如何解决保障房问题”连载的继续，同时也为中国公共服务改革提供了一个美国蓝本。

2012 年，在实地调研的基础上，马秀莲在《中国经济时报》发表连载 21 篇，系统介绍加州伯克利市从供给（如公共住房、开发商建房以及社会住房等）、需求（如租金补贴）和价格（如租金控制）等多方面进行保障房提供的政策选择及内在逻辑。这次的研究发现，美国的保障房提供已经从政府直接提供、开发商提供的相继失败后，转向了社会组织提供。而此时国内 3600 万套保障房的开工建设正在大规模展开，亟须找到保障房提供的长期可持续模式。

正鉴于此，2013 年，马秀莲博士再次赴美国旧金山湾区，专门进行社会组织提供保障房的调研。其间采访了湾区各类非营利住房

开发商（如 TNDC，仁慈住房），以及在助推前者成功中扮演了重要作用的非营利中介组织（如 LISC，加州住房伙伴）。同时也采访了在保障房提供这一准市场领域与社会组织开展竞争的企业以及政府提供商——其中最远一次是到加州中部采访弗雷斯诺住房管理局。前后共进行采访 30 次左右。

16 篇连载系统介绍了美国保障房走上了非营利组织提供道路的过程，并且在公私合作（PPP）模式下，非营利组织、企业与政府多主体竞争提供的准市场现状，以及在此基础上所构建的政府、企业、社会协同治理格局。这些经验对于探索中国保障房提供的长期可持续模式具有重要借鉴意义，对中国公共服务改革、社会协同治理、网络化治理等都有重要启发。

连载相关文章继续被新华网、人民网、新浪、搜狐等媒体广泛转载，产生较好的影响。

（国家行政学院社会和文化教研部　供稿）

第二篇　案例篇

一　哥伦比亚角公共住房项目

公共住房梦想与光荣
——以美国哥伦比亚角公共住房项目为例

摘要：1951 年开始兴建的美国波士顿哥伦比亚角公共住房项目——哥伦比亚角，是美国新英格兰地区（包括美国东部六州）最大的一个公共住房项目。该项目开始受到租户们的欢迎，但运转近十年之后开始衰败，在长期种族冲突、毒品和犯罪等因素的作用下，最终分崩离析。到 20 世纪 70 年代初，社区更是进一步蜕变为贫民窟，成为贩毒和团伙犯罪的庇护所。1978 年，政府、私人开发商和当地居民一起对社区进行改造，将它建成为一个私人拥有并管理的混合收入社区，成为美国公共住房改造成功的典范。

关键词：公共住房　哥伦比亚角　城市复兴　贫困集聚　社区发展

Abstract：Columbia Point public housing，built since 1951 in Boston，was once the largest public housing project in New England. Though well received by its tenants when newly finished，the project started to deteriorate ten years later because of the lack of funding and mismanagement. Then under chronic struggle of racial conflicts, drugs, and crime, the project disintegrated. By1970s, the project degraded into a ghetto, but a heaven for drug dealers and gang crimes. Since1978, government, private developer, and tenants embarked the journey to successfully redevelop the project into a private -owned and operated mixed income neighborhood. The community also changed its name into Harbor Point to cast of fits old in famous image. There development of Columbia Point became a model example for renovating public housing projects in USA.

Keywords：public housing；Columbia Point；urban regeneration；poverty concentration；community development

美国的公共住房建设始于1930年代大萧条时期。二战以后，在老兵退伍、军工企业裁员以及战后人口快速增长等因素作用下，美国穷人住房问题日益突出，政府开始新一轮公共住房建设。

1　哥伦比亚角公共住房项目及社区兴建（1951~1962年）

1.1　哥伦比亚角公共住房项目兴建

哥伦比亚角（Columbia Point）公共住房项目是新英格兰地区（包括美国东部马萨诸塞等六州）最大的公共住房项目，该项目于1951年7月12日破土动工，1954年4月29日正式建成，耗资2000万美元，共建27幢塔楼，可以容纳1504户家庭。[①] 但哥伦比亚角公共住

① 根据1937年瓦格纳住房法，公共住房的建造费用由联邦政府承担（由地方政府发行债券，联邦政府支付本息），运营维护费用通过收取房租支付。

房项目兴建之初即存在以下问题。

1.1.1　选址偏远

项目位于美国马萨诸塞州波士顿南部一个位置偏远的半岛上。从 17 世纪至 19 世纪中叶，这里是无人居住的牧牛场，之后成为波士顿的垃圾场。项目开建时，地理位置隔绝——三面环水，第四面是一条交通繁忙的高速公路，公路另一侧也还无人居住。当时，美国“城市更新”运动正在兴起，政府与私人开发商都倾向于在清理内城的贫民窟的基础上兴建办公大楼或高级公寓以获取更大利润，公共住房只能选择开发商不感兴趣且价格便宜的土地（如哥伦比亚角所在地）来建造（图 1）。

图 1　1970 年代早期，哥伦比亚角和小牛牧场水泵站位于波士顿南端的一个半岛上
图片来源：麻省大学图书馆档案和特殊收藏部。

1.1.2　兴建住房而非社区

项目兴建之前，波士顿住房管理局曾聘请建筑与城市规划企业 Glaser and Gray 对项目进行可行性评估。评估报告明确指出要建的不只是一个住房项目，而且是一个社区，因此建议在原有 70 英亩土地

（一英亩相当于6亩）的基础上，增加45英亩用以建设学校、游戏场、公园、社区设施等，并增加20英亩用于商业发展，但是波士顿住房管理局没有采纳。项目开工两年之后，波士顿城市规划委员会又对项目进展情况进行了评估，再次提出类似警告，并强烈建议在项目正式入住之前必须关闭垃圾场，进行彻底消毒，但是直到1954年项目落成，两个垃圾场仍然一天二十四小时作业；当地没有公共交通、没有学校、没有商店、没有教堂。

1.1.3　建筑风格单调、质量存在问题

项目建筑采用单调的塔楼结构，这是20世纪50年代美国公共住房流行的建筑形式，既符合当时的审美观，又满足地方住房管理局对效率的追求——以最少的土地、最低的成本，让最多的人居住，全然没有预见到这些塔楼后来成为美国公共住房失败的象征。项目住房从一开始就存在质量问题，如1955年的一份报告显示，超过1/3的房屋存在屋顶或墙漏水的情况。

1.2　和谐社区建设

尽管如此，一开始的时候，管理者和租户都努力想把这里建设成一个和谐新社区，而此时的哥伦比亚角也具备以下建设和谐社区的条件。

1.2.1　公共住房受欢迎

在20世纪50年代，公共住房是大家都想得到的好东西，全新的哥伦比亚角更是一个充满希望的地方，它的环境和设施对于很多原来居住在简陋住房甚至贫民窟中的租户来说，是能够去的最好的地方。

1.2.2　邻居都是工人家庭

哥伦比亚角居住的都是工人家庭（如邮局工人、运输管理局工

人、木匠等），而非美国最贫困的人。美国实行公共住房计划的初衷，是帮助有临时经济困难但积极上进的美国家庭（或称“被淹没的中产阶级”）摆脱困境，所以政府有意识地选择较低收入的工人群体而非失业家庭作为租户。

1.2.3　住宅区管理严格

波士顿住房管理局派驻一名主管，带领两名助理经理和两名维修主管（一支 8~14 人的维修队伍），对住宅区恪尽职守地进行管理，并获得了租户们的一致称赞。

1.2.4　社区自我组织

带着对新家的自豪，居民们竞相维护这个新社区，努力使公寓保持整洁，并且要求邻居们也这么做。他们在门厅上挂上漂亮窗帘，将门厅地板打上蜡，还开展竞赛，评选大楼内哪一层楼面或哪栋楼最清洁。由于社区里住有 4000 多名孩子，母亲们成立了“母亲俱乐部”，组织聚餐、时装表演、晚会、跳舞课、烹调演示等一系列活动。这些活动是社区生活的快乐时光，也是为一系列项目筹款的好机会。

2　哥伦比亚角公共住房项目及社区蜕化为贫民窟（1962~1978 年）

2.1　被遗忘的孤岛

2.1.1　被忽视的需求

和谐社区建设只是延缓而没能阻止哥伦比亚角的衰败。哥伦比亚角重新走入了波士顿人的视野是在 1962 年。一天，一名 6 岁的黑人小女孩在住宅区被运送垃圾的卡车轧死了。媒体对该事件密集的报道才使人们意识到，哥伦比亚角已被忽视多年。鉴于对健康和卫生条件的考虑，早在10年前，城市规划者就警告在项目落成住户搬进去之前必须关闭垃圾场。多年来，哥伦比亚角的母亲们也一次次前往市政厅，请求关闭垃圾场。但是当时“城市更新”运动正如火如荼地开展，整个波士顿西区都在拆迁，需要地方倾倒垃圾。

2.1.2 衰败迹象已显

在各方力量的推动下，两个垃圾场先后被关闭了。但是记者深入哥伦比亚角采访后发现，它的孤立已逐渐从地理上的转变为社会意义上的。走进哥伦比亚角，看到衰败迹象已显：干净的公寓紧挨着倒满垃圾的公寓；保护得很好的大楼（楼层）与破败的大楼（楼层）交错其间……波士顿住房管理局开始将很多“问题”家庭（如酗酒、吸毒、家庭暴力等）分配到这里。1962年时，50%的居民在21岁以下，40%的家庭接受福利救助（如老人救济金、儿童救助、残疾人救助等）。租户的平均流动率是20%，高于全市12%的平均水平。

2.2 贫困集聚

由于公共住房最初是为“被淹没的中产阶级”建造，住房管理局仔细审查租户的背景，还进行家计调查，以确保入住的租户能够持家过日子。但是，随着时间的推移，大多数在20世纪50年代搬进哥伦比亚角的工人家庭，经济趋于稳定，加之哥伦比亚角的管理维护状况开始恶化，纷纷通过联邦住房管理局保险的住房贷款购房到郊区去居住。取而代之的，是从美国南部移民到波士顿的黑人家庭、“城市更新”过程中的安置户和西班牙裔移民家庭。这些新住户大多收入非常低、依靠公共救助生活，很多家庭存在多种问题。最后，和美国的其他公共住房一样，哥伦比亚角逐渐变成了城市最贫困人群最后的容身之所。

在整个20世纪60年代，社区中条件好的家庭每天都在搬离。租户种族构成也在发生变化，1954年时，90%的租户是白人家庭，到1970年时已经变成了60%以上是黑人家庭。20世纪70年代，哥伦比亚角已经成为一个贫困黑人聚居的“种族隔离区”。

2.3 管理瘫痪

2.3.1 资金断流、维修停止

哥伦比亚角的管理日渐陷入瘫痪，物理层面的维修基本没有了。以前电梯要是坏了，20分钟之内保证修好，现在对于公寓的基本维修常常拖了几个月才进行，最后无人问津；中央供暖系统在冬天不能使用；电梯坏了后，租户们只能走经常有罪犯出入的楼梯。直接的原因是波士顿住房管理局日渐陷入资金困境。一方面支出增加，很多住房年日已久，需要大修；同时官僚机构膨胀，运行费用不断上升。另一方面，运营主要依赖的租金收入却在不断减少，尤其是1969年通过布鲁克修正案，将公共住房租金上限定为租户收入的25%；1973年，尼克松总统又决定暂停联邦政府对公共住房的一切资助。

2.3.2 租户挑战、权威消解

受“租户权利运动”的挑战，公共住房项目管理者权威消解，社区日渐陷入无管理状态。“租户权利运动”将住房管理局的种种规定（如租户必须打扫门厅）看作是对私人隐私和租户权利的侵犯，当公共住房项目管理者权威被消解和社区规则不再被严格执行时，人们很快看到门厅里扔满了垃圾，窗户破了，门闩掉了……社区在无管理的状态下很快衰败。

2.4 失业和犯罪代际传递

贫困人群聚集导致相互之间缺乏资源借用，哥伦比亚角居民失业率越来越高。贫困、失业，再加上房屋破败不堪，波士顿房屋管理局索性停止招租住户，将近3/4的住房单元被闲置下来无人居住，遂成为贩毒、抢劫等各种犯罪活动的庇护场所。失业和犯罪的增加又进一步恶化了居民子女的教育环境，失业和犯罪出现了代际传递。孩子们失去了好的学习典范：女孩们开始吸烟、饮酒、结交性伴侣，男孩则开始斗殴、偷盗、故意破坏、吸毒。新成长起来的哥伦比亚角公民们，由于找不到工作，很多加入了暴力团伙，最后进了监狱。

20世纪70年代中期人们再谈到哥伦比亚角时，就只有犯罪和团伙暴力了。由于犯罪的猖獗，波士顿住房管理局索性在哥伦比亚角的入口处摆上“掉头行驶”的标识，警告人们不要接近该区域。最后，连医疗救护车也不愿意入内，除非有警察的护送。

3 哥伦比亚角改造为混合收入社区（1978~1990年）

3.1 社区居民、开发商和政府三方参与改造

鉴于哥伦比亚角已日渐成为美国公共住房失败的象征，1978年，美国住房和城市发展部拨款1000万美元用于哥伦比亚角的改造，并规定必须由一个哥伦比亚角居民选举的团体参与资金使用。哥伦比亚角社区专门小组——一个以非洲裔妇女为主的7人志愿团体应运而生。1978年秋天，该专门小组与有过成功改造破败社区经验的房地产公司CMJ（Corcoran Mullins Jennison）开始接触，邀请他们接手项目。CMJ也看到哥伦比亚角所具有的地产价值。此时，麻省大学波士顿校区（1974年）和肯尼迪图书馆（1979年）先后在半岛上落成，20世纪80年代初市政当局又对地铁站进行了更新，哥伦比亚角

的开发环境已有了很大改善。CMJ 的目标打算是将哥伦比亚角改造成一个私人拥有的混合收入社区，因为在它看来，大规模穷人集聚的、政府拥有与管理的保障房注定会失败。

这一计划最初遭到波士顿住房管理局的反对，理由是混合收入社区将减少公共住房的数量，实则是因为不愿失去对公共住房的控制权，而倾向于在原有基础上对公共住房进行现代化的改造。但是，联邦政府对私人企业能够给穷人提供住房，还能降低联邦支出及政府责任非常感兴趣。鉴于原先高密度的社区和贫困集聚导致了哥伦比亚角的衰败，联邦政府允许减少公共住房数。

最后，CMJ 和另一家公司及专门小组组成了以 CMJ 为首的有限合作伙伴关系，其中专门小组拥有其 10% 的股权。新建小区将由 CMJ 的私人管理公司管理。整个改造计划的规划期限为 3 年（1983 年 ~1986 年），建筑期限为 4 年（1986 年 ~1990 年）。项目总开发费用为 2.5 亿美元，其中联邦政府提供了 2100 万美元，州政府提供了 1.54 亿美元（住房贷款），私人投资 7500 万美元（股权）。整个项目土地以 1 美元的（名义）价格长期租给开发商。

3.2　采用混居模式，完善配套设施

为去除犯罪频发、管理不善、建筑丑陋等污名，建成后的新住宅区改名叫港口角，包括了 400 个永久性的低收入住房单元和 873 个面向中产阶级的市场价位住房单元。在新建的小区中，接受政府补贴的低收入者住房单元均匀分布，在设计上与小区中市场价位的住房并无差别。这些公共住房面积大小不等，以满足不同规模和类型的低收入家庭的需要（图 2）。

图 2 港口角小区

此外，为了从布局上增进社区感，整个社区 45 度角朝向海边，使得每个街道能看到大海或波士顿市中心的天际线。一条景观购物街从住宅区的中心穿过，成为社区的绿地、主街及居民们相会的地方，两端则通过公共入口和公共海滨，将港口角接入更广泛的城市社区，成为波士顿城市整体的一部分（图 3、图 4、图 5）。

住宅区还新建了一系列的配套设施：增添了与地铁站之间的通勤车，两个游泳场，一个会所，还有网球场、海滩、医疗中心、托儿所，以及各种社会服务设施。

3.3 对社区进行“社会修复”

社会修复的首要内容，是解决毒品和犯罪问题。CMJ 接管社区一年以后，成立了保安队伍，执行新的保安政策。警察打击贩毒和暴力犯罪，对于罪犯的态度从原来的完全默许改变为现在的零容忍。

图 3 港口角小区

图片来源：港口角的设计单位 Goody Clancy 官方网站，http://www.goodyclancy.com/projects/harbor-point/。

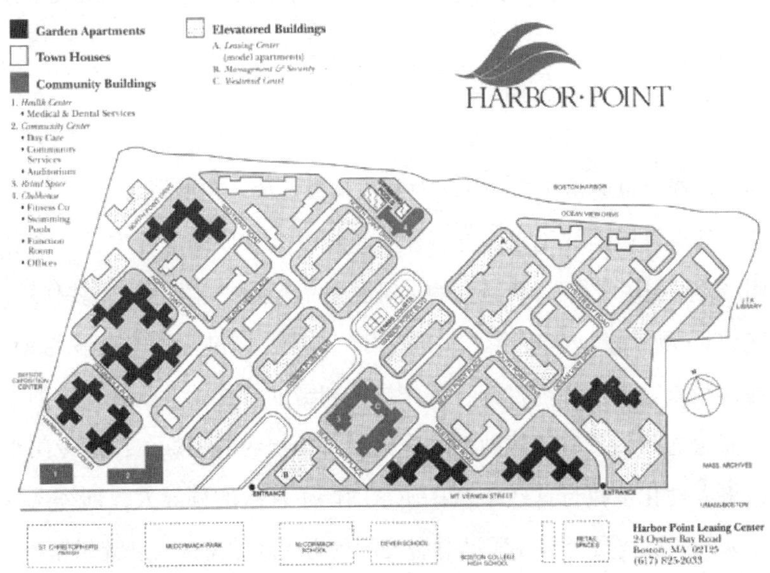

图 4 港口角小区

图片来源：港口角的设计单位 Goody Clancy 官方网站，http://www.goodyclancy.com/projects/harbor-point/。

图 5　港口角小区

图片来源：港口角的设计单位 GoodyClancy 官方网站，http://www.goodyclancy.com/projects/harbor-point/。

即使这样，也还是花了好几年时间才解决了社区的毒品问题。

其次是邀请社工组织介入。在重塑社会秩序的过程中，一个名叫“无限租房机会”（HOU）的居民服务私营提供商发挥了重要作用。它为“问题家庭”（如吸毒、家庭暴力、失业、不和等家庭）提供帮助，向这些家庭提供心理咨询、工作训练和帮助寻找就业机会；协助处理邻居之间的矛盾；帮助社区居民理解新租约的条款，帮助专门小组更人性化地执行这些条款；还帮助产生社区的领导人，训练选举出来的居民委员会，并通过对居民赋权为社区的持久发展提供基础。

最后是了解租户需求，严格管理。为保证租户守约，小区管理者对已入住的单元定期检查，而且 CMJ 管理方和专门小组代表同时到场。CMJ 管理方负责记录住房损坏情况，监督住户是否遵守卫生规定等等。专门小组代表则进一步了解租户的个人需求。如果一户人家有 3 扇门坏了，对管理方这意味着需要修理，但对专门小组则意味着该租户可能存在家庭暴力问题。当租户们意识到他们面对的是一个在社区中投入大量资金，并且真正承担起责任的管理机构时，开始积极响应，参与到维护自己的大楼和公寓的行动中去。

4 结语

港口角现有 1210 户家庭，其中 394 户接受联邦资助和州政府资助。整个社区共有 2671 位居民，其中 25% 是附近大学的学生；5% 是老人；另外有 48% 的成年人，主要为工人或中产阶级，失业率是 6%（全市是 4.4%）。

以前，管理维护哥伦比亚角完全是市政府的责任，日常维护、基础设施改善、公共安全、公共卫生等，都需要市政府投入大量资金，哥伦比亚角培养出来的公民很多最后都进了监狱，还要进一步花政府的钱。现在，港口角居住的都是守法的居民；即便是低收入家庭的收入总数也在 20 年里上升了 4 倍，并且小区每年向政府缴纳可观的物业税。

公共住房建设中将穷人大规模集中居住的做法最终证明了不可行，同时也证明了，公共住房让作为政府官僚机构一部分的住房管理局来管也管不好。港口角的成功，在于它将一个穷人大规模集聚的、政府拥有的公共住房项目，改造成了一个私人拥有并管理的混合收入小区。混合收入，意味着公共住房租户与其他收入群体无差别地居住在同一个小区中；私人拥有，则意味着改造将采用政府与开发商公私合作的方式进行。至于如何才能将公共住房小区成功改造成私人拥有并管理的混合收入社区，CMJ 公司总结了以下几条经验：（1）原住民与开发商一起，成为一般合伙人（GP），分享决策权；并在开发之初就保证所有原住民都可以搬回改造后的社区。（2）开发地点有足够的优势能吸引到市场租户或购房者；设计和所提供的设施，与传统市场开发（而不是保障房开发）一样。（3）所有单元统一设计和标准，低收入群体均匀地混入小区中，不刻意区分保障房和市场住房。（4）项目有强有力的职业化的管理；有现场的私人社会服务，为家庭适应从公共住房到私人住房的转换提供帮助。

今天的港口角成为一个环境优美、管理良好、经济优渥、关系融洽的小区，其中原住民起到了重要的作用，从开始作为伙伴方的参与，使改造得以成功进行，到现在成为小区主要的管理主体和长久住户（1998 年数据：保障房租户周转率 8%，而市场租户是 43%），他们对小区过去的继承、对当下社区的认同与维护、对社区的稳固起到了重要作用。

今天，哥伦比亚角的改造成为美国城市复兴的一个成功案例，也获得了很多奖项，并被全国的城市规划者和开发者学习。当然这也不排除对它的批评，其中最主要的批评是它减少了公共住房的总量。但是反驳者说，原来的公共住房数量虽多，但如此失败（如哥伦比亚角），又有何意义呢？

（在本文的撰写过程中，国家行政学院社会和文化教研部龚维斌、李志明、胡颖廉等老师给予了帮助，特此感谢！）

参考文献：

[1] Goody，Joan E. From Project to Community：The Redesign of Columbia Point [M]. *Places* 1993，8（4）：20~34.

[2] Pader，Ellen J，Breit bart，et al. Transforming Public Housing：Conflicting Visions for Harbor Point [J]. *College of Environmental Design*，1993，8（4）：34~41.

[3] Roessner，Jane. *A Decent Place to Live：From Columbia Point to Harbor Point –A Community History* [M].Boston，MA：North Eastern University，2000.

[4] Thebaud，Angie. *Privately – Funded Public Housing Redevelopment：A Study of the Transformation of Columbia Point* [R/OL]. Boston，Massachusetts：Institute for International Urban Development. 2008 [2014–01–05].http：//i2ud.org/documents/Case%20Studies/Harbor%20Point_IIUD_2008.pdf.

（《中国名城》2015 年第 2 期，第 79~84 页）

哥伦比亚角治理及对我国保障房建设的启示
——美国公共住房案例述评

我国现在的公租房，也是为“湮没的中产阶级”而建。如果在基础设施缺失的地方，大规模集中连片地建设，住房质量和小区环境又差，那么终有一天其中更优秀的人都搬走了，社区蜕化就很难避免。

哥伦比亚角的衰败

哥伦比亚角的衰败过程，为社区可持续发展提供了一个很好的反面案例。项目新建之初基础设施缺失严重，如在荒无人烟的孤岛上建公共住房；只建房子，不建社区；等等。但这并未影响始建初期管理者和住户建设和谐社区的努力——如居民们开展最干净大楼或楼层竞赛，还组织了“母亲俱乐部”，给大家提供了很多欢乐空间。但是，随着时间的推移，由于严重的基础设施不足，社区精神一点一点地被销蚀掉，哥伦比亚角最终不可避免地走向了衰败。

其实，早在哥伦比亚角兴建之初，人们对社区基础设施严重缺失不利于社区可持续发展这一点，就有所认识。建筑与城市规划企业 Glaser and Gray，以及后来的波士顿城市规划委员会，都曾明确警告过，要建的是一个社区，不只是公共住房；而且哥伦比亚角位置隔绝，所有的基础设施都必须靠自己提供。但是这些警告都被忽略了。

这背后有两个直接原因：一是“避免与私有市场竞争”原则；二是缺乏资金支持。“避免与私有市场竞争”原则是1937年美国政府首次对公共住房进行立法时做出的妥协。为了避免与私人市场竞争，公共住房通常是偏离主流市场的住宅类型，很容易被辨认出来；与市场房屋相比，其质量是差的，材质是差的，几乎没有什么装饰和配套的便利设施；而且公共住房住户的收入，要远低于能在私人市场上购买住房的最低收入标准。

缺乏资金支持则进一步加剧了对公共住房质量的妥协。1937年公共住房法规定，美国公共住房由联邦政府出钱、地方政府建造（地方住房管理局为建设公共住房发行债券，本息由联邦政府支付）。住房法同时规定了项目最高开发费用，如在人口不少于50万的城市，每个住房单元需5000美元，或者每个房间需1250美元。公共住房的造价、质量标准都明显比同时期公共工程局开发的政府性住房差很多。

从根本上讲，这是因为公共住房被定位为“私人市场之补充”。在这一剩余模式下，国家按照远低于市场的标准建造公共住房，以作为市场之补充而与之非竞争，结果导致基础设施严重缺失，为后来的社区衰败埋下了隐患。

美国早期的公共住房为“被湮没的中产阶级”而建，他们是因不可控因素（如经济萧条）临时出现经济困难、在市场上买不起房的勤劳的工薪家庭。但是随着时间的推移，“被湮没的中产阶级”得到了解救——很多家庭在联邦住房管理局提供的房贷保险帮助下，购买了住房，公共住房变成了一个城市最贫困人群的最后容身之地。

哥伦比亚角就是这样。

对于社区发展而言，贫困集聚的危害是：第一，它使社区失去了好的学习典范；第二，它使相互之间缺乏可资借用的资源。社区的社会问题会因此进一步加剧。缺乏相互之间的资源借用，居民失业率会越来越高。高失业率、贫困加剧、缺乏榜样的力量和道德的引领，会直接导致犯罪率的增加。这将进一步影响下一代的教育和成长环境，最后出现失业和犯罪的代际传递。

经历了这个过程，哥伦比亚角不得不进行改造。改造先从完善基础设施入手，然后再进行“社会修复”，重新培养社区的志愿、合作精神。港口角是一个景观优美、配套完善的中产阶级社区。包括400个永久性的低收入住房单元和873个面向中产阶级的市场价位住房单元。低收入者的住房均匀分布其间，外观上与向中产阶级出租的市场性住房没有区别，租金不足部分由政府补贴。

改造实现了两个关键性变革。

一是按中产阶级的标准（或者说是主流市场标准），而非远低于市场水平的标准建造低收入者住房。即政府要为穷人提供住房，但是住房质量不能比市场水平差。

二是分散穷人，实行混居。改造前的哥伦比亚角有1500户低收入家庭，改造后的港口角降低到400户，与社区内中等收入家庭比例是1∶2。美国1998年的住房法也规定，租户收入中低于该地区平均收入30%（即贫困线）的家庭不得超过40%，也是为了不让穷人太集中。为促进混居，港口角采用由政府补贴私人建混合收入小区，然后再补贴公共住房住户租金不足部分。20世纪80年代以后，由于美国住房供给不足已不是最突出的问题，政府鼓励低收入者拿住房券到中产阶级社区去租房，以实现混居模式。

值得一提的是，在这一过程中，治理模式也发生了改变，即从国家包建包管，到政府、企业和居民三方治理的转变，尤其是重心从政府向开发商的偏移。虽然在住房短缺时代，政府为低收入群体提供公共住房责无旁贷，但是，哥伦比亚角在后来的发展中，先后遭遇了资金危机和租户运动对管理权威的挑战，质疑了政府大包大揽这一模式的可持续性。而新治理模式重心向开发商偏移，其前提是混合收入社区建设——有 800 户市场性住房可以出租获利，使开发商有动力也必须将另外的 400 户低收入住房治理好。

哥伦比亚角治理对中国的借鉴

哥伦比亚角的演变过程，是美国公共住房约半个世纪历史的一个缩影。它对我国保障房社区可持续发展有四点启示。

第一，我国保障房社区的可持续发展，需要完善基础设施的支撑。完善的基础设施与和谐的社区关系，是社区可持续发展的两个方面。好的基础设施更是社区可持续发展的前提，基础设施不足会销蚀社区精神。

第二，应按照不低于市场水平的标准提供公共住房。美国在这方面走过的弯路值得我们借鉴。由于公共住房的剩余福利性质，及“避免与私人市场竞争”原则，最初政府按照远低于市场的标准提供公共住房，结果社区衰败，甚至蜕化成了贫民窟。后来进行改造——包括哥伦比亚角的改造，以及 1992 年开始实行的“希望六”计划，虽然没有改变公共住房的剩余福利性质，但是提供的是市场水准的好房子。

目前我国保障房建设存在社区基础设施不足的隐患。就总体住房政策而言，也是政府鼓励居民到市场上去买或租房，余者政府保障（以廉租房、公租房等形式）。但是在“保”的过程中，政府又有很多考虑：一是舍不得拿出好地，免得影响土地收入；二是不能过多打击房价，否则同样影响土地收入和财政收入；三是担心如果保障性住房太好了，保障者就赖上政府不走了，成为政府负担。此外还有时间紧、任务重（今年底开工 1000 万套）和资金不足（地方政府认为中央补贴较少）的双重压力。这些都会导致政府按照低于市场的标准提供保障性住房，在选址、住房面积、建造质量、配套设施等各方面做出妥协。

第三，采用混居，避免贫困集聚。美国公共住房历史上最大的教训之一，就是把穷人都集聚到一起。美国当时旨在帮助“被淹没的中产阶级”，但大规模建造的公共住房，后来变成了城市最贫困群体的收容所，有一些进而蜕化成了贫民窟。因此对于公共住房的改造，主旨也是降低贫困的集中度，主要手段是混居，包括建立小规模的混合收入社区，给低收入者发放住房券，鼓励他们到中产阶级社区去租房，等等。

我国现在的公租房，也是为“淹没的中产阶级”而建。如果在基础设施缺失的地方，大规模集中连片地建房，住房质量和小区环境又差，那么终有一天其中优秀的人都搬走了，社区蜕化就很难避免。因此，我国的公租房，即使能够按市场水准提供，也应避免在一个地方高密度集中地建房，使低收入人群过于集中。最好的办法是在商品房小区中配建，从而使不同的收入群体居住在一起。混居有利于中低收入群体享用为高收入者提供的社区基础设施以及借用高收入者的社会资源，能够在一定程度上消弭群体之间的地理和心理距离，避免群体间更广泛的社会隔离。

第四，让更多的主体参与。目前我国大规模启动保障房建设，说明政府重新开始承担起它在住房提供方面原本缺失的福利责任。从理论上来讲，政府只做市场不愿意做或者做不了的事情，否则就让市场去做，因为它会更有效率。就保障房的建设和管理而言，也是如此。如果也能找到一套有效机制，让开发商像哥伦比亚角再开发中的CMJ公司一样，在政府的支持下，积极参与到包含保障房的混合收入社区的建设和管理中去，将会提高我国保障房建设的效率和社区发展可持续性。

（《中国经济时报》2012年1月11日第7版；《上海房地》2014年第12期，第45~46页，标题：《美国哥伦比亚角治理对我国保障房建设的启示》）

二　伯克利公共住房

美国公共住房可持续发展的经验教训
——以加州伯克利为例

摘要： 美国公共住房在其发展过程中，先后出现了两个不可持续现象：一、早期大面积、低质量的集中建造，导致很多项目变成贫民窟化；二、随后分散地进行高质量的建造，项目仍然运营不下去。本文以伯克利为例，分析公共住房的第二个不可持续现象。其发生有制度设计方面的不足，如运营与维修经费不足，但更深层的原因在于公共住房不与市场竞争的“残余”（residual）地位。进一步的改革，并没有改变公共住房的残余地位，而是改用公私合作方式提供租赁性保障房。该经验对我国的公租房建设及可持续发展有重要借鉴意义。①

关键词： 保障房　公共住房　美国剩余福利制度　公私合作

当我国“十二五”规划要求建成3600万套以公租房为主体的保障房的计划正在如火如荼地展开，并且资金投入不断加大、开工率

① 本文摘要、关键词和图片，均为成书时添加。

不断增加之际，笔者在大洋彼岸的美国加州伯克利调研时了解到，伯克利市正打算卖掉它在政策目标上与我们公租房非常接近的公共住房。而且，整个美国的公共住房已经历了很大变迁，主要因为在其发展过程中，先后出现了两个不可持续现象：一是低质量集中建造导致的贫民窟化；二是运营补助不足导致的不能持续运转。通常这些问题都是在10~20年以后才开始集中爆发。到90年代中期，美国也已经停止新的公共住房建造，只对原有的130万套公共住房进行维护。这不能不对我们目前的公租房建设提出警示。

那么，美国的公共住房为什么会出现这些不可持续问题？我们应如何及早采取措施，防患于未然？本文将围绕伯克利案例，并结合美国公共住房历史进行分析。

资料来源包括：（1）对伯克利的实地调研。调研于2012年春节期间进行，采访对象包括市议员、政府住房部门主管、非营利住房组织总裁等。（2）哥伦比亚角公共住房案例研究（主要参阅资料：Roessner 2000. *A Decent Place to Live : From Columbia Point to Harbor Point – A Community History*，Harvard University Press）。（3）其他中英文文献（重要的如Vale 2000. *From the Puritans to the Projects : Public Housing and Public Neighbor*，Harvard University Press；吉姆·凯梅尼，《从公共住房到社会住房：租赁住房政策的比较研究》，中国建筑工业出版社，2010年）。

一　美国公共住房历史与伯克利案例

（一）美国公共住房历史

美国的公共住房项目设立于1937年，其政策目标与我们今天的公租房非常相似。美国主张住房提供以市场为主，但是大萧条期间，贫困和失业使很多人租不起房甚至居住贫民窟，政府不得不进行干预。1937年住房法设立了公共住房项目，由政府大规模建造公共租赁住房，向“被淹没的中产阶级”提供。公共住房开发费用由联邦承担（地方为此发行债券，本息由联邦支付），同时成立住房管理局对公共住房项目进行管理，公共住房运营成本通过租金支付。从此开始了美国历史上持续时间最长、历史最悠久的保障房项目。

但是，美国的公共住房在其漫长的发展过程中，先后暴露出了两个不可持续问题，而且这些问题通常都在10~20年后才开始充分暴露。

一是公共住房的贫民窟化。熟悉美国公共住房历史的人都会记得，美国最初建造的那些巨大的公共住房项目，如芝加哥的泰勒之家，或波士顿的哥伦比亚角，最后都蜕化成了贫民窟。泰勒之家是全美最大的公共住房项目，包含28幢塔楼4400户人家；哥伦比亚角是新英格兰六州最大的公共住房项目，27幢塔楼1500户人家。它建于波士顿南部一个孤岛上，建成之初即有1/3的住房屋顶或墙壁漏水，而且没有公交、学校、商店等任何配套设施。早期公共住房使人们印象深刻：从形象上来看，公共住房建筑设计低级，带有制度性烙印——或被低人一等的人居住，或这些人天生就低人一等，或他们都靠福利过活，或这些地方到处是犯罪。

二是没有钱持续运营。鉴于公共住房的贫民窟化，美国从70年代开始进行改革，重点提倡分散地点（scatter site）和混合收入（mixed income）建造，以避免贫困集聚。伯克利公共住房就是在此情况下建造的。但是仍未能摆脱20年后因为经费不足而运营不下去的命运。

（二）伯克利案例

1. 位于旧金山湾区，伯克利是美国房价最贵城市之一

加州的旧金山湾区，经济从 60~70 年代开始起飞，变成美国一块集金融中心、硅谷、著名高校等等于一身的黄金宝地，房价也因此全美最贵。美国平均房价收入比 3~4 年，在伯克利这个只有 11.3 万人口的小城，却要 11~12 年，伯克利居民只有不到 20% 的人买得起房。鉴于穷人住房问题的严重，伯克利市于 80 年代建造了 75 套公共住房。

2. 高质量、分散建造 75 套公共住房

75 套公共住房分散地点、高质量建造，以尽力避免早期低质量、大规模集中建造所造成的不可持续问题。这些房子均匀分散在全市 15 个地点，每个地点只有 4~6 套，与周围的建筑风格一致，与社区完全融为一体。

3. 陷入财务和管理危机

但是，在运转 20 多年之后，公共住房项目还是陷入了危机。

首先是财务危机。第一是没钱做巨额维修。这笔维修费用，单硬性成本就要 360 万美元，若加上 20% 的软性成本，则高达 430 万美元。而 HUD（即美国住房和城市发展部，负责保障性住房的联邦政府部门）每年拨付的维修基金只有 13.1 万美元。如果按这一速度，27.5 年后伯克利才能凑够目前维修所需资金。伯克利这一状况在美国非常具有代表性，全美国的公共住房项目，每个都有几百万美元的维修拖着未做。

第二是运营亏损。公共住房每月平均运营成本 711 美元（只相当于市场房租的 1/3）。但是，由于租户贫困，平均实收租金只有 354 美元，加上 HUD 补助的 253 美元后，仍有 104 美元的缺口。75 套公共住房一年运营净亏损 10.6 万美元（约 15%）。这在美国也是比较普

遍的状况，如美国最大的纽约市公共住房项目，每年经费短缺 15%（约 2.25 亿美元）。

其次是管理危机。长期的经费不足导致伯克利公共住房项目管理不善（如服务缺失、报表数据混乱等等）。2005 年，项目被 HUD 列入“问题名单”之列，并被勒令，如果到 2009 年底，未能将项目管理问题理顺，并将维修黑洞与赤字运营问题全部解决好，就关闭项目。

4. 出售给地产亿万富翁

公共住房最后以出售给地产亿万富翁告终。伯克利住房管理局聘请了专业公司进行评估，结论是不可能从联邦或地方获得足够资金解决目前问题，唯一办法是卖掉。伯克利住房管理局最初也希望能卖给当地的非营利组织，但是没有一家机构愿意接手。公共住房最后卖给了两个地产亿万富翁共同拥有的 The Related Companies 旗下的公司。

波士顿的哥伦比亚角公共住房项目，建于 1950 年代，是早期大规模集中建造，后来退化成贫民窟的典型之一。

图片来源：https://www.digitalcommonwealth.org/search/commonwealth:qb98mq02f。

伯克利公共住房，建于1980年代，共75套，分散于全市14个地点，有些位于沃德大街上。因为长期运营资金不足，2014年转入私人之手。

图片来源：http://www.dailycal.org/2011/09/12/developer-may-take-on-public-housing-project/。

二 为何不可持续?

（一）运营与维修经费：制度设计不足

伯克利公共住房最后出售的直接导因，是运营、维修经费不足。这与从一开始这两项费用的制度设计就存在偏差不无关系。

1. 运营资金：仅仅指望租金是不够的

美国公共住房一开始希望依靠租金运营。根据1937年美国住房法，联邦政府承担公共住房开发费用（不需回收），地方住房管理局负责运营和管理，运营费用由租金支付。公共住房租金只需支付运营成本，因此显著低于市场水平，穷人也住得起。

但是这一模式到了60年代出现问题：租金已不足以支付运营成本。一方面，运营费用不断上升（因为房子年岁日久维护费用增加，石油危机导致通货膨胀等原因）；另一方面，租金收入却不断减少（因为租户已从“被淹没的中产阶级”变成了最穷的人）。为了防止地方住房管理局不断提租以弥补运营费用上涨，国会通过法案，将租金封顶于租户家庭收入的 25%（后来提高到 30%），运营成本与实收租金之间的差额由联邦补助。

但是这为后来的运营亏损埋下伏笔，因为联邦从来未能足额补助。地方住房管理局依循一个计算公式向 HUD 申请运营补助，但是 HUD 并不足额给付。伯克利市最多只能拿到应补额的 88%。

2. 大修费用：如果不从一开始足额提取，后果不堪设想

对于大修费用是否应从一开始足额提取，业内人士起初看法不统一。有些人主张现在不提取，这样可以进一步降低穷人租金，到时候（如 20 年后），让联邦政府集中大修一次。另外一些则认为这不现实：重复地给一个项目基本建设津贴，还不如去建设更多的新项目。

事实证明，如果不从一开始足额提取，后果有多可怕。事实上，1937 年美国住房法要求地方住房管理局设立设施更新储备基金，但是到了 1950 年代，议会又同意将这笔钱挪用来归还之前为建造公共住房所发行的债券。1968 年联邦才设立了第一个大修专项拨款项目，此时，美国最早的公共住房已经修建了有 30 年。但是，由于一方面公共住房维修问题日趋严重，另一方面联邦拨款常常不能针对需求足额到位，维修问题已积重难返。1998 年的一项调查显示：联邦如果每年拨款 25 亿美元，把现在的公共住房修缮到标准水平需要 58 年。现在，全美国的公共住房项目每个都有几百万美元的维修拖着未做。

（二）公共住房："残余"地位，及不与市场竞争

但是退一步讲，无论是运营亏损，还是巨额维修，如果联邦补贴充足，问题可能都不会发生。那么，联邦政府为什么不足额补贴？

这要归根到美国公共住房的残余（residual）地位上。在美国这个自

由主义国家，住房提供主要通过市场解决，但是，对于实在无法通过市场满足的人群，政府不得不提供保障。公共住房于是作为社会安全网的一部分建立，但是要求它“不与私有市场竞争”（这是美国制定 1937 年住房法时就做出的妥协），并且不断地边缘化打消它与市场竞争的能力。在此过程中，公共住房变成了一个高度管制的、计划性的部门。

这导致了两方面的做法：首先，公共住房从一开始就低质量建造。仅仅设定了收入标准还不够（公共住房租户收入要求远低于能在私人市场上购买住房的最低收入标准），还要求采用偏离主流市场的住宅类型，使之容易辨认出来，甚至还规定了项目最高开发费用。结果，与市场房屋相比，公共住房材料劣质，建造质量差，几乎没有什么装饰和配套设施，且大规模集中建造以降低成本。这导致了后来的公共住房贫民窟化。

其次，系统性地、故意地资助不足，以致住房管理局没有足够的钱进行维护。例如，里根政府期间，HUD 的预算授权削减了 70% 多；小布什政府期间又将 HUD 的预算资金削减了至少 20%。而且，从 1995 年开始，美国将重心从补贴公共住房运营转向了补助低收入家庭市场租房，这等于迫使公共住房破败下去乃至关闭。

正是这两方面的做法，使美国公共住房不可持续。伯克利刻意避开了第一个问题，但是仍没能避开第二个问题，结果不可持续。

（三）可持续之路：不是进一步官僚化，而是私有化

为了可持续，再次的调整首先不应该是进一步加强管制，因为这只会使公共住房进一步官僚化。现在，不仅外人诟病，连全美国的住房管理局局长们（在一起开会时）都在抱怨：“公共住房管制过多，太过官僚化！”提供高质量的住房服务（所谓“向下负责”）和

官僚机构的运作逻辑（所谓“向上负责”）之间实难协调。结果，住房管理局发现他们“被淹没于数据与报表中——更多的时间被用来收集数据向上汇报，而不是用于实际的公共住房发展”。官僚化加剧了公共住房租户和管理者之间的冷漠，也使得运营成本比湾区的可承担性住房高出至少 20%。

信奉放任自由主义的美国，采用的解决办法是向市场方向更迈进一步：私有化，因为美国宪法保护私有产权。从 1990 年代中期开始，美国已经停止新的公共住房建造，只管理和维护余下的大约 130 万套公共住房存量。同时，资助产权私有的保障性住房开发。目前流行的模式是，开发商通过税收补贴方式竞争申请资金，建造产权归己所有的保障房，在一定年限（如 15 年）内以可承担的价格出租给穷人。

但是伯克利迈出了具有革命意义的一步：发展非营利组织建房。这种住房也归私人（非营利组织）所有，但与开发商建房有本质区别：后者服务期满后，仍然要进入市场；而非营利组织的宗旨是为穷人提供低于市场价格住房，因此会保持其长期可承担性，并想方设法将成本降下来。伯克利已经发展出三大非营利住房组织，成为该市保障房提供的中坚力量。现在这一非营利组织建房模式已在湾区占据主导地位，并流行到整个加州，成为美国正在悄悄兴起的社会住房模式（非营利组织建房、住房合作社、土地信托等等）的一部分。

三　对我国公租房的启示与借鉴

（一）吸取美国的教训，及早防止两个不可持续现象的出现

1. 高质量地适当分散建造，防止贫民窟化

我们应首先避免美国公共住房低质量、大规模集中建造所造成

的贫民窟化问题。因此，公租房应该适当分散地、高质量加以建造。这需要做到以下四点：第一，要适当分散地点加以建造，而不宜于大面积集中。第二，应该选择配套设施较齐全的地点加以建造，如交通便利、靠近工作地点、购物方便等等。第三是最好采取混居方式，将公租房融入收入水平较高的小区，这样低收入者能够借用和享受这些小区的资源。第四是房子质量要好，不能低于小区平均水平，或者社会平均水平，以保证其更可持续。

2. 提供必要的补助，防止后期运营不下去

租赁性保障房有两方面的资金需要：一是建房；二是运营与维护。就算当初获得了一大笔资金将房子建起来了，随后仍然需要资金源源不断地进来，对房子进行运营与维护，使之可持续。但是我们目前公租房建设，主要精力仍集中于如何筹足资金完成保障房建设任务，尚未充分认识到后续资金的重要性，对于这笔资金从何而来，具体制度应该如何设计等等，更缺乏充分考虑。

（1）租金恐怕难以自足，还需政府补助

美国的公共住房只要求租金覆盖运营成本（开发费用已由联邦承担），租金因此显著低于市场水平（在伯克利只相当于市场价格的1/3），但是到后来穷人仍然租不起，需要联邦补贴。

我们目前的公租房实际也存在希望依靠租金自足的倾向。而且希望这一租金不仅覆盖运营成本，还能回收开发费用（包括买地、拆迁、建造等等）。结果公租房租金接近甚至超过市场水平，使有资格家庭承租不起并进一步导致了公租房的空置。

一种理想的状况是，设定合理的租金负担水平（如美国是家庭收入的 30%），此租金与公租房良好运营所需最少资金之间的缺口，

由政府补足。

（2）将大修费用作为租金不可减免的部分，从一开始足额提取

这一点尤其值得我们警示。

当前，我们的保障房建设资金捉襟见肘，将公租房建起来并顺利运营已经不容易，如何可能继续提取一笔费用，休眠在那里二十年后再用？这与美国当年的原因略有不同（它是为了尽可能地将穷人的租金降下来），但是幻想是一样的（即二十年后政府会介入，对这些房子集中救赎），而且结果也可能一样：即维修问题的积重难返，最后变成一个黑洞（而且是在美国后来设置了大修专项拨款的情况下）。

因此，美国的公共住房，甚至整个可承担性住房领域学到的一个深刻教训是：无论你多么想将穷人的租金降下来，必须从一开始足额提取大修费用，并且将之作为租金不可减免的部分加以提取。如果租户收入太低，交不起租金怎么办？政府进行补助。

3. 资金哪里来：中央政府应该承担重要责任

但是，所有的方面都指向一个问题：资金哪里来？这个问题如果不解决，我们的地方政府就会尽量减少保障房中公租房建造比例，甚至折价销售刚刚建成的公租房——这些做法都会减少地方公租房的存量。

在这方面，美国目前已经改革了的情况值得我们进一步研究借鉴（虽然不能照搬）。

首先，在资金来源方面，联邦仍然承担主要责任（与地方至少是 7/3 开）。同时，很多地方成立住房信托基金，汇聚各类保障房资金，以与联邦配套。在伯克利市，地方资金的一个重要来源是土地

增值收益（原理是：城市发展、土地价格上涨中有穷人的贡献，但是他们却住不起房，因此有必要将一部分土地增值收益拿出来为他们建房。）

其次，在补助方式上，以开发补助为主。在运营方面，目前可承担性住房唯一的运营补助是 Section8（即第 8 款）租房券（由联邦提供）。另一种办法是通过前期大量的拨款以及无息或低息贷款，减少租金中的债务支出，降低运营成本。

（二）警惕残余化倾向

但是，即使技术上和认识上的问题都解决了，现实中仍可能做不到：因为公共住房处于一个残余地位，从一开始就注定了要被边缘化，结果公共住房问题仍然出现。

事实上，我国的保障房也面临这样一种强烈的残余化倾向。

首先，在认识上，保障房从一开始就被置于一种残余的地位加以建构。受放任自由主义的影响，人们普遍认为，住房需求应该主要通过市场满足，只有那些市场满足不了的群体，政府才应该保障。

其次，国家一边扩大公租房及其他保障房的建设规模，构建社会安全网，另一边又不断挤压其生存空间，打消它与市场竞争的能力。目的是防止这些房子建成之后，冲击房价、影响地价，进而影响到一切与房地产有关的地方政府收入。所以，公租房多选址偏远，质量一般，但是价格却与市场水平接近，从而不具有平抑市场房价的作用。同时，又将增加的供给引向在市场上不具备有效需求的群体，使其不与市场分一杯羹。

其结果是，公租房有可能变成一个像美国公共住房一样的高度计划和管制的部门：建造计划来自于中央而不是地方需求；部门内部缺乏竞争以及可持续发展的内在动力，只能通过管制运营；过了一二十年，房子贫民窟化，或者因为补贴严重不足而运营不下去。我们应及早防止这种趋势。

（三）发展非营利住房，构建“社会市场”部门

从伯克利的经验来看，解决残余化更好的出路，是向社会方向更加迈进一步，实行非营利型的私有化，而且，从原来的政府直接出资和提供（即公共住房），转变为政府出资、非营利组织提供（即非营利组织住房）。这旨在建构一个“社会市场”部门，不是为了市场投资，而是为了实现某种社会目标。在部门内部，非营利组织之间相互竞争；在外部，通过成本型租赁成为市场营利型租赁的参照，并增强社会的力量。这也使伯克利模式与欧洲的社会住房模式更加接近（如瑞典采用主要股份为当地政府所有的住房公司或者住房托拉斯，均为成本运营的非营利组织）。

这给我们以重大启示。

首先，采用住房管理局的方式对公租房进行直接管理和控制，恐怕是最不足取的方式之一，这将导致公租房的官僚化。

其次，将公租房的所有权和控制权交给开发商或者营利机构，这一做法也不足取，因为在这种私有化下，保障房的长期可承担性难有保障。

最后，鉴于中国的国情，在政府的支持下，可以采用以下两种形式拥有和控制保障房：一是国有（控股）住房公司；二是非营利住房组织。它们具有两大特点。

一是独立运营，按照企业化运作，而非行政化运营，并且内部之间竞争。政府应提供必要的资金，并设计相关程序，使竞争能够展开，机构可持续发展。

二是非营利的成本运营，从而为低收入群体提供真正低于市场价格的住房。在公租房发展早期可以给予更多的租金补贴，以把租金降下来。然后，随着时间推移，公租房逐渐偿清了债务，但市场租金不断上升，成本运营的公租房的价格优势会不断显现，这时可以少补贴或者不补贴。

（四）市场之剩余，还是与之竞争？

但是，伯克利模式与欧洲的社会住房模式仍有一个本质区别，即不与市场竞争，只能向穷人出租。在欧洲，社会（租赁）住房与市场租赁房之间相互竞争。其显著的好处是，供给方式多样，提高了效率；而且，成本型租赁与营利型租赁有效竞争，尤其是当房子年岁久了，债务偿清了以后，社会（租赁）住房的运行成本会降到很低的水平，这时会对市场租赁价格形成有效抑制。

管制（非竞争的），还是竞争的，我国的公租房也当对此进行深入考虑，并在适当的时候做出一个选择。

（本文载龚维斌、马西恒主编《中国社会管理论丛 2012——城市化进程中的社会管理》，国家行政学院出版社，2013，第 220~231 页）

第三篇　历史、评论篇

凯瑟林·鲍尔：一位住房改革实践者

最近，人们的安居神经再次被扰动：江苏邳州200多名网友“凑份子”合作建房，以非营利目的参与房地产项目开发，最后收获的商品房价格将比同地段楼盘便宜40%左右。郭鹏程是这个项目的发起人，他曾在房管、房地产部门工作多年。

与此同时，温州市场营销协会法人代表、秘书长赵智强联合200多人、投资1.8亿元合作建设的“理想家苑”，已分配完毕只等入住，房价也比周边商品房低40%。赵智强开始将这一模式复制到北京、广州和长沙。

一再发生的合作建房，表明中国亟须非商业性建房力量，帮助普通百姓圆安居梦；更表明这个社会有一群像郭鹏程、赵智强这样的理想的行动者，在推动非商业性建房。如果这样的人足够多，如果这股非商业性建房的力量足够大——大到能够与市场竞争，中国住房问题的解决，就指日可待了。

这会让人想起在20世纪30年代的美国，也有这样一位理想主义者，凯瑟林·鲍尔，致力于在美国推动大规模的非商业住房发展，改变了整个美国的社会住房观念。

凯瑟林·鲍尔是一位住房改革者和城市理论家，一生充满传奇色彩。她是著名城市学家刘易斯·芒福德的学生，与已婚导师的恋情也世人皆知。当她发表堪称美国住房史上的经典之作《现代住房》时，才29岁。

她参与起草具有奠基意义的美国1937年住房法，并担任过5任总统的城市战略顾问。35岁时，在伯克利大学任教的凯瑟林·鲍尔嫁给了旧金山地区的建筑师威廉姆·伍斯特（他后来成为伯克利大学建筑学院院长）。她最后一次在独自攀登泰马百峨斯山（加利福尼亚州西部最高峰，2604米）时坠崖身亡，终年59岁。

一位学者如此评价凯瑟林·鲍尔：她是梅·蕙丝（美国性感偶像）和玛格丽特·米德（美国著名人类学家）的混合体，又带着一丝桃乐丝·帕克（美国诗人，以犀利直率著称）和西蒙·波娃的风味。

1932年，凯瑟林·鲍尔结束了职业生涯中两次重要的欧洲之旅。第一次欧洲之旅（1930年）是去学习正在兴起的建筑现代主义，瑞士、荷兰、法国、德国等国的游历却将她从一个唯美的建筑师改造成了一个住房改革者。1932年，她陪同芒福德到欧洲进行为期四个月的集中研究，使她真正成为住房问题的权威。1934年，结晶之作《现代住房》发表，给美国开出了良方。

此时的美国已深陷住房危机的泥潭中。20世纪20年代，贫民窟随着本土及境外移民成为城市主体而激增，住房改革者已经认识到，仅凭房地产商自行开发与市场自由调节不仅无法解决贫民窟问题，甚至正是其产生的根源，一个非商业住房部门是唯一出路。

到了20世纪30年代，问题更加严重，在经济危机中，住房已经不再只是穷人问题，开始危及开发商、住房金融机构，甚至一些以前境况较好的家庭：1932年，25万家庭的住房被收回；到1933

年 1 月，这一数字已经上升到每天 1000 家。

凯瑟林·鲍尔给美国人带来了欧洲模式。她观察到，第一次世界大战以后，欧洲政府资助建造了至少 450 万套新住房，占住宅建造总量的 70%，满足了约 16% 人口的住房需求。其中约 30% 由政府直接建造并拥有，一般是最便宜的住房（租金取决于家庭支付能力而非实际成本）；其次是合作社和非营利组织（工会、宗教和政治团体），在政府资助下提供了 39% 的住房；第三是私人企业（并非美国人通常理解的不受约束的营利性私人，而是执行政府的强制性标准，对租金和出售都有规定），提供了 32% 的住房。

凯瑟林·鲍尔指出，美国需要构建这样一个大规模的、可以与市场竞争的非商业住房领域。这样的住房是为了使用目的而非营利目的建造，不会进入投机市场，而且质量经久耐用。这样的房子，不仅只针对低收入阶层，而且向大众开放，租金为一般收入水平甚至更低的人都能承担得起。政府主要采用低息方式予以金融支持。

凯瑟林·鲍尔开始实践他们的理想，支持者包括建筑师奥斯卡·斯托罗诺夫（Oscar Stonorov），工人领袖约翰·埃德尔曼（John Edelman）等，他们有效地影响了罗斯福政府中的官员，通过公共工程局建造了 Carl Mackley Homes（费城），Harlem River Houses（纽约）等项目。这些不仅是公共住房早期代表，也是现代建筑设计的标志性作品。

当凯瑟林·鲍尔住房改革者的理论正在变成现实时，保守政治家和游说团体（如全国房地产协会）开始了反攻。尤其是地产商、银行、土地投机者，感受到了竞争的威胁，他们抛出理论说：公共住房项目与私人企业竞争，却减免税收或者不用纳税，这使私人企业处于明显不利的境地；公共住房项目吸引潜在购房者或租户，最终将导致购买住房的人大为减少。这些团体选择支持联邦住房管理局（FHA，主要给银行和私人住房贷款提供保险）和业主贷款公司（HOLC）这些让私人制度更加不受影响、可以让贷款再资本化的机构。

1937 年，美国住房法通过，做出了公共住房不与市场竞争的妥协。美国建立起了一个一方面市场不受干预，另一方面穷人住着被耻辱化的房子的双层体制。

今天的中国，开发商、银行和地方政府的利益联盟，将阻止一个大规模的、可与市场竞争的非商业性住房部门的存在。但是美国那样的公共住房，对于解决未来几亿城市新增人口（尤其农民）的住房问题，将是杯水车薪。现实的需要，以及更多像郭鹏程、赵智强这样的理想的行动者的存在，也许可以让这股非商业建房的力量不断壮大，让凯瑟林·鲍尔那样的理想更有可能在中国开花结果。

凯瑟琳·鲍尔·伍斯特（Catherine Bauer Wurster，1905 ~1964，伍斯特为从夫姓），一生充满传奇色彩，早期为美国住房制度奠基人，后成为加州大学伯克利分校城市与区域规划教授，1964 年在一次独自攀登中失足身亡。现伯克利分校环境设计学院的伍斯特讲堂即为纪念其修建，并竖有其半身雕像。[①]

（《中国经济时报》2013 年 2 月 4 日第 11 版）

---

① 注：此简历为成书时添加。

从政治经济学到新公共管理
——美国公共住房制度演变逻辑及对中国的借鉴

摘要：本文通过两个失败案例介绍并揭示了美国公共住房制度的演变及内在逻辑。剩余福利制度下的“不与市场竞争”原则导致公共住房被置于剩余地位并被建构成一个市场经济中的“计划经济部门”，由此产生诸多不可持续问题。新公共管理通过由“直接提供”向“间接提供”（即政府资助私人提供）方式转变，来解决这些问题。这对于我国公租房制度建设的直接借鉴意义是：一、确定公租房的市场地位（是否可以与市场竞争）？这关系我们要建设一个什么样的福利制度问题；二、采用间接提供方式，保证微观主体的效率。

关键词：保障房　公共住房　政治经济学　剩余福利制度　新公共管理

引　言

当下我国住房制度正在从过度市场化向保障方向回归，手段之一是建立一个规模较大的租赁性保障房部门。但是，要构建一个合理的公租房部门，既实现保障目标，又不至于重走计划经济的老路，政府面临的挑战是：这个公租房部门应具有何种市场地位（可以跟市场竞争吗）？采用何种主体形式（政府还是私人提供）？

对此，成熟市场经济国家如美国对公共住房制度的探索，值得我们研究借鉴。美国 1937 年就建立公共住房制度，在之后的半个多世纪里，产生了一系列不可持续现象，并进行了相应的改革[①]。到 90 年代中期，美国已经不再建造新的公共住房，只对原有的 130 万套公共住房进行维护（阿列克斯·施瓦兹，2008），政府转而主要资助私人提供保障房。对于美国公共住房的失败之处，激进派[②]认为主要是剩余福利制度对公共住房不断残余化的结果，之后进行的新公共管理改革，是政府对市场的又一次退让。但是反对派矛头直指政府失灵，批评政府直接提供导致的官僚化问题，继而要求政府从直接提供中退出，让位于私人。

深入研究美国公共住房制度演变及原因，对于合理建构我国市场经济中的公租房制度有重要借鉴意义。本文旨在完成这一任务，并组织文章如下：一、结合哥伦比亚角和伯克利公共住房两个案例，介绍美国公共住房制度演变；二、结合政治经济学和新公共管理双维视角，解释这一演变的逻辑；三、提出对我国公租房制度建设的借鉴。

伯克利案例资料来源于作者 2012 年春节期间的实地调研，采访对象包括市议员、政府住房部门主管、非营利住房组织总裁等。哥伦比亚角公共住房案例资料来自现有文献，主要是 Roessner（2000）的 *A Decent Place to Live：From Columbia Point to Harbor Point – A Community History*。

① 虽然施瓦兹（2008：103）不赞成对公共住房过度负面评价。

② 这里所谓的激进派，更接近于 liberal/progressive，而不是 radical/revolutionary。

一　美国公共住房制度演变及案例

（一）从公共住房到贫民窟

1930 年代，美国住房问题伴随经济危机集中爆发。大量本土及境外移民成为城市主体、经济危机下大量工人失业及抵押贷款下的住房被提前收回（foreclosure），都使贫民窟激增，住房危机开始引发社会动荡[①]（李莉，2008）。

在此情况下，美国于 1937 年开始公共住房建设。通过住房法，成立住房管理局，负责公共住房的开发建设和管理，开发费用由地方发行债券筹集（本息由联邦政府支付），运营费用由租金支付，开始了美国历史上持续时间最长、历史最悠久的保障房项目（阿列克斯·施瓦兹，2008）。

但是，公共住房项目的第一个不可持续问题，即贫民窟化，开始出现。一些大型公共项目，在建成 10 年或 20 年之后，便深陷贫困、犯罪和毒品之中，其中尤为著名的如圣路易斯的 Pruitt-Igoe[②]，芝加哥的 Robert Taylor Homes[③] 和 Cabrini Gree[④]，纽约都市区的 Queensbridge Houses[⑤]，以及波士顿的哥伦比亚角公共住房（见案例），等等。人们

① 如 1935 年纽约哈莱姆黑人聚居区因住房问题发生持续数月的骚乱。

② Pruitt-Igoe，1956 年建成，共 33 幢 11 层大楼，2870 个单元，可容纳 15000 人，是当时美国最大的一个公共住房项目。1976 年被全部拆毁。（资料来源：http://en.wikipedia.org/wiki/Pruitt%E2%80%93Igoe）

③ Robert Taylor Homes，1962 建成，共有 28 幢 16 层大楼，4415 个单元，曾有一度，27000 名居民中，95% 的人处于失业状态，公共救济成为唯一经济来源。（资料来源：http://en.wikipedia.org/wiki/Robert_Taylor_Homes）

④ 芝加哥市的 5 个大型公共住房项目最后都变成了贫民窟，现都已拆除。

⑤ Queensbridge Houses，建于 1939，共有 3142 个单元，为当时北美最大的公共住房项目。

批评从一开始将公共住房等同于贫民窟加以建造的潜在倾向。

案例 1. 哥伦比亚角：从公共住房到贫民窟

（1）兴建公共住房项目（1951~1962 年）

哥伦比亚角（Columbia Point）公共住房项目是新英格兰地区最大的一个公共住房项目，1951 年开工，1954 年建成，耗资 2000 万美元，共 27 幢塔楼，可以容纳 1504 户家庭（Roessner 2000）。

由于选址偏远、社区配套设施不全，哥伦比亚角公共住房项目从一开始就埋下了衰败的隐患。该项目选址于波士顿南部一个位置偏远、无人居住、并长期作为垃圾场的半岛上。兴建之初，有关规划设计企业及城市规划委员会就提出，将要建的不只是一个公共住房项目，而是一个社区，因此配套设施一定要齐全；并强烈建议关闭附近的两个垃圾场。但是，直到 1954 年项目落成，垃圾场仍然一天二十四小时地作业；当地也没有公共交通、没有学校、没有商店、没有教堂。

人们努力维护出来的和谐社区关系，在一定程度上弥补了社区基础设施的不足。哥伦比亚角也具备很多和谐新社区建设的条件：公共住房是大家都想得到的好东西；住户是工人家庭；波士顿住房管理局对新住宅区实行严格管理；居民们对新家甚为自豪，竞相维护这个新社区。他们还成立了“母亲俱乐部”，组织聚餐、时装表演、晚会、跳舞课、烹调演示等一系列活动，成为社区聚会和项目筹款的好时光。

（2）蜕化为贫民窟（1962~1978 年）

和谐社区建设只不过延缓了哥伦比亚角的衰败。从 60 年代初开始，问题逐步暴露。

一是成为被社会遗忘的孤岛。1962 年的某一天，一名 6 岁的黑人小女孩在哥伦比亚角住宅区被运送垃圾的卡车轧死。这时人们才意识到，哥伦比亚角居民的包括关闭附近垃圾场在内的多种正当要求已被忽视多年。该地区已日渐成为一个被社会遗忘的孤岛。

二是城市贫困集聚。哥伦比亚角的租户结构开始改变。由于经济上逐渐改善，再加上公共住房的管理维护状况恶化，50 年代搬进哥伦比亚角的工人家庭纷纷买房搬到郊区去居住，离开了哥伦比亚角。公共住房逐渐变成了城市最贫困人群的收容所。

三是资金断流、管理瘫痪。哥伦比亚角日渐陷入资金困境。由于年日已久的住房需要大修，官僚机构运行费用不断上升，一方面支出增加；另一方面，因为租户越来越穷，管理运行所依赖的租金收入却不断减少。收不抵支的财务窘境下，波士顿住房管理局的维修及管理日渐减少乃至最后瘫痪：对于公寓的基本维修常常拖了几个月才进行，最后干脆就根本不做了；中央供暖系统在冬天不能使用；电梯坏了后，租户们只能走常有罪犯出入的楼梯。

四是失业与犯罪代际传递。70 年代，哥伦比亚角已经成为贫困黑人聚居的种族隔离区。贫困人群聚集，使大家失去了好的学习典范，再加上缺乏相互之间的资源借用，居民失业率越来越高。社区的破败，使波士顿房屋管理局索性停止招租住户，约 3/4 的住房单元被空置，成为贩毒、抢劫等各种犯罪活动的庇护所。失业和犯罪的增加也进一步恶化了居民子女的教育环境，失业和犯罪出现了代际传递。

（二）分散地点建造

1960 年代，人们对公共住房的不满逐渐上升。规划开发者的首要任务是降低公共住房中的贫困集聚度。“分散地点住房”

（scattered-site housing）计划应运而生。它通常是将规模在 5~50 个单元的公共住房（或产权式公寓小型楼），分散于一个城市的工人阶级和中产阶级社区（Bass，1989）①。这一做法在 70~80 年代非常流行，全国的城市都进行了尝试，并获得了不同程度的成功。

伯克利公共住房即在此背景下建造，但是仍未能避免 20 年后运营不下去的命运（见案例）。

案例 2. 伯克利公共住房

伯克利（即著名的加州大学伯克利分校所在地）位于美国西海岸加利福尼亚州的旧金山湾区，是一个只有 11.3 万人口的小城市。湾区经济 60~70 年代开始起飞，成为美国集金融中心、硅谷、著名高校等等于一身的黄金宝地，也成为美国房价最高的都市区（Barton，2011）。美国平均房价收入比 3~4，伯克利要 11~12，只有不到 20% 的居民买得起房。

在此情况下，伯克利市于 80 年代建造了 75 套公共住房。这些住房从一开始就分散地点高质量建造，以避免早期低质量、大规模建造造成的不可持续问题。75 套住房均匀地分散在全市 15 个地点，每个地点只有 4~6 套，与周围的建筑风格一致，与社区完全融为一体。

但是，20 多年之后，公共住房项目还是陷入了危机。

首先是财务危机。一是没钱做巨额维修。这笔大修费用，单硬性成本就 360 万美元，若加上 20% 的软性成本，要 430 万美元。而

① 国内也因此介绍为“混合收入居住政策”，见孙斌栋、刘学良《美国混合居住政策及其效应的研究述评——兼论对我国经济适用房和廉租房规划建设的启示》，《城市规划学刊》2009 年第 179 期，第 90~97 页。

HUD（Department of Housing and Urban Development，美国住房和城市发展部，负责保障性住房的联邦政府部门）每年拨付的维修基金只有 13.1 万美元。如果按这一速度，27.5 年后伯克利才能凑够目前维修所需资金。伯克利并非个案，全美国的公共住房项目，每个都有几百万美元的维修拖着未做[①]。二是运营亏损。伯克利公共住房每月平均运营成本 711 美元（只相当于市场房租的 1/3）。但是由于租户贫困，平均实收租金 354 美元，加上 HUD 补助的 253 美元之后，仍有 105 美元的缺口。75 套公共住房一年运营净亏损 10.6 万美元（亏损 15%）。这在美国也较普遍，如全美最大、运营状况最好的纽约市住房管理局一年经费短缺 15%（约 2.25 亿美元）[②]。

其次是管理危机。不仅为外人诟病，连全美国的住房管理局局长们在一起时也都抱怨：“公共住房管制过多，太过官僚化！”提供高质量的住房服务和官僚机构的运作逻辑难以协调。结果，住房管理局发现他们“被淹没于数据与报表中——更多的时间被用来收集数据向上汇报，而不是用于实际的公共住房发展。”官僚化加剧了公共住房租户和管理者之间的冷漠，也使公共住房运营成本比湾区的可承担性住房高出至少 20%。

长期的经费不足和官僚化，导致伯克利公共住房项目管理不善（如服务缺失、报表数据混乱等）。2005 年，项目被 HUD 列入“问题名单”之列，并勒令到 2009 年底将项目管理、维修黑洞与赤字运营等问题都解决好，否则关闭项目。

---

① 根据对伯克利住房管理局局长的采访。

② http://en.wikipedia.org/wiki/New_York_City_Housing_Authority.

公共住房最后以出售给地产亿万富翁告终。伯克利住房管理局聘请专业公司进行了评估，结论是不可能从联邦或地方获得足够资金解决目前的问题，唯一办法是卖掉。住房管理局最初希望卖给当地的非营利组织，但是没有一家机构愿意接手，最后只能卖给了两个地产亿万富翁共同拥有的 The Related Companies 旗下公司，同时通过提供 Section8 房租补贴使其继续可承担 50 年（马秀莲，2012 年 6 月 13 日；2012 年 6 月 19 日；2012 年 6 月 21 日）。

（三）后公共住房时代

到 1990 年代中期，美国已经停止新的公共住房建造。1994 年，公共住房存量达到历史最高峰（140.9 万套），之后逐年下降[①]，到 2008 年还剩 114 万套，在联邦资助的租赁性保障房中的比重，从原来的绝对主导地位下降为 16%（Schwartz，2010）。

美国进入了"后公共住房"时代。政府对（租赁性）保障房的提供，由直接向间接方式转变。在供方，1986 年出台低收入住房税收补贴政策，支持私人融资建造归开发商和投资者所有、但须为穷人服务（满一定年限）的保障性住房。哥伦比亚角的改造即采用了这一模式。在需方，提供 Section8 租房券，让租户到市场上租房，住房券弥补市场房租与可承担性房租（不超过租户家庭收入的 30%）之间的差额。伯克利公共住房出售后，即采用这一形式继续保持其可承担性。

到 2009 年，低收入税收补贴政策已补贴建造了 152.6 万套住房，占联邦资助的租赁性保障房总量的 21%（超过了公共住房）；同时为 217.8 万套住房提供 Section8 房租补贴，占联邦资助的租赁性保障

① 主要由于"希望六"改造计划的实施。

房总量的 31%（Schwartz，2010）。

案例 3. 哥伦比亚角（续）：改造重生

1978 年，HUD 拨款 1000 万美元，启动了对哥伦比亚角的改造，最后竟然成为美国城市复兴的一个成功案例。

一　社区居民、开发商、政府多方参与改造

由于 HUD 规定资金使用必须有一个哥伦比亚角居民选举的团体参与，社区专门小组因此成立。它邀请有过成功改造衰败社区经验的房地产公司 CMJ 接手该项目。CMJ 和另一家公司组成以 CMJ 为首的有限合作伙伴关系，共同进行改造，之后由 CMJ 的私人管理公司管理小区，专门小组在这个合作体中拥有 10% 的股权。整个改造规划 3 年（1983~1986 年），建造 4 年（1986~1990 年）。项目总开发费用 2.5 亿美元，其中：联邦政府提供 2100 万美元，州政府 1.54 亿美元（住房贷款），私人投资 7500 万美元（股权）。整个项目土地以 1 美元的名义价格长期租给开发商（Thebaud，Haffner and Guerra，2008）。

二　采用混居模式，完善配套设施

建成的新住宅区改名叫港口角以去除污名。它包括了 400 套永久性低收入住房和 873 套向中产阶级出租的市场住房。接受政府补贴的低收入者住房均匀分布在小区中，在设计上与小区中的市场住房并无差别。新社区增添了与地铁站之间的通勤车，两个游泳场，一个会所，还有网球场、医疗中心、托儿所，以及各种社会服务设施（Goody，1993；Pader and Breitbart，1993）。此外，还邀请社工组织介入，对社区进行“社会修复”。

改造前的哥伦比亚角，其管理与维持完全是市政府的责任，需

要大量的资金投入，哥伦比亚角培养出来的公民很多最后进了监狱，还要进一步花财政的钱。现在，改造后的港口角居住的都是守法群体，并且社区每年能够向政府缴纳可观的物业税。

二　理论解释

美国公共住房制度的演变，动力之一是要解决不断发生的不可持续现象。但是公共住房为何一再不可持续？激进派认为，这完全是剩余福利制度对公共住房不断残余化（residualization）的结果，改革应该是对市场进一步干预，而不是像现在的再次退让。但是新公共管理改革者认为，这完全是政府失灵的结果，政府应该从直接提供中退出，让位于私人。

本文指出，美国的剩余福利制度导致要求公共住房“不与市场竞争”，不断的残余化使其最终被建构成了一个市场经济中的“计划经济”部门[表1(a)]，成为后来诸多不可持续现象发生的制度基础。在新公共管理浪潮下，首先需要解决公共住房提供中的官僚化问题以及资金瓶颈问题，其结果是从直接向间接提供方式的转变，但是不触动剩余福利制度［表1（b）］。

表1　新公共管理改革前后的保障房提供模式

（a）新公共管理改革前

是否与市场竞争

提供主体	竞争	不竞争
政府	—	美国
政府、私人、非营利	德国	—

（b）新公共管理改革后
是否与市场竞争

提供主体	竞争	不竞争
政府	—	—
政府、私人、非营利	德国	美国

（一）新公共管理改革前

1. 剩余福利制度 vs. 第三条道路

美国住房政策和城市规划的先锋人物，查尔斯·阿布拉莫斯曾如此写道："回顾过去，我相信在 1937 年关于公共住房的争论中做出的妥协永久地削弱了它，并将最终导致它的消亡"（引自（Radford 1996：190，见施瓦兹 2008：106）。

这个妥协就是：公共住房不与市场竞争。激进者主张建立一个具有较广泛覆盖性的非商业住房部门（李莉，2008），其中凯瑟琳·鲍尔（Catherine Bauer）的"现代住房"观点最具有代表性（Radford，1996）。她观察到，一次世界大战以后，欧洲政府资助建造了至少 450 万套新住房，占住宅建造总量的 70%，为大约 16% 的人口提供了住房。其中政府、合作社和非营利组织（工会、宗教和政治团体）、私人企业提供各占 30%、38% 和 32%。凯瑟琳·鲍尔认为美国也应该在非营利或低利的基础上，通过政府低息支持，建造大规模的保障性住房，通过改进建筑风格和设计，降低成本、提高质量，吸引中低收入阶层甚至高收入阶层，不仅解决了穷人住房，还能够摆脱房贷难、易变的银行系统、高建造成本等等一系列导致美国住房困境的力量的影响。但是，地产商、银行和土地投机者等组成的利益集团极力阻挠这一具有广泛覆盖性的、可与市场竞争的非商业部门的建立。他们列举各种理由：政府项目与私人企业竞争，但是它们享受税收减免甚至不纳税，置私人企业于明显不利境地；公共住房项目吸引了潜在购房者或租户，将使购买住房的人大为减少；他们甚至宣扬这种政府干涉将损害美国民众的主动性和独立意识。1937 年，美国通过住房法，做出了公共住房不与市场竞争的妥协，建立起了一个一方面市场不受干预，另一方面穷人住着被耻辱化的房子的双层体制。

“现代住房” vs. “不与市场竞争” 的模式争论，也是欧洲第三条道路 vs. 美国剩余福利模式的争论（Kemeny，1995）。自由资本主义对利润的过分追求给社会带来了灾难性的后果。革命者主张用计划取代了市场（社会主义）；奉市场为圭臬者则主张建立安全阀，通过拾遗补阙最大限度地保证市场的自由（剩余福利制度）；欧洲则发展出了第三条道路，即以一种将 “重要的社会目标建构于市场之内的姿态来发展市场”（也称为社会型市场）（凯梅尼，2010：10）。第三条道路所依据的德国奥多学派理论认为，应该建立一个尊重私有财产、同时鼓励其他所有权形式（如合作社和非营利形式）的市场体系。在住房领域，通过多种所有权形式之间的、成本 vs. 营利型的竞争，既保证充分供应，又降低市场租金水平，最终实现社会福利最大化，也能将残余化的需求量降到最小（凯梅尼，2010：13–15）。

2. 公共住房部门计划经济化

Kemeny（1995）指出，剩余福利制度对公共住房不断地残余化，使之最后变成了一个市场经济中的 “计划经济”（command economy）部门。政府不得不构建公共住房这一安全网，同时又要尽量减少其使用，避免并打消它与市场竞争的能力。结果是管制越来越强，公共住房变成了一个命令型政策部门。

“命令型政策的一个典型特征，是成本型租赁住房的政治性管理发生在政府的最高层次，通常是部委级的甚或内阁级的。设置租金、决定新建和改造投资水平、决定成本型租赁住房的出售政策，以及其他间歇性（每年甚至更短周期内）重复进行的战略性决策，越来越集中于中央政府的资深官员。成本型租赁从而被逐渐转变为公共租赁，形成成本型租赁住房和中央政治权力之间越来越密切的关系”（凯梅尼，2010：95）。

本来只是非商业性提供，现在则只能由政府提供（即变为公共住房）[表1（a）]。

3. 不与市场竞争的表现

低质量建造。潜意识里将公共住房等同于贫民窟加以建造。除了严格限制租户收入外，还采用偏离主流市场的住宅类型，使之容易辨认出来；房子质量和材质都是差的，而且选址偏远、没有任何配套设施，甚至还限定了最高开发费用（马秀莲，2012年1月11日）。这些都在哥伦比亚角公共住房项目中得到了集中体现。

系统性资助不足。公共住房贫民窟化后，不与市场竞争原则做了让步：允许按照市场同等标准建造。但是“仍然系统性地、故意地资助不足，以致住房管理局没有足够的钱进行维护”（马秀莲，2012年6月19日），如伯克利案例所显示的。Byrne，Day，and Stockard（2003）指出，在过去十年里，联邦100%拨款的仅有两次，其他年份则只有89%~99.5%。由于联邦资助占地方住房管理局收入的一半，减少1%即意味着地方收入减少0.5%。这充分显示了国会的疑虑：所依据的拨款公式准确吗？运营公共住房到底要花多少钱——如果让私人来做这些钱够不够？[①]。

（二）新公共管理改革后

随着70年代末新自由主义和新公共管理运动兴起，当初残余化将公共住房管制成一个“计划经济”部门，现在矛头直指其官僚化问题；当初就系统性地、故意地资助不足，现在财政紧缩之下更要求进一步打破财政依赖和融资瓶颈。新公共管理通过用政府间接提供（即通过公私合作方式提供保障性住房）取代政府直接提供（如公共住房）的方式，来解决这些问题，改革不动摇原有的剩余福利制度［见表1（b）］。

1. 官僚化

公共住房是最好的官僚提供失败案例之一。HUD长期处于联邦审计总署的高风险名单之列，丑闻常见于报纸头条，问题包括监管不力、项目设计差、赤裸裸的造假和腐败等，甚至职业道德问题：里根政府时期，HUD的一位现任部长受到犯罪起诉，据说很多下午他无聊得在办公室里看肥皂剧（Stegman，2002）。公共住房项目亦管理不善。科特勒维兹的《这里没有儿童》描述过一个极端的例子——新上任的住房管理员在视察公共住房地下室时见到：

> 2000多件物品，包括冰箱、炉子和厨房碗柜都生锈了，有很多还浸泡在水中腐烂的包装盒里……地下室的气味令人难以忍受，到处都是正在腐烂的老鼠、猫和其他动物的尸体、人和动物的粪便、沾满土的内衣……15年来，这里的人就这样生活，而芝加哥住房管理局刚刚发现这些问题”（施瓦兹2008：114）。

① 事实上，他们所进行的研究显示，按公式提供的拨款正好恰当。

公共住房变成了一个孤立于房地产市场的部门。一位在住房抵押贷款领域有着丰富经验的某大型住房管理局前任局长，反思长期参与公共住房的经验后说："我从来没把它当成房地产！"（Byrne，Day，and Stockard，2003：6）。最大的障碍是公共住房采用集权式经营（施瓦兹，2008：114），既没有以项目为基础的预算和财务系统，也没有强有力的项目经理；不像房地产领域，每一处房产作为一个分支机构独立运营与管理。久而久之，营利/非营利房主关心："我们进账比花销多吗""公寓满租了吗""房租都收集了吗"等关键性问题；公共住房则关心："及时提交HUD的表格了吗，各项任务都打钩了吗""按时开每月租户例会了吗，记录了吗"等细枝末节。久而久之，公共住房变成了一个孤立于房地产市场的部门，它无法分享该领域的技术和管理进步，甚至无法引进人才（Byrne，Day，and Stockard，2003：5~7）。

2. 融资瓶颈

政府还有一个现实困难亟须新公共管理帮助解决：服务提供的资金瓶颈。其使各国政府在公共服务领域都面临巨大的资金压力。

在1970年代末以来的经济衰退和财政紧缩之下，本来就资助不足的公共住房建设现在面临更大的资金压力。80年代初期，HUD的新住房开发预算削减了70%，州和地方政府也面临着预算削减的压力（Pomeroy and Lampert，1998）；小布什政府期间HUD的预算资金又削减了至少20%。这一现象具有全球普遍性。在加拿大，1994年1月起联邦停止一切新的非营利住房生产，虽然每年仍花大约20个亿资助此前45年间建成的保障房。在英国，如Raynsford（1992）理性地指出：提供数量足够的新住房及改造原有住房需要资金巨大，即便是意愿最好的政府，也只能筹足其中部分资金，岂不说已经十年经济衰退，以及还要满足教育、卫生、铁路等等竞争性公共服务需求，所以仅仅用公共投资来解决英国迫切的住房问题的建议是非常危险的。

政府必须寻求公共投资以外的资金。如在英国，增加资本收入的一种做法是 Right to Buy Sales（公共住房低价出售），但是它减少了保障房存量，而且余下的租户较穷，难以继续使用。另一办法是通过全国住房银行吸引私人投资，然后贷给地方政府，但是受到公共部门借款条例的限制（Raynsford 1992）——而非公共部门则不受此限制。而在美国，虽然可以银行贷款（如用于填补 180 亿~220 亿美元的大修费用），但是同时需要一笔新的运营补助来偿还本息（Byrne，Day，and Stockard，2003），并未脱离一般的公共资金和银行贷款这些传统渠道。公共住房需要更加灵活的融资主体、更广泛的融资渠道，来打破资金瓶颈。

3. 改革

针对官僚化和融资瓶颈问题所进行的新公共管理改革，是让政府从直接提供者位置退出，使之成为一个以私人（如 CMJ 或者 The Related Companies，以及非营利组织）为主的具有内部竞争性的领域，政府提供资助，与私人结成公私合作伙伴关系，其运营、管理、融资等等都按市场私人主体方式操作。这不是回到第三条道路（虽然 Kemeny 期望如此），而是在微观层面恢复了私人部门的市场主体地位，改革不动摇原有的剩余福利制度［表 1（b）］。

三、对中国的借鉴

本文介绍了美国公共住房制度的演变，并对其内在逻辑进行了解释。剩余福利制度对公共住房不断地残余化，使之被建构成一个高度管制的部门，为后来的低质建造、运营补贴不足、官僚化，以及微观主体失灵等等埋下了隐患。改革主要从新公共管理层面进行，直面官僚化，以及公共服务提供中的融资瓶颈问题，并通过恢复私人部门（营利/非营利）的市场主体地位，使保障房提供从政府直接提供向公私合作式的间接提供方式转变来加以解决。

美国经验对于我国的公租房制度建设具有重要借鉴意义。

1. 公租房部门是否可以与市场竞争？

换句话说，中国需要建立一个更像美国，还是更像德国的公租房制度？目前似乎存在一个两难困境。一个可以与市场竞争的覆盖广泛的公租房部门，将有效地降低房价和房地产部门的利润空间，为更多的人提供住房保障。但是，房地产商、地方政府以及银行所结成的利益联盟将可能极力阻挠这样一个公租房部门的建立。如果建立一个像美国那样的不与市场竞争的二分体制，不仅各种不可持续现象可能发生，这样的公租房对于解决我国城市化中将要增加的几亿城市人口（尤其农民）的住房问题，将是杯水车薪。

2. 采用间接方式提供

不管是否可以与市场竞争，公租房都应该采取政府间接而非直接提供方式。通过政府资助私人（开发商或者非营利组织）提供的公私合作方式，可以有效地避免政府直接提供中的官僚化以及融资瓶颈问题。因此，公租房提供主体不应是政府部门或者事业单位，而是企业（公司）。政府需要做的，是建立一个真正的共享利益、共担风险的公私合作的框架，帮助企业（公司）完成这一社会任务。

参考文献：

Barton, Stephen E. 2011. "Land Rent and Housing Policy : A Case Study of the San Francisco Bay Area Rental Housing Market." *American Journal of Economics and Sociology* 70 : 845 - 873.

Bass, Sharon L. February 5, 1989. "Public Housing Entering New Era." in *The New York Times*.

Byrne, Gregory A., Kevin Day, and James Stockard. 2003. *Taking Stocks of Public Housing.* [Unpublished study presented to the Public Housing Authority Directors Association, available at http : //www.phada.org/tsph.pdf (last visited January 6, 2013)] .

Goody, Joan E. 1993. "From Project t o Community : The Redesign of Columbia Point." *Places* 8 : 20–34.

Kemeny, Jim. 1995. *From Public Housing to the Social Market : rental policy strategies in comparative perspective*. London : Routledge.

Pader, Ellen J and Myrna Margulies Breitbart. 1993. "Transforming Public Housing : Conflicting Visions for Harbor Point." *Places* 8 : 34–41.

Pomeroy, Steve and Greg Lampert. 1998. "The Role of Public–Private Partnerships in Producing Affordable Housing : Assessment of the U. S. Experience and Lessons for Canada " (in association with Greg Lampert, Jim Wallace and Robert Sheehan) . Canada Mortgage and Housing Corporation, Ottawa.

Radford. 1996. *Modern Housing for America : Policy struggles in the New Deal Era*. Chicago : U of Chicago Press.

Raynsford, Nick. 1992. "Arm's Length Companies : An Option for Local Authority Housing." *Housing Review* 41 : 26–28.

Roessner, Jane. 2000. *A Decent Place to Live : From Columbia Point to Harbor Point – A Community History*. Boston, MA : Northeastern University.

Schwartz, Alex F. 2010. *Housing Policy in the United States*. New York : Routledge.

Stegman, Michael A. 2002. " The Fall and Rise of Public Housing." *Regulation* 25（2）: 64–68.

Thebaud, Angie, Jeanne Haffner, and Erick Guerra. 2008. "Privately–Funded Public Housing Redevelopment : A Study of the Transformation of Columbia Point（Boston, MA）." Institute for International Urban Development, Cambridge, MA.

李莉:《美国公共住房政策的演变》，世界史系，厦门大学博士学位论文，2008。

阿列克斯·施瓦兹:《美国住房政策》，中信出版社，2008。

凯梅尼·吉姆:《从公共住房到社会住房：租赁住房政策的比较研究》，中国建筑工业出版社，2010。

孙斌栋、刘学良:《美国混合居住政策及其效应的研究述评——兼论对我国经济适用房和廉租房规划建设的启示》,《城市规划学刊 》2009 年 179 期，第 90~97 页。

马秀莲:《哥伦比亚角治理及对我国保障房建设的启示——美国公共住房案例述评》,《中国经济时报》，2012 年 1 月 11 日，第 7 版。

马秀莲:《美国城市如何解决保障房问题（6）：伯克利要卖掉公共住房》,《中国经济时报》，2012 年 6 月 13 日，第 8 版。

马秀莲:《美国城市如何解决保障房问题（7）：公共住房制度可行吗？》,《中国经济时报》，2012 年 6 月 19 日，第 4 版。

马秀莲:《美国城市如何解决保障房问题（8）：伯克利公共住房失败的教训》,《中国经济时报》，2012 年 6 月 21 日，第 4 版。

从政府直接提供到 PPP

——美国保障房实践及借鉴

摘要：一向直接政府提供的社会领域基础设施服务，为何以及如何转向私人出资并提供的 PPP 模式，是当下 PPP 推广应用中待解的难点。本文介绍了美国保障房 PPP 演变的历史及经验。直接政府以及之后的政府出资、私人提供的间接政府模式的相继失败，导致了向 PPP 模式转变。PPP 模式通过私人进行项目权益投资、政府提供付费流、资金无成本进入项目方式，成功解决了低现金流下的私人投资回报问题；同时通过“特殊目的实体”构建私人投资商和私人开发商之间的长期风险共担机制，从而为公私合作构建了稳固的私人合作伙伴关系。美国保障房 PPP 实践对中国有重要的启发及借鉴。

关键词：PPP　保障房　权益投资　社会领域基础设施服务

一　导言

将 PPP 推广应用到社会领域，一个难点也因此产生：严格意义的 PPP 是一种私人出资并提供服务方式，而社会领域传统上采用直接政府（direct government）方式提供——典型的如房管局提供的公房，民政局提供的福利养老院等。为什么要从直接政府转变到 PPP？而且这种转变有可行性吗？（见表 1）。

表 1　公共服务中的公私角色与工具

出资＼递送	政府	私人
政府	A. 直接政府	B. 合同外包
私人	C. 使用缴费	D. PPPs；凭单制

注：表格根据 Posner et al.（2009：3）[1] Salamon（2000：1655）[2] 修改而成。

首先是转变的必要性。私人出资并提供的 PPP，其实是城市基础设施提供中的一种风险共担与长期参与机制。PPP 强调私人出资；但是仅仅私人出资是不够的，它还强调私人融资建设基础设施后，在较长一段时间内（15~30 年）提供基于该基础设施的服务。政府则在约定条件下购买私人基于该基础设施的服务流，从而将服务支付及风险机制内置于 PPP 模式之中。[3] 但是这并非表示，从直接政府到 PPP 的内在逻辑不证自明。以中国新兴的公租房部门为例。截至 2013 年底，全国共新建 1349.19 万套租赁性保障房，其中政府投资占 78.4%（民间投资只有 13.3%），而且新设事业单位“住房保障房中心”，收支两条线地（建设）拥有、运营和管理是主要模式。[4] 政府投资与事业单位相结合的直接政府模式，仍然被当作快速增加公共服务供给的最有效手段。

其次是转变的可行性。公租房领域继续采用直接政府模式，大概为了防止重蹈养老领域的失败：该领域 20 世纪 80 年代就开始社会化改革，结果是一边大量民营老年福利机构在昂贵的费用下设施闲置，另一边公办公营养老机构“一床难求”。[5] 这回到长期以来社会基础设施领域国家出资的一个重要原因：前期投资大、现金流回报有限，导致私人主体介入意愿不强。因此如果实行 PPP，首先要解决如何在低现金流下既保证私人合理的投资回报，同时产品符合公共政策目标。其次是如何构建私人投资—私人递送之间合作，使之成为有效服务公共利益的私人伙伴，在此基础上公私合作得以达成？

美国保障房提供演变历史及成功的 PPP 实践，为回答上述问题提供了历史性和经验性的材料。美国 1937 年开始的大规模的保障房建设，采用的正是政府出资、政府递送的直接政府方式。但是到了 1960 年代，已经基本证明这种模式的失败。随后尝试的政府出资—私人递送的间接政府方式也不理想。1986 年美国走上了私人出资、私人递送的 PPP 模式道路，结果该模式成为“迄今为止公私资源之间通过稳定、持续的伙伴关系增加保障性住房存量的最成功的计划。”[6]

本文旨在对美国保障房提供模式的演变历史及当下成功的 PPP 实践进行深入研究，重点关注从直接政府到 PPP 模式转变的内在逻辑，以及协调私人投资商和私人开发商与政府合作提供符合公益目标的公共产品的可行性实践。文章主要采用文献研究和访谈法。前者包括对各种纸质和网络文献（已有学术研究成果、法律文件、报告、手册、财务报表等等）的研究，后者集中于笔者 2012 年、2013 年对美国旧金山湾区等地进行的两次实地调研，访谈对象包括政府住房官员、各类房地产开发商负责人、非营利中介组织负责人等等。

二　从直接政府到 PPP：变迁的逻辑

在世界各国的住房制度体系中，美国属于典型的剩余福利制度：市场是满足住房需求的主要手段，政府保障只补市场之剩余。2014

年，美国63%的家庭业主自住，37%的家庭租赁，其中包括租赁政府为低收入（≤地区中位收入的60%）家庭提供的、租金不超过家庭收入的30%的保障房。

大规模的租赁性保障房建设始于1937年大萧条时期。公共住房是最早的保障房形式，采用典型的直接政府方式提供。公共住房由联邦出资建造；地方住房管理局拥有、运营和管理；运营成本和管理费用由租金支付（由于运营管理费用的上升，1973年开始租金封顶为家庭收入的25%，后来提高到30%，联邦补贴租金与运营管理费用之间缺口）。公共住房早期覆盖“被淹没的中产阶级”，后来逐渐蜕变为只针对最低收入群体。

半个多世纪的实践证明，美国的公共住房制度并不成功。许多大城市的公共住房项目贫民窟化，如波士顿的哥伦比亚角、芝加哥的泰勒之家。[7]仍在运转的普遍补贴不足、亏空严重，运营困难。[8]20世纪80年代，美国停止建造新的公共住房，住房存量从1994年开始逐年下降，尚余的116万套住房由全国3000多家住房管理局管理。[9]

1960年代，联邦政府开始尝试资助私人建房的间接政府方式，先后采用了提供市场利率抵押贷款和直接进行租金补贴等两种方式。如1961年和1968年分别设立第221（d）款和第236款计划，在市场利率7%的情况下，为私人建造保障房提供40年期、利率分别为3%和1%的住房抵押贷款。看似“公私合作”的雏形（私人银行融资后进行保障房提供），联邦资助私人建房本质上是政府出资—私人递送的间接政府方式。[10]首先，抵押贷款联邦保险，在私人房东无力还贷的情况下，联邦住房管理局将负责偿还所有贷款。其次，政府是主要偿债人，如在第 236 款计划下（40 期利息 1% 的抵押贷款），由政府负责支付 7% 的市场利率与 1% 的补贴利率之间的还款差额。

联邦政府共资助建造了 157.8 万套保障房。但是，私人房东无力偿贷的现象普遍发生，分别占到第 221（d）款计划的 1/4 和第 236 款计划的 1/10。1983 年，美国叫停联邦资助私人建房方式。然后在 1986 年，开始走上了以税收抵扣为基础的 PPP 模式的道路。

（二）变迁的内在逻辑

变迁的逻辑涉及公共服务的出资、递送以及两者间合作三方面问题。公共住房制度在出资、递送以及它们的合作关系等三方面，都集中体现了直接政府模式的内生缺陷。首先是资金分配。由政治过程而不是市场硬约束决定的资金分配，无法为公共住房长期可持续运营提供稳定的资助环境。每次公共住房“虽然在人们的支持下也能获得立法支持和预算分配，但都是在经过了巨大的斗争和妥协之后”。2003 年的一项研究显示，之前 10 年里联邦只有两次 100% 拨款资助地方住房管理局，其他年份则在 89%~99.5% 之间，而联邦资助占地方住房管理局运营预算的 50%。[11][12] 其次是官僚递送主体缺乏市场独立性。不仅经济上缺乏独立性，住房管理局发现自己被“淹没在数据与报表中，更多的时间用来收集数据向上汇报，而不是进行公共住房发展”。[13] 而且它们基于系统范围进行收入与支出汇报的集权式管理，与房地产所要求的将每一处房产作为一个分支机构独立运营管理的要求根本冲突。最后一点尤其要归结到“联邦出资—住房管理局提供”下的“命令—控制”（command-and-control）模式。“公共住房管理局为了适应地方的政治环境和联邦的项目安排而发展了防御性的组织结构，使得它与私有市场的实践不能同步，不能提供有效的资产管理服务。"[14][15]

政府出资—私人递送的联邦资助私人建房模式试图首先恢复递送主体的市场地位。但是政府出资仍然缺乏市场硬约束。第221（d）款计划和第236款计划下大量抵押贷款的失败，正是“联邦住房管理局迫于达到1968年住房法案的生产量要求，常常不加仔细审核就批准贷款”的结果（施瓦兹，2008：135）。[16]其次是政府出资—私人递送（至少在特定条件下）不是一个稳定的长期合作结构，主要表现为追求短期利益最大化的私人主体不断向被动的“准”出资人（即政府）转嫁风险。如在住房市场好的区域，房东想尽办法把保障房早日转变为市场住房；而在住房市场状况不好的区域，房东则停止维护，以便在政府提前收回抵押品前攫取最后一笔利润。[17]“开发商获得自己的利益后，随即通过有限责任人机制把项目的所有权转给了没有经营权的非经营性投资者”（施瓦兹，2008：134）。[18]

进一步改革需要实现真正的私人出资（从而引入市场硬约束），同时构建私人出资与私人递送之间的风险共担（而不是风险转嫁）机制。这正是1986年开始的PPP模式着力要解决的问题。

三　美国保障房PPP实践及绩效

（一）基本做法

1986年，美国通过《税收改革法案》，设立低收入住房税收抵扣（Low-Income Housing Tax Credit，LIHTC）计划，鼓励私人投资商以购买税收抵扣额的方式，对保障房项目进行权益资本投资，同时与开发商组成特殊目的实体（Special Purpose Vehicle，SPV），共同进行保障房提供。

每年，联邦按人口将税收抵扣额度拨付到州（如2010年每人2美元，之后按通胀率调整），由保障房开发商竞争申请。州住房金融局根据每个州优先考虑的住房类型、地点、产权（至少10%的额度要分配给非营利组织）等，对申请项目进行打分后分配。税额一般占到项目现值（扣除土地及前期等各项费用后）的70%（或30%）。开发商然后将税额卖给外部投资者（大银行、财团等），资金作为权益资本进入保障房项目。投资商和开发商借此组成Single Purpose Vehicle（特殊目的实体），建设、拥有、运营管理保障房项目。投资商分10年向联邦政府进行税收抵扣，保障房必须至少服务15年。15年合同期满，伙伴关系解散，房子归开发商所有。

（二）核心问题的解决

1. 低现金流下的私人出资

首先是引入私人投资。但是引导私人投资的首要难题，是保障房等社会基础设施项目前期投资大、租金收入有限，难以提供合理的投资回报。美国PPP保障房通过私人进行权益投资、资金无成本进入项目、政府提供付费流的方式，“一石三鸟”地加以了解决。

私人进行权益投资。制度投资商以向开发商购买税收抵扣额的方式，进行权益资本投资（实践中采用辛迪加方式进行）。购买价格体现了市场意愿。税收抵扣项目设立的头几年，投资者愿意为1美元的税收抵扣额支付的价格不到50美分；2001年上升到0.8美元；2006年达到甚至超过1美元[19][20]。2007~2010年金融危机期间，包括雷曼兄弟在内的大批金融机构倒闭，企业损失严重，导致对抵扣所得税的需要急剧减少，购买价格再次降到0.8元以下。私人权益投资一般占到保障房项目50%~70%，成为主要资金来源。

资金无成本进入项目。私人权益投资（以及其他主要资金）无成本进入项目。项目正常运营下的租金收入，得以刚好支付运营管理费用、大修基金及银行还贷（一般不超过10%，由项目偿债能力决定）等，从而维持了低租金水平上的收支平衡（见表2）。

表2 某税收抵扣保障房项目收入支出预算情况（美元）

序号	内容	金额	备注
	收入总额	403290	
1	有效租金	403290	30%AMI(11.6%),40%AMI(11.6%),50%AMI(75%)，加一套管理单元，空置率7%
	支出总额	403331	
1	运营管理支出	272240	67.5%
2	大修基金	18540	4.6%
3	银行贷款支出	93178	23.1%（债务偿还比率1.21）
4	投资资产管理费	5345	1.3%
5	一般伙伴关系管理费	14028	3.5%
6	软性贷款还款	0	HOME及机构自有资金贷款

注：项目共60个住房单元，总投资1243万美元，其中税收补贴65.6%，银行贷款10.7%，软性贷款（无成本或低成本资金）23.72%。资料来源于实地调查。

政府提供“付费流”。私人投资商分10年向联邦政府抵扣所得税，收回投资。作为权益人，他们还享受其他税收收益（如保障房折旧津贴），以及项目运行时产生的利润及出售后的部分资本收益等。他们也从购买税收抵扣额的差价中获益（0.8美元价格时的内部收益率大约10%）。[21] 当然，政府“付费”的前提是实现合规地保障房服务15年。

2. 投资商 + 开发商的 SPV

其次是构建私人出资与私人递送之间的风险共担（而不是风险转嫁）机制。这通过开发商与投资商围绕项目组成的“特殊目的实体（SPV）”得以实现。它取代之前的“联邦政府 + 地方住房管理局”或“联邦政府 + 私人开发商”组合，成为新的合作形式（图 1）。其中，投资商是有限合伙人（LP），享受 99.99% 的税收福利，承担项目的投资责任；开发商是一般合伙人（GP），享受 0.01% 的税收福利，负责投资决策和项目的经营管理。SPV 至少存在 15 年，负责保障房的投资、建设、拥有、运营和管理。合同期满后投资人退出，伙伴关系解散，资产完全归开发商所有。

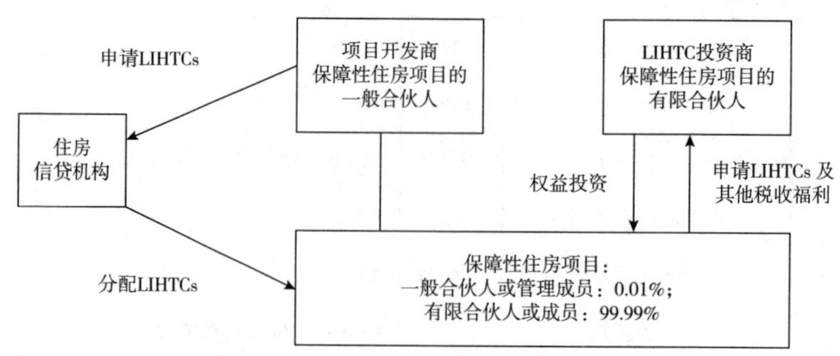

图 1　LIHTC 融资项目中直接投资的典型法律结构

注：LIHTC，即 Low-Income Housing Tax Credit，低收入住房税收抵扣计划。
资料来源：OCC（2014）[22]。

与之前的政府出资人相比，投资商现在承担主动角色。其收益如前所述。约束条件是保障房必须合规地服务（在规定的期限内建造；租金、租赁对象符合要求；没有止赎现象发生等等）15 年；这期间项目一旦违规，投资商将被要求回吐已经抵扣的税额，并受到严重的罚款惩罚。这迫使成熟的制度投资者将娴熟的投资和商业技能带入项目，PPP 项目比其他任何形式的保障房都受到更多的监督。投资前，它们精选有良好记录的保障房开发商，仔细评估拟投项目的资本和市场前景，严格测算现金流，以建立更加强大耐久的融资结构。建立伙伴关系时，它们在协议中仔细拟定与一般合伙人的权利责任分担，保证后者会通过按期完成建设、有效运营以及及时上缴税金等等保证，降低他们的投资风险。项目建造期间，它们雇佣外部监督人员监督项目按期按要求完工。运营期间，它们甚至组建专门的资产管理部门对资产进行持续监管，进行定期检查与评估，并采用许多额外的测试和审计，以保证项目的可持续。[23]

这种压力自然传导给了开发商。当然前提是政府也给予了足够的市场激励：每开发一个项目开发商获得 100 万~150 万美元的开发费用（主要用于机构运营）；伙伴关系结束后保障房归开发商。开发商被置于更加竞争、负责的状态中。“没有好的项目设计与精准的测算，从一开始就拿不到投资”（伯克利市非营利组织社区发展资源总裁 Dan Sawislak 语）。[24] 拿到投资后，他们按照“至少持续百年”的标准建造永久性的保障房（仁慈住房加州副总裁 Val Agostino 语）。而且 PPP 保障房“不允许失败”，弗雷斯诺市住房管理局规划和开发部主任 Michael Duarte 说；在该局，PPP 保障房的运营成本比公共住房低 15%~25%。

（三）绩效

1986 年至今，美国已建造了超过 250 万套以税收抵扣为基础的 PPP 保障房，分别超过了公共住房以及联邦资助私人建房数量（表 3）。[25] 税收抵扣政策满 25 年之际，对项目所进行的绩效评估认为：

它是“迄今为止公私资源之间通过稳定、持续的伙伴关系增加保障性住房存量的最成功的计划”。[26]

表 3　受资助的租赁性保障房（2012 年）

序号	资助计划	数量（套）	比例 %
1	住房选择券	2339198	28
2	公共住房	1156839	13.9
3	低收入住房税收抵扣（LIHTC）	2518850	30.2
4	联邦资助私人建房［包括 Section236/221（d）3/515/8 大修新建 /8LMSA］	1481476	17.6
5	其他（包含免税租赁债券，HOME，Section 202/811/8 中度修缮）	849480	10.1
总计		8345843	100

资料来源：Schwartz 2014[27]。

首先是空置率低。虽然允许空置率 7%（考虑到周转周期、外租能力，逃租或者收缴困难等），Reznick 集团调查了 16300 个公寓型房产后发现，实际空置率不到 4%。[28]

其次是贷款违约率极低。联邦资助私人建房曾经发生大面积的抵押贷款违约。Ernst&Young LLP（2010）调查了 15174 个 PPP 保障房项目后发现，只有 129 个项目在 1991~2006 年间发生了抵押贷款违约，年均违约率 0.08%，不到其他保障房抵押贷款违约率（0.27%）的 1/3。[29] Reznick 集团的调查发现，PPP 保障房止赎率 0.62%，低于其他任何一种房产。[30]

最后是可承担期更长。如何服务更长久，一直是私人提供保障房中的难点。但是评估发现，只有 5% 的 PPP 保障房在 15 年期满后转为了市场住房。原因包括：1989 年税法改革将服务期延长到了 30 年（同时允许 15 年期满退出）；地方政府将服务更长年限作为提供低（无）息软性贷款的条件；越来越多的以提供保障房为使命的非营利组开发商参与。[31][32]

四　对中国的启发和借鉴

（一）从直接政府到 PPP：符合新治理模式的要求

新治理理论早已指出从直接政府的管控模式向公私合作的新治理模式转变的必要性，[33][34] 美国保障房案例则为这种转变再次提供了经验性的证明。这种经验围绕出资、递送及两者之间的合作关系展开。直接政府模式下受政治过程而非市场决定的政府出资，被剥夺了市场主体地位的官僚递送主体，以及两者之间形成的“管理—控制”架构，是美国公共住房失败的根本原因。联邦资助私人建房方式率先恢复了递送主体的市场地位，但一方面政府出资仍然缺乏市场硬约束，另一方面，被动的政府出资和主动的私人递送之间无法构成长期稳定的合作——至少对于保障房是如此，虽然此种合作方式对于当下流行的老人或儿童照顾之类的一般性社会服务购买可能适用。进一步的改革需要引入私人出资（从而引入市场硬约束），同时建立私人出资—私人递送间合作关系，这导致了 PPP 模式的产生。

（二）私人出资与私人递送 PPP：本质是公私合作

私人不愿意进入低现金流的社会基础设施领域怎么办？或者像养老领域那样，即便进入了，高昂的费用抑制了老年人对福利服务的使用，导致大量民营老年福利机构设施闲置了怎么办？美国保障房PPP通过私人进行权益投资、资金无成本进入项目、政府提供付费流的方式加以了解决。它还通过私人开发商与私人投资商组建“特殊目的实体（SPV）”，建立私人主体之间的长期风险共担机制，为政府构建了一个可以长期合作的私人共同体（这里私人主体的短期利益最大化追求也通过SPV得到了抑制与约束）。

这些建构背后的本质，是政府（“公”）私人（“私”）合作。具有独立市场主体地位的投资商和递送者，在市场硬约束下合作提供服务，政府则从原来的出资者和资产经营者转变成为投资方提供稳定收费流的服务购买方。一种长期的、私人分担风险的、物有所值的机制被内置于基础设施服务项目之中，从而既提高了服务的长期可持续性，又降低了政府承担的风险。这里也指出，无论是私人不愿意进入，还是私人进入了收费太多（如民营福利养老院），本质不是“私”的问题，而是政府没有承担足够的“公”的角色的问题。

（三）相比融资而言，PPP更是一个管理工具

政府需要承担足够的“公”的角色这一点，指向了重要的一点：在福利性质较强的社会基础设施领域，PPP更主要的功能不是融资，而是管理。

中国当下大力推广应用PPP的一个主要驱动力是减轻政府投资压力；正如在过去的一二十年中，各国政府将PPP作为一个主要融资选择也主要是因为囊中羞涩。[35]但是美国保障房案例显示，引入PPP主要不是为了减轻政府投资压力，而是为了给福利性基础设施找到一种更加可持续的提供方式。私人出资与递送的统一，以及政府私人间的公私合作，使PPP成为最有效的管理工具之一。

在公私合作中，私人主体承担了提供过程中的主要风险，包括：

设计风险（决定什么样的资产适合递送符合标准的服务）；建造风险（成本超支、延期等）；运营风险（需求、不可控力等）。[36] 而且，私人递送与出资的统一，使得私人主体必须将前期对解决方案设计和融资结构的整体规划，与后期的项目递送及现金流管理统筹考虑，从而使项目更可持续。政府从原来的出资人和资产运营者转变成为私人出资伙伴提供年化的费用流；费用支付在资产完工并开始递送服务之后才发生，它成为有效约束私人主体的重要手段。这种管理功能在美国保障房 PPP 中得到了较好的实现。而且政府、私人投资商和开发商三者据此形成了优势互补：私人投资商负责项目出资和内部监管，开发商负责项目的设计、融资、建造、长期运营与服务提供等等，政府则负责规划、出资及费用流支付，以及外部监管。

（四）构建中国的 PPP 模式

1. PPP 的形式：打破所有制界限，让私人主体更深介入

美国保障房 PPP 采用剥离（Divesture，即私人建造、拥有并运行）形式（图 2）。与特许经营最大的不同是，它并不到期收回——否则又变成了失败的公共住房；以往的失败经验，使美国保障房选择了公私合作下的私人拥有但永久（或者较长期）地保障房运营的提供模式。私人主体、私人产权及长期的公共服务提供，是这一模式的核心三要素。其中产权私有激励私人进行更加长久的规划、认真建造、精心维护。只要政府支付合理的付费流，这一旨在提供公共产品的私有模式可以一直有效地运转下去。

据此，我国的 PPP 模式应该避免两种倾向：引入私人投资但是不给予足够的补贴；给予足够补贴支持后，便要求基础设施姓“公”。如果私人所有的公共服务提供，比政府所有的公共服务提供更加有

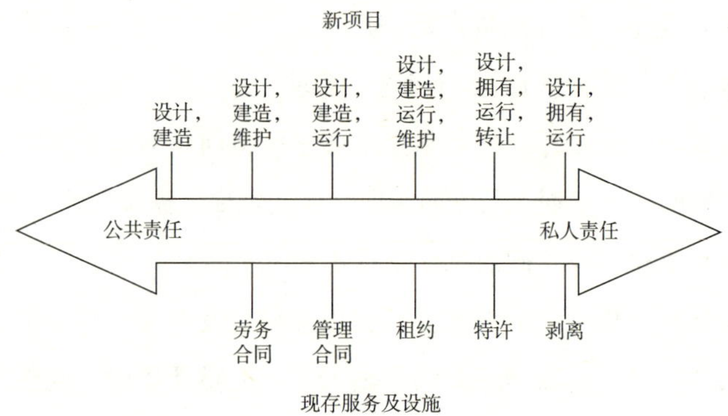

图 2　PPP 模式中的公私介入

资料来源：Deloitte Research Study 2006[39]。

效，为什么不可以把补贴给前者？公共服务目标之下，公共服务产品应当可以突破是政府还是私人所有的制度界限，选择符合社会领域基础设施特点的、激励与所承担风险成正比的恰当的私人主体介入形式。

2. 培育多元主体竞争格局

理想的 PPP 提供主体格局，是多元主体竞争。美国保障房最后形成了住房管理局、企业及非营利组织平等竞争的格局。参与到这一竞争格局中的住房管理局已经被改造得非常像非营利组织，具有独立的市场地位；非营利组织通过政府的扶持与发展也更加具有了竞争力；在 SPV 的制约下，企业也不再是追求利润最大化的企业，而融入了社会价值目标。

中国社会领域 PPP 也需要引入多元主体竞争，彻底改变目前主要依赖事业单位的做法。一是引入更多治理架构清晰、市场地位独立，既没有政府背书，政府也不会对其市场行为多加行政约束的国有企业。二是鼓励更多民营企业和社会组织进入，使它们获得与事业单位或者国有企业同样的政策、资金支持。三是进一步改革事业单位，引入市场机制（甚至学习香港房委会最终实现自负盈亏的做法）。最终构建国有企业、民营企业、社会组织及事业单位多元参与、平等竞争的格局。

3. 政府提供足够的付费流，以保证项目平衡

由于社会类基础设施很难通过项目自身收费收回投资，政府提供付费流就变得非常重要。费用流的支付可以采用以下两种方式。一是政府补贴，包括贴息、抵税等方式。鉴于美国的税收抵扣方式在中国很难实施，可以考虑发行项目债券的办法，投资商在项目良好运营的情况下，逐期从政府赎回购买的项目债券。二是交叉补贴。一种是在公共产品内部进行交叉补贴。如在廉租房和公租房之间，用租金较高的公租房补贴租金较低的廉租房。另一种是在提供基础设施的同时，进行足够的商业化或者市场化设施建设，通过交叉补贴达到平衡。如在保障房建设中，允许一定比例的市场租赁房或商业配套开发，通过市场租金弥补保障房租金不足部分。

参考文献：

[1] Posner，Paul，Shin Kue Ryu，and Ann Tkachenko. *Public-Private Partnerships：The Relevance of Budgeting.* OECD Journal on Budgeting，2009.

[2][34][35] Salamon，Lester M. *The New Governance and the Tools of Public Action：An Introduction.* Fordham Urban Law Journal 28：1611-1674. 2000.

[3] Grimsey，Darrin and Mervyn K. Lewis. *Public Private Partnerships：The*

Worldwide Revolution in Infrastructure Provision and Project Finance. Northamption，MA：Edward Elgar publishing，Inc. 2004.

[4][36] 马秀莲：《中国公租房建设和发展现状》，载龚维斌主编《中国社会体制改革报告 No.3》，社会科学文献出版社，2015，第 122~136 页。

[5] 夏艳玲：《老年社会福利：内地和香港的三维比较》，《经济研究参考》2013 年第 70 期。

[6] Reznick Group. *The Low-Income Housing Tax Credit Program at Year 25：A Current Look at Its Performance*, 2011.

[7][26][28][30][31] 马秀莲：《哥伦比亚角治理及对我国保障房建设的启示——美国公共住房案例述评》，《中国经济时报》2012 年 1 月 11 日，第 7 页。

[8] 马秀莲：《美国公共住房可持续发展的教训与借鉴——以加州伯克利为例》，载龚维斌、马西恒主编《中国社会管理论丛 2012——城市化进程中的社会管理》，国家行政学院出版社，2013。

[9] Schwartz，Alex F. *Housing Policy in the United States.* New York：Routledge. 2014.

[10][25][27] Pomeroy，Steve and Greg Lampert. *The Role of Public-Private Partnerships in Producing Affordable Housing：Assessment of the U. S. Experience and Lessons for Canada*（in association with Greg Lampert，Jim Wallace and Robert Sheehan）. Canada Mortgage and Housing Corporation，Ottawa. 1998.

[11] 马秀莲：《美国城市如何解决保障房问题（7）：公共住房制度可行吗？》，《中国经济时报》2012 年 6 月 19 日第 4 页。

[12][14] 阿列克斯·施瓦兹：《美国住房政策》，中信出版社，2008。

[13][15] Byrne, Gregory A., Kevin Day, and James Stockard. *Taking Stocks of Public Housing.* http：//www.phada.org/tsph.pdf, 2003.

[16][18][19] Ernst, Yong, *The Impact of the Dividend Exclusion Proposal on the Production of Affordable Housing.* Unpublished manuscript. 2003

[17][20][21] Ernst, Yong, Ernst & Young 2007 Report – *Understanding the Dynamics IV* – Housing Tax Credit Investment Performance. 2007.

[22] Office of the Comtroller of the Curency. Low-Income Housing Tax Credits：Affordable Housing Investment Opportunities for Banks. *Community Development Insights*, 2014.

[23] Novogradac & Company LLP. *Low Income Housing Tax Credit：Assessment of Program Performance & Comparison to Other Federal Affordable Rental Housing Subsidies.* http：//www.novoco.com/products/special_reports/Novogradac_HAG_study_2011.pdf.

[24] 马秀莲:《美国城市如何解决保障房问题（15）：伯克利：非营利组织住房成主流》,《中国经济时报》2012 年 7 月 31 日。

[29][32] Ernst, Young LLP. *Understanding the Dynamics V：Housing Tax Credit Investment Performance.* Cleveland, OH. 2010.

[33] Alexander, Lisa T. *Stakeholder Participation In New Governance：Lessons From Chicago's Public Housing Reform Experiment.* Georgetown Journal on Poverty Law Policy XVI, 2009.

（发表于《中国行政管理》2016 年第 6 期，第 150~155 页）

科学规划，促进我国保障房社区可持续发展

一　不单要建房子，更要建社区

保障性住房从一开始就应着眼于建设功能完整的社区，而不是只作为住房或者穷人聚集区来建。保障性住房社区建设主要包括两个方面：一是确保居民能有效利用基础设施，这主要依靠科学选址和加大投入来实现。二是建设和谐的社区关系，培养社区志愿精神和合作意识。当前，我国的保障房建设面临着追赶进度和资金投入不足的双重压力，很容易出现只建住房、不建社区，只建住房、不建配套设施的现象，为将来保障性住房社区蜕化埋下隐患。因此要将保障性住房社区建设提高到规划的高度来加以认识，从一开始就进行综合规划。

二　科学选址，充分利用城市现有基础设施

中低收入阶层如果被集中安置在基础设施匮乏的郊区或者较贫困城市区域，没有很好的社区管理，就有产生贫民窟的危险。首先，不宜在城市边远区域集中建设保障房。切忌为了节省各类土地使用费用，将保障性住房大规模集中建设于城市边远区域。相反，保障性住房应该分散建设于城市不同区域，这样既有利于避免贫困集聚，

又方便在不同地点就业的群体就近居住，降低交通成本、减少出行困难。其次，选址要充分利用城市现有基础设施。应该在地铁沿线建保障房，而不是等保障房建好了再去修地铁。在地段好的地方，也要有保障房，让居住其中的群体享受地铁、好的医院、学校、康复中心等各种基础设施。这是一项显示城市执政者诚意，遵循不歧视、不隔离原则的住房政策，能大大增强人们对保障性安居工程的信心。

三　加大投入，完善配套基础设施建设

基础设施齐全对于我国保障性住房社区发展尤为重要。好的基础设施是社区可持续发展的前提，基础设施不足会销蚀社区精神。中国人较缺乏社区精神，若再没有基础设施的支撑，社区就会瓦解得更快。保障房社区公共配套设施水平至少不应低于城市的平均水平。配套设施要以人为本、与人方便。而且，保障性住房群体由于收入水平较低，对城市基础设施的依赖更为突出。受经济能力的限制，该群体的日常出行对公共交通依赖度高，出行的活动范围也相应较受限制，因此，保障房社区的配套公共交通更应该发达、便利。

四　严格准入，采用混居模式

保障性住房社区应采取混居模式。经验表明，不必过分担忧穷人和富人住在一起会形成心理反差，造成相互隔阂问题。事实是，混居有利于中低收入群体享用为高收入者提供的社区基础设施以及借用高收入者的社会资源，能够在一定程度上消弭群体之间的地理和心理距离，因而是避免贫困集聚和群体间更广泛的社会隔离的更

有效办法。在具体的建设上，目前许多地方采用配建方式，在商品房小区中配建5%~10%保障性住房。也有采用片区开发和豆腐块的模式的（即高中低档收入层次的住房同时进行开发，其中保障性住房是片区中的一个个“豆腐块”）。为了切实消除社会歧视与隔离，混居模式中的保障性住房要与小区中一般商品性住房在质量上没有差别，且较均匀地分布在小区中，只是入住者要设置条件，经过选择。

五　多方主体共建共管

保障房建设管理可以采用政府主导、市场运作的方式。如改造前的哥伦比亚角公共住房，由于政府大包大揽，反而变成了贫民窟，而改造后的港口角，因为居民、企业、政府三方共同参与，反而成功了。这种三者参与的方式，未尝不可以用到中国的保障房建设与管理中。保障房社区的管理比建设更难，所谓“三分建，七分管”。保障房社区要加强基层组织建设，完善街道的管理职能。要建立一个具备管理、运营、平衡各方利益能力的管理团队。要发动多方参与进行管理。港口角采用的政府引导下的居民与开发商共同参与管理的模式，也可借鉴运用到我国保障房社区的管理中来。

［节选国家行政学院送阅件2012年第91号（总第289号）；
作者：马秀莲　李志明　王可一；报告指导：龚维斌］

准市场还是准等级?
——基于上海、北京的中国公租房提供模式研究*

摘要：本文以当前“租购并举”下，租赁部门建设中被忽略公租房部门建设为研究对象，重点探讨该部门的长期可持续运营这一核心问题。鉴于英美国家公共住房在政府直接提供的失败后，都转向了多元主体竞争的“准市场”模式，本文以此为背景，以公租房提供中最具有制度创新性的北京和上海为例，研究其准市场构建程度。结果发现，两地均形成了“单一国企地域性垄断”模式，该模式更加符合“准等级”而不是“准市场”特征。由于竞争和自主性的缺乏，该模式可能带来效率的损失，对公租房部门的长期可持续运营造成隐患。

关键词：保障房　公租房　准市场　准等级　公共服务提供

一　导言

“十三五”规划，尤其是十九大以来，“房住不炒”、“住有所居”

* 本文得到了国家行政学院2017年度重大决策咨询研究项目：“居住为目的的我国住房多主体供给研究”［NSAZD（WT）2017010］的支持。

目标指引下，“租购并举”已经成为中国住房制度的基本方向。这就提出了在中国住房改革以来（或者更晚一些，1998 年停止实物分房以来）所倡导的产权优先趋势下，加大租赁部门建设的迫切需要。2017 年，集体建设用地建设租赁住房、人口净流入的大中城市加快发展住房租赁市场试点等措施的出台，都针对此需要，试图从土地供给与住房提供多元化两方面，推动市场租赁部门建设。

但是，“租购并举”下更加完善的租赁部门建设包括两部分：市场租赁（正在试点展开的）和政府性租赁（即公租房部门）。只有两部门良性协调发展，才能构建一个完整的住房租赁部门，但是后一部门（即公租房部门）的建设在此轮“租购并举”的讨论中基本被忽略。另外，中国的保障房体系建设在住房市场化改革以来不断完善，已经从原来的“三房体系”（廉租房、经济适用房和限价商品房）嬗变为“以租为主”，公租房成为中国最主要（甚至唯一的）的保障房形式。到“十二五”期末，我国已经建立起了较大规模的公租房部门，在很多大城市覆盖到了有户籍的中等收入住房困难家庭，并向部分外来人口开放[1]。因此，这一部门的可持续运营，对于“租购并举”下的更完善的租赁部门建设至关重要。

公租房部门建设的核心问题是如何长期可持续运营。这主要基于两点。一是人们对老公房时代房管局提供之弊端的记忆犹新[2]。计划经济时代，我国实行完全福利化的且由房管部门包办的住房制度。该制度不仅没能从根本上解决群众的住房需求，还逐渐暴露出提供与服务主体单一、效率低下、财政压力大等弊端，最终导致了后来住房市场化改革的发轫。二是发达国家公共住房失败的经验教训。美国曾经出现公共住房蜕化为贫民窟、住房管理局运营不下去的情况[3][4]。20 世纪七八十年代，在新公共管理及新治理理念的指导下，美、英、加等国家的公共住房都实现了从政府直接提供到政府机构、非营利组织及企业等多主体参与竞争的准市场模式的转变。实践证明，该模式能促进保障房这一公共产品提供的质量、减轻财政压力、促进社会公平、优化社会资源配置，是相对较可持续的一种提供模式。

本文正是试图以这一准市场模式为参照系，考察中国公租房部门准市场构建程度，及其对该部门长期可持续运营的影响。2010 年左右中国开始新的公租房制度建设，很多城市从一开始就打破官僚垄断，进行提供模式的创新，尤其以北京、上海为代表，形成了以国有企业等非官僚机构为主，同时事业单位、民营企业等多元主体参与的格局。本文将以这两个最具有制度创新性的城市为代表，解析中国公租房部门的状况。

文章剩余部分结构如下：二、文献部分，介绍准市场理论及其在部分发达国家保障房领域的成功应用；三、数据和方法，阐述选择上海和北京进行案例研究的依据；四、案例研究发现，对比上海、北京的公租房提供市场结构后发现，两地均形成了“单一国企地域性垄断”，该模式更加符合“准等级”而不是“准市场”特征。该模式能够节省交易成本，有助于政府调配控制资源，但同时缺乏竞争和自主性也带来一定的效率损失；五、结论与讨论。

二　文献研究

（一）准市场理论

概念内涵　“准市场”的本质是在公共服务提供中引入市场机

制，在提升服务质量的同时，不丧失公共管理原有的公平性。1993年，Julian Le Grand 等首次提出“准市场”（quasi-market）概念[5]，意指在公共（产品）服务领域引入市场竞争机制，打破政府垄断供给公共服务的格局，在购买—提供相分离下，让独立的供给机构（如学校、大学、医院、住宅之家、住房协会、私人房东等）竞争客户。“准”市场之所以为“准”，在于与普通市场的以下差别：一是供给方面，各独立机构虽然竞争获取客户，但不一定都追求利润最大化或者私人拥有，即可以是非营利组织或者政府机构；二是需求方面，由于产品或服务具有公共性，它由国家付费，采用购买指定服务分配给使用者的专项预算（earmarked budget）或“凭证”（voucher）的形式，或者资金集中于某个国家采购代理手上，随使用者选择流向提供者[6][7]。

选择—竞争机制　“选择—竞争”机制是关键，仿佛“另一只看不见的手”，维持着准市场的活力[7]它带来使用者对服务提供的选择；不能提供好产品（服务）的提供商，必然走向衰落。也让政府可以选择提供商；政府奖励更好的提供者，如诊断时间短、康复率高的医疗机构，或者建造与服务质量更好的社会住房开发商。市场优胜劣汰大大提高资源配置效率，Le Grand 认为，结果产出更加高效，对公众需求的反应更加及时，对纳税人更加负责，所创造社会更加公平，因此此模式优于信任（trust）、管控（command-and-control）、发声（voice）等其他公共服务提供模式。

多元供给主体　准市场的另一重要特征，是购买—提供相分离下的多元主体提供。首先，由于供给主体不一定以利润最大化为目标，非营利组织似乎比营利组织更有优势——虽然这一点并非全无争议，“非营利性企业的存在目标往往并不清楚，正如其所有制结构一样，”如 Le

Grand 指出的[5]。但是 Richard Titmuss 等对献血案例研究确实发现非营利组织更具有持续性优势[8] 实践中，为了保证社区服务和社区照顾的多样性，政府也有意识地发展独立的志愿部门并分配资金。其次，准市场不排斥营利主体。如 1992 年教育改革后，私人营利性学校在瑞典大幅增加，它们拥有充足的私人资金，弥补了公共资金不足的劣势[7]。

（二）准市场理论与（后）新公共管理时代

EwanFerlie 等人将新公共管理的兴起过程归纳为四点，从中可见准市场是题中应有之义：第一，私有化浪潮影响下，公共部门从直接经济活动中退却；第二，市场化方法已渗透到公共部门的社会职能之中，出现了公共领域的“准市场”（quasi-markets），其财政仍然是公共的，但引入竞争机制和多元供给主体，使之具有了市场优胜劣汰的属性；第三，在公共部门及公共服务领域开始注重“少花钱多办事”，重视资源配置的效率；第四，从“维持现状的管理”向“变迁的管理”转变[9]。

今天进入后“新公共管理”时代，购买者—提供者相分离、多元提供主体竞争等准市场要素，仍然是诸多公共服务提供及治理理论与实践的基础。比如，公共服务出资和递送相分离下，从合同外包、使用缴费到凭单制乃至公私合作等一系列模式的出现与应用；社会组织参与公共服务提供导致与政府的“伙伴关系”及“第三方治理”的出现[10][11]；强调打破政府、市场二元治理结构，建立政府、市场、社会三方联合共治的“多中心”治理理论的出现[12]；以及强调信任、网络、协调为基础的“新治理理论”的兴起[13]。

（三）准市场理论在保障房领域的应用

准市场理论并非适用所有社会服务领域。比如研究发现，在社区卫生服务领域，网络似乎比市场竞争关系更合适[14]；在历史上就资助不足的残疾人服务领域，它也没有给服务使用者带来显著的好处[15]。但是准市场模式适用于保障房领域，尤以英国、美国、新西兰等国家的实践为代表。

英国 1970年代末，英国将近1/3的人口居住于政府提供的社会住房中。但是，2012年，不仅英格兰社会住房份额萎缩到了16.8%，而且其中公房仅占7.8%。公房模式已被准市场模式取代。在一个典型的区域性市场内，社会住房内部市场竞争十分激烈[16]。在布里斯托市，1992/1993年，50家非营利住房协会管理着6000套社会住房——虽然由于历史原因，住房管理局仍是最主要的提供者，其公房存量是前者的6倍。同时还有10家（包含5家新进入者）正在开发25个总价值3000万英镑的项目。它们从英国住房公司（Housing Corporation）竞争申请建设投资（约占到项目总额的60%），然后从市场吸纳不足部分，并借由租金（及补贴）实现项目收支平衡。此外，还有私人租赁市场的替代性存在。

美国 美国经历公共住房的诸多失败后，走上了政府规划并提供最终资金来源（通过税收抵扣）、私人投资商投资、各类开发商竞争提供的公私合作模式道路[17]。各主体之间的内部市场竞争非常激烈。伯克利的一项老年公寓项目收到8份申请，竞争者包括本地或者全国的非营利组织、企业，以及它们的结盟[18]。市场竞争也使各主体发生改变：住房管理局市场地位更加清晰，自主性增强，不再像官僚机构一样效率低下；非营利组织有了更强的企业性；私人企业也会更多考虑社会责任。

新西兰 新西兰最近也提出了社会住房改革计划，旨在通过转卖、支持建房、提供租金补贴等方式，培育非营利的社区开发商作为竞争对手，打破新西兰住房公司的垄断，并最终使后者市场份额从 94%（68000 套）下降到 70% 以下[19]。

（四）中国：准市场还是准等级？

正是基于对老公房时期房管局一手包办之弊端的深刻认识，打破等级制（官僚制）是公租房重建时期的共识。中国改革开放前的老公房采用的是典型的等级制（Hierarchy）（又称官僚制，Bureaucracy）。彭万秋、亓祥晨把公共服务供给中的官僚制治理概括为以下特征：一是治理理念上，遵循“大政府、小社会”的治理理念，政府在国家与社会中的各领域包揽一切，强调从管理者的角度对社会进行管制和服务；二是治理主体上，政府是公共服务直接甚至唯一的提供者，公共服务处于政府的强权垄断之下；三是治理结构上，依赖行政性的命令和管理监督；四是权力运作上，依靠的是政府内部自上而下的权力链条来进行领导和控制，具有集权特点[20]。援引奥斯特罗姆的多中心治理理论及国外经验，学者指出，政府统一提供的“单中心”治理导致效率质量低下、公共产品服务供给不足，因此建立政府、市场、社会机构三方联合共治的保障房供应系统是根本出路[21][22]。

但是中国的公租房提供，多大程度上能从原来的官僚体制向准市场转变？已有学者指出，当前保障房供给仍然方式单一、机制不完善，降低了保障房的有效供给[23]。英国在向“准市场”改革的过程中，出现了“准等级制”的形态。“准等级制”这一概念最早见于 Mark Exworthy 等人对英国国家医疗服务体系（NHS）的研究[24]。自 1948 年建成起，NHS 一直按高度集中的官僚制模式运行，直到

1980 年代开始以建立内部市场为导向的改革。结果发现，1990 年代建立起“准市场”提供模式之前，最晚在 1980 年代中期，NHS 出现了一些不符合等级制的组织特征，这一阶段用“准等级制”（Quasi-Hierarchy）来形容更为贴切。例如 NHS 中央机构对地方机构控制力有限，中央机构的权威在地方层面并不能得到很好的贯彻。在地方层面，NHS 由一些专业团体来运营，他们具有一定的独立性和自主权。中央机构为地方设定一个预算，但是预算如何花费由地方决定。这种“准等级制”，可以被看作是对“等级制”的一种松动。

正是基于这样的背景，我们试图探讨中国公租房提供的准市场（或者准等级）构建程度，及其对中国公租房部门提供长期可持续发展的影响。

三　数据与方法

从研究策略上，本文选择最具有制度创新性的省（市）进行代表性研究。“十二”五期间，为了督促检查 3600 万套保障房开工建设情况，中国住房与城乡建设部每年进行一次对于地方的统计调查。到 2013 年底，中国大部分省（市、自治区）公租房投资来源都是政府，鉴于“谁投资、谁拥有”的财政制度，这些公租房由政府拥有（甚至运营和管理）。只有六省市，即上海、北京、浙江、江苏、山东、广东，政府投资比例低于 60%（见图 1）。其中又以上海、北京的投资主体最为多元，并形成了国有企业（而非政府）为主的多元提供格局。其中国有企业投资均达到 60%，同时还有政府投资、事业单位投资以及民间投资等各种形式。

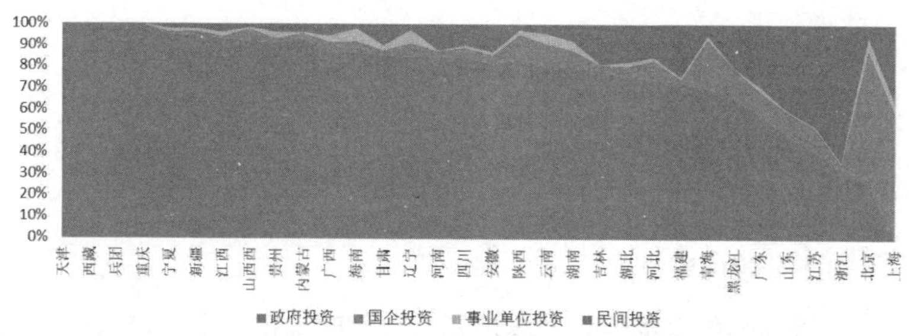

图 1　全国各省级行政区公共租赁住房投资来源

注：数据来源于清华大学房地产研究所 2014 年 12 月的《公共租赁住房可持续发展研究课题报告》。[25]

经验性研究也佐证了上海、北京在国有企业提供方面的改革步伐。马智利等在对比了各直辖市的公租房供给模式后，做了重庆的“政府供给”模式和京津沪的“政府主导，市场化运作”模式的划分 [26]。后者的共同特征是成立专门的公租房国有企业“负责公租房建设的土地供应谈判、融资管理、建设管理、运营管理等工作”。其中北京市财政直接注资 100 亿元成立保障性住房建设投资中心，承担北京市保障房融资、建设及公租房运营管理等方面的职责。上海则制度创新（区级）国有公租房公司这一形式 [27]，作为“全国有、专业化、封闭式的专业从事公租房建设、融资、运营、管理公司”。

因此本文选择上海、北京这两个最具制度创新性的城市进行研究。研究主要基于 2014 年以来，作者在北京、上海等地多次开展的实地调研中借由座谈、深度访谈、实地考察等形式所获取的第一手资料。

四 实证案例：上海与北京

（一）两地模式简介

1. 上海

（1）公租房定位：

上海的公租房定位是为非户籍人口暂时提供一个稳定的租赁来源。上海市房管局的一份报告指出，上海市有1400万户籍人口和1000万外来人口。本地户籍住房困难人群有廉租房和共有产权房连续性覆盖。1000万外来人口的住房主要靠市场租赁解决。但是，租房市场中小户型和中低价位住房短缺，且租约不稳定。公租房建设因此有助于合理化房源结构、改善租房市场管理，有效缓解这一部分群体的阶段性居住困难。本着这一宗旨，上海的公租房从一开始就租金趋近市场水平（约相当于后者的80%），且准入不受户籍和收入限制，连续缴纳社会保险金到一定年限（同时人均居住面积低于15平方米）的本地或非户籍人口均可申请。同时只租不售，总租期不多于六年；套均建筑面积以40~50平方米的小户型为主。

（2）多元主体提供

截至2013年底，上海市开工建设101218套公租房，其中政府投资为零，国企投资59.1%（59799套），事业单位投资4.1%（4171套），民间投资36.8%（37248套），形成了国企为主，事业单位、民营企业等多主体参与的格局，其中国有企业占主导地位，是上海公租房最大的投资者和产权所有者。这些提供主体与市、区两级体系交叉。

首先，上海市筹公租房项目数量不多，主要用于跨区调配。提供主体有两家，上海地产保障住房投资建设管理有限公司和上海市公积金管理中心。前者为国有企业，是上海市地产（集团）有限公司的全资子公司，截至2017年7月，该公司持有9个项目约1万套公租房。后者为市直属事业单位，持有2个项目，并优先面向公积金缴存人员提供。

其次，上海在区级层面新成立了20家国有公租房经租公司，负责各辖区内的公租房项目——这也是上海最大的制度创新。在政府支持下，这些公司按照公司法有关规定组建，具有法人资格，采用市场化运作，以保本微利为营运目标，负责本地区的公共租赁住房投资、建设筹措、供应和租赁管理。

再次，上海同时有专门成立的负责某一产业园区的公租房公司若干，负责面向该产业园区工人建设公租房。

最后，公租房领域也吸引了民营资本的进入，例如上海惠赛实业有限公司，投资建设了上海首个民企投资运营的公共住房项目，静安区彭浦农工商公共租赁住房项目，用于满足附近彭浦镇地区欧亚多媒体、龙软万荣软件园、彭浦科技街坊等产业园区内的青年白领、外地来沪引进人才的居住需求。

（3）并无内部市场竞争

但是就市场覆盖而言，这些主体在供给侧并没有形成竞争格局，而是划定地盘，各据一隅。

首先，各区级公租房公司在区内处于垄断地位，其他供给主体不能与之形成充分竞争：市筹公租房数量有限（并且2016年以后不再大规模建设）；产业园区公租房只针对该产业园区工人；民营资本介入有限，且主要服务于某一特定区域内青年白领和引进人才需要。

其次，各区县公租房公司之间也不相互竞争。大部分区都只有一家公租房公司；即便一区内有两家的，也会覆盖地域或者职能分工不同，去除竞争。如徐汇区的两家分别负责建设和分配，职能不同；浦东新区两家分别负责区内普通公租房项目和陆家嘴人才公寓项目，经营范围不同；静安区和黄浦区的两家因为分别合并了闸北区和卢湾区而形成，各自覆盖地域不同。

（4）地域性垄断：以嘉定、长宁为例

如果仔细考察某一地域，就会发现清晰的单一国企地域性垄断特征。以上海的嘉定与长宁两区为例。嘉定是上海西北郊的一个大区，面积463平方公里，2016年底常住人口157.96万人（57%为外来人口）。长宁则是上海中心城区西部的一个小区，面积38平方公里，常住人口68.87万人（24%为外来人口）①。区级国有公租房公司垄断了各区内公租房提供。其中，嘉定区公共租赁住房运营有限公司（以下简称"嘉定公司"）2011年6月成立，6亿元注册资本，市级财政2亿元，嘉定区级财政4亿元（按1∶2比例配备），并且规定其经营范围仅限于嘉定区内。截至2017年3月，嘉定公司共筹措公租房房源1400套，其中自有产权1007套，代理经租393套。长宁公共租赁住房运营有限公司（以下简称"长宁公司"）2011年4月由上海新长宁（集团）有限公司（一家主营房地产开发的国有独资企业）与市、区政府联合投资成立，6亿元注册资本金中，新长宁集团出资1.5亿元，上海市、长宁区政府共4.5亿元（按1∶3比例配备）。同样，公司业务范围也仅限于长宁区内。截至2017年7月，长宁公司共筹措公租房房源1827套，其中自有产权1300套左右，代理经租500多套。

① 数据见2016年上海市嘉定区/长宁区国民经济和社会发展统计公报。

两家公司就此成为各区政府完成保障房任务的抓手。区内没有市筹公租房或其他事业单位、民营企业或者产业园区主体提供的公租房项目，两公司提供的公租房成为区内唯一选择。

2. 北京

（1）公租房定位

北京市的公租房定位是向本市中低收入住房困难家庭提供。相比三房（廉租房、经济适用房、限价房）而言，它从一开始就覆盖对象最广、申请门槛最低。[①]“十三五”期间，公租房成为解决北京城镇居民住房困难的主要形式，2017 年开始又逐步向“新北京人”（即稳定就业的非京籍无房家庭）开放更多房源。公租房租金按比同地段、同类型住房的市场租金水平低 20% 以上确定[②]。但与上海不同的是，同时根据家庭收入，分六档进行租金补贴，补贴比例从 10% 到 95% 不等[③]。在租期上，只租不售，总租期不超过五年[④]；在户型面积上，单套建筑面积严格控制在 60 平方米以下，以 40 平方米左右小户型为主[⑤]。

（2）多元主体提供

北京的公租房定位决定了它需要更大规模的供给。截至 2013 年

① 它要求申请对象家庭人均住房使用面积 15 平方米（含）以下，3 口及以下家庭年收入 10 万元（含）以下，且无家庭总资产净值上限要求。

② 参见网易新闻 2009 年 12 月 22 日报，http：//news.163.com/09/1222/13/5R51ONVK000120GR.html。

③ 参见人民网 2012 年 4 月 27 日报，http：//politics.people.com.cn/GB/14562/17768 418.html。

④ 参见《北京市人民政府关于加强本市公共租赁住房建设和管理的通知》（京政发〔2011〕61 号）。

⑤ 参见北京市住建委官网住房保障版块，http：//www.bjjs.gov.cn/bjjs/zfbz/dyjh/cjwt48/ 364316/index.shtml。

底，北京市开工建设公租房 149450 套，其中国企投资 62.3%（93119 套），政府投资 26.3%（39380 套），事业单位投资 5.3%（7988 套），民营资本投资 6.0%（8963 套）。与上海一样，北京也形成了国企唱主角，同时多元主体提供的格局。

首先是国企提供。与上海各区一个国有公租房公司不同，北京市市级层面成立了北京市保障性住房建设投资中心（以下简称“北京投资中心”），作为北京最主要的公租房提供主体，面向全市中低收入住房困难家庭以及“新北京人”提供。此外，拥有闲置土地的北京市属国有企业按照“45–55”原则提供公租房（利用自有土地建设公租房时，配建不超过 45% 的商品房），然后由“北京投资中心”收购并统一配租[①]，也可由原建设企业自持，优先向单位职工配租。

其次是事业单位。北京的高校（如首都师范大学）、科研院校利用自有国有土地建设了一定数量的公租房，面向本单位职工优先配租[②]

再次是民营资本。主要参与方式是投资建设商品房项目时配建（按规定不低于 30%），建成后通常由区政府或“北京投资中心”回购成为区级或者市筹公租房[③]，也有仍由原民营企业持有产权的，都是优先面向本单位职工配租。政府也开始鼓励民营企业用自有土地建设公租房[④]。

① 市筹如石景山区京原家园公租房项目，自持如顺义区北汽顺通路公租房项目。

② 如首都师范大学在其位于海淀区西三环北路的南校区建设了约 3 万平方米的公租房，面向本校教职工配租。

③ 前者如海淀区东升乡清河盒子房厂配建公租房项目，后者如房山区长阳镇广阳城住宅小区配建公租房项目。

④ 《公租房、共有产权房，石景山这两个项目进入建设阶段》搜狐财经频道 2018 年 4 月 26 日，http：//www.sohu.com/a/229615316_173490。

最后是区级管理项目。在北京市公租房供给中占据相当比例，由各区县自建或收购公租房项目形成，由区县政府持有产权，区住建委负责自建，区房管局负责资格审核、分配等管理工作。房源面向区内“三房”轮候家庭提供，另一部分房源面向园区入驻企业的高端人才或企业职工。

（3）并无内部市场竞争

虽然供给主体多元，但是各类国有企业、事业单位及民营企业建设的公租房，或者交由市筹、区筹，或者面向本单位职工优先配租，也不存在竞争。倒是区筹（各级区政府）和市筹（“北京投资中心”）之间，申请对象多有重叠，但是毕竟前者数量有限，难以构成真正的竞争。以海淀区为例，2016年9月起的一年中，海淀区资格家庭可选择的公租房申请途径为，或参加2016年10月份“北京投资中心”组织的全市统一摇号，涉及房源3.16万套，或参加海淀区2016年10月和2017年4月组织的第14和15次配租，涉及房源2500套，后者不及前者的十分之一。而且在那些没有区级管理项目的区县（如东城、西城），市筹项目更是唯一选择。

（4）地域性垄断：“北京投资中心”

正如上海公租房公司区级垄断一样，在北京公租房市场上，“北京投资中心”具有绝对垄断地位，它提供了公开配租房源的一半以上，远远超过其他任何一个供给主体。对于公租房申请对象而言，可申请房源中大部分是市筹公租房；对于北京市政府而言，它是完成其保障房任务的主要抓手。“北京投资中心”2011年6月成立，由市财政注入资本金100亿元（也是北京市一次性注资最大的国有企业），至2018年2月，中心资产总额已经增长到1023.57亿元，成为目前国内规模最大的保障性住房建设投资企业，承担着北京市保障性住房投融资、建设收购和运营管理的基本使命。截至2017年6月底，公司累计持有保障房项目120个共计10.35万套，其中公租房项目77个共计9.14万套，已配租公租房项目53个，实现公租房配租6.2万套。

（二）模式解析

1.“单一国企地域性垄断”：分散与集中

准市场按照购买与递送相分离、多主体提供、竞争与选择机制逐层构建。上海、北京的公租房市场乍一看，都已经实现了购买与递送相分离及多主体提供。但是仅止于此，并没有进一步竞争选择机制建立，各主体之间或各据一隅，或者服务于特定对象，基本无竞争关系。不仅如此，具体到某一个区域，两地均呈现“单一国企地域性垄断”模式，即一家国有企业垄断提供一个市（区）内超过一半甚至近乎全部的公租房，而且这种垄断并非竞争结果，而是行政安排。“单一国企地域性垄断”在上海和北京又有分散与集中之差别。上海每区由一家（少数两家）公租房公司垄断，20家公司由此覆盖了整个上海。市筹公租房虽然对各区有所滴漏，但是毕竟数量有限（有的区如嘉定和长宁甚至没有市筹公租房）。北京市级国有企业“北京投资中心”垄断了全市的公租房提供，虽然区筹公租房对所在区域有所补充，但是毕竟数量有限。一家国企覆盖全北京，比之20家国企覆盖全上海，无论公司规模还是单个项目规模，北京都更像“巨无霸”（见表1）。

表 1　京沪两地公租房国企规模对比

公司名称	注册资本（亿元）	持有产权性公租房		单个项目平均规模（套）
		数量（套）	项目数（个）	
北京投资中心	302.3	91400	77	1187
长宁公司	9	1111	4	278
嘉定公司	6	1030	5	206

注：数据截至 2017 年 7 月。数据来源为三家公司官网及 2017 年的调研资料。三家公司持有产权的公租房房源数量和项目数量仅包括自有产权项目，不包括代理经租房源。

2.“准等级”而不是“准市场”

单一国企地域性垄断下的上海、北京的公租房提供模式，与其说是“准市场”，不如说是“准等级”。正如英国 NHS 所发生的那样，“准等级”是对“等级制”的一种松动。政府不再直接提供公租房，而是成立一个具有一定市场地位的国企来完成此项任务。该房产国企相对独立的市场主体地位，使它与政府之间有了某种公平计价的关系属性，而不再是等级关系。另外，严格意义上讲，这些公租房国企又相当于具有一定市场主体地位的政府执行部门，它们由政府投资成立，被政府严格限定活动范围（本区 / 本市）、经营领域（提供公租房）甚至营利追求（如上海公租房的保本微利限制），并且在投资决策、人事任免、高管考核等方面受到政府的诸多介入与影响。

首先是政府参与企业投资决策。“北京投资中心”的决策机构是投资中心管理委员会，它由市政府设立，负责审议发展规划、审批年度建设及融资计划、决定年度预决算等重大决策。长宁公司的项目投资决策需要先经区政府同意，形成会议纪要后，再经公司董事会程序通过。嘉定公司实行总经理负责制，重大投资决策总经理直接向政府汇报，由区里决定。

其次是政府人事任免。“北京投资中心”管理层由市国资委与中心领导小组沟通后，由市国资委按程序任命。嘉定公司总经理由区政府任命，并且公司成立之初的董事会和监事会成员均来自公租房管理相关政府职能部门。长宁公司董事会5名成员中有2人来自于政府的投融资平台“长宁国投”①

再次是高管考核。长宁公司高管除了要受到控股公司新长宁集团的考核外，还受到市房管局和区政府的考核。嘉定公司的高管绩效是按照区国资委制定的政策来考核的，并且与企业级别挂钩。“北京投资中心”高管由市国资委考核并根据其经营业绩进行奖惩。

由此可见，京沪两地的公租房国企并非完全独立的市场主体，而是隶属于本级政府，负担了政策性任务的公共政策性国企，政府将它们看作实现其政策目的的工具，行政等级规则在公租房资源配置过程中仍然发挥重要作用。这样的体制，我们叫它“准等级制”更合适。

3. 可能的问题：缺乏竞争与自主性

单一国企地域垄断下的“准等级制”与“准市场”模式在市场竞争程度、企业经营自主性方面存在明显差别。首先，竞争能够提供评价企业经营状况的充分信息，激励企业管理层努力经营。但是由于“准等级制”下其他提供主体与垄断性国企之间不存在竞争，没有其他提供主体作为参照系，垄断性国企也就失去了提高努力程

① “长宁国投”全称“上海长宁国资经营投资公司”，由长宁区政府成立，专门从事区政府重要项目建设、国资国企改革、产业结构调整，以及国有资本的市场化运作，充当长宁区政府的投资公司，不从事实体，只做金融载体。

度的外在激励。其次,“准等级制”企业可能缺乏完全的自主经营和独立决策能力,更多依靠上级政府指令而不是市场需求来进行决策[28]。

“北京投资中心”建设的“燕保·高米店家园”项目 2015 年 12 月建成,截至 2016 年 7 月入住率仅 37%,市场反应冷淡,原因包括小户型房屋设计不符合市场需求、缺乏幼儿园等配套设施、距离地铁站过远等。一个主要原因,是该地块由政府指定,而不是公司自行选择,导致了距离地铁站过远这一问题。当然,如果市场上有与之竞争的其他供给主体,也会成为该项目提高投资效率、完善项目配套设施和房屋设计的外在激励。在上海嘉定区,虽然该区公租房供不应求,但是嘉定公司却无法增加提供来满足这种需求,因为最终的决策权不在它们,而在区政府。这种自主性被压抑久之,嘉定公司只能将更多精力投入加强公租房管理上,而不是扩大生产满足市场需求。

4. 探讨:为何现有模式?

既然“准等级制”有明显的缺陷,那政府为什么还要采用呢?我们探讨可能有以下宏观、微观原因。

第一,从宏观角度来看,这种模式有利于政府实现其社会政策和社会治理目标,同时更好地控制、配置资源。公租房在哪里建,建多少,通常服务于政府特定的社会政策目标和治理目标,国有企业在执行达成这些目标方面比民营企业更具优势,“用起来顺手”。使用单一国企配置资源也更集中方便。

第二,从微观角度来看,这种模式有利于降低政府和企业之间的交易成本。交易成本涉及选择交易对象、合同履约以及争议解决等一系列问题。“准等级制”兼具一家企业的“数量优势”和国企的“性质优势”。数量优势在于政府不需要从多个竞争者中选择，从而节省了谈判成本；与一家企业的长期合作，使得彼此在人事和业务等方面熟悉程度大大增强，也降低了合同履约和事后监管等交易成本。国企的“性质优势”在于与政府目标的一致性以及制度联系。一是降低监督建设质量的交易成本。公租房建设质量信息具有不对称性，因此追求利润最大化的企业很可能为了降低成本、增加利润，降低公租房质量。但是国有企业不追求利润最大化，更注重承担社会责任，发生此类机会主义行为的可能性较低。二是降低了解决契约争议的交易成本。地方政府公租房政策的不稳定性使得企业面临被政府爽约和“敲竹杠”的风险[29][30]，从而引发契约争议。民营企业一旦发觉自身利益被侵害，有可能诉诸法律手段。目前已发生多起房地产企业在支付土地出让金后因政府未按时供地而退地甚至将政府告上法庭的案例①。这是政府不希望看到的。在它们看来，与国有企业之间的契约矛盾更容易协商解决。

五　结论与讨论

本文以当前“租购并举”下更加完善的租赁部门建设中被忽略公租房部门建设为研究对象，探讨该部门的长期可持续运营这一核心问题。鉴于英美等发达国家在政府直接提供失败后，都转向了多元主体竞争提供的“准市场”模式，本文以此为参照系展开研究。在方法上，它选择了我国公租房提供中最具有制度创新性的两个城

① 参见和讯网 2012 年 11 月 3 日报道 http：//news.hexun.com/2012-11-03/147566802.html。

市，北京和上海，进行案例研究，分析它们的准市场构建程度及对公租房部门长期可持续运营的影响。

研究发现，表面上看，北京、上海公租房均采用了国有企业为主的多元主体提供，但是深入观察发现，各主体之间基本不存在竞争，而是各居一隅，形成“单一国企地域式垄断”。一种主导的模式是，政府专门出资成立一个国有企业来负责本辖区内的公租房提供，将其看作实现政策目标的抓手。政府也对这一唯一的公租房国企从诸多方面加以影响，比如限定其活动区域与经营范围，不同程度地介入企业投资决策、人事任免以及高管考核等各方面。这一模式显然更加符合“准等级”而不是“准市场”特征。

将北京、上海案例放回全国，鉴于大部分省市的公租房建设都是政府投资为主，在“谁投资、谁拥有”的财政原则下，可以判断，“准等级”甚至等级制是中国公租房提供的主要模式。比如，除了上海、北京这样的“准等级制”外，收支两条线的事业单位是另一种主要提供模式（如广州）——后者称之为等级制更合适。

“准等级”制一方面可以降低交易成本，有利于地方政府有效控制与配置资源，实现政府政策目标。另一方面由于缺乏竞争及经营自主权不足，可能会减少对国企经理层努力工作的外在激励，导致其忽视市场需求，从而加剧国有企业投资效率低下的问题[31]。这些都将成为公租房部门长期可持续运营的潜在隐患。

为了消除这一隐患，首先可以引入国企间竞争。通过竞争提高效率，优化资源配置。可能的形式包括，在上海采用资金市级分配、区级配套的方式，推动各区级公租房公司开展竞争；在北京将“北京投资中心”拆分成几个从而开展同业竞争。其次，引入民营企业竞争甚至社会组织参与。政府可以在提供与国企同样优惠的土地、税收政策和付费流的情况下，鼓励民企参与公租房建设①。由于准等级制中的国有企业可以将道德风险原因导致的效率降低归结于外部冲击即政策性负担[32]，如果市场中存在与之竞争的民营企业，政府将两者的成本、利润对比后，就能过滤掉双方面临的共同外部冲击，从而获得关于国企经理层努力程度的准确信息[33]。非营利组织的参与，能够提供更具针对性的服务，当政府和居民之间信息传递的桥梁，整合各方面社会资源[34][35]。这也引出了进一步的研究问题。"准等级制"的形成与中国特定的制度、社会环境息息相关。那么，准等级制下的主体建构与效率的关系是什么？即能否在准等级制下构建有效率的主体？

其次，引入竞争后，交易成本与效率提升之间的此消彼长关系？竞争固然带来效率的提升，但是它将如何抵销交易成本的上升？这些进一步的研究将有助于我们理解更加完善的市场建构与更加完善的主体建构——只有当这两样并举时，可持续的中国公租房提供模式才可能建立。同时，公租房部门可持续，"租购并举"下的租赁部门建设才可能真正成功。

马秀莲、张黎阳、林漉丰②

---

① 参见人民网 2013 年 2 月 3 日报道 http：//news.163.com/13/0203/09/8MPEHNB300014JB6.html。

② 马秀莲，国家行政学院社会与文化教研部副教授，社会学博士，研究领域包括城市研究（城市发展与转型等）、保障房与住房政策、社会治理与非营利组织等；张黎阳，中国人民大学经济学院企业经济学专业博士生，研究方向为劳动经济学、博弈论与契约理论；林漉丰，汉族，宾夕法尼亚大学设计学院城市规划专业硕士研究生，研究方向为交通和基础设施规划。

参考文献:

[1] Ma, Xiulian; Fan Fan. 2018. Public Rental Housing and Welfare Model in China: Evidence from 40 Large Cities in China (Manuscript).

[2] 宋士云:《新中国城镇住房保障制度改革的历史考察》,《中共党史研究》2009 年第 10 期，第 102~110 页。

[3] 马秀莲:《公共住房的梦想与光荣——以美国哥伦比亚角公共住房项目为例》,《中国名城》2015 年第 2 期，第 79~84 页。

[4] 马秀莲:《美国城市如何解决保障房问题(6):伯克利要卖掉公共住房系列》,《中国经济时报》2012 年 6 月 13 日，第 8 版。

[5] Will Bartlett, Julian Le Grand. 1993. "The Theory of Quasi-Markets", pp. 13-34 in Julian Le Grand and Will Bartlett (eds.), *Quasi-markets and Social Policy*. London: Macmillan.

[6] Julian Le Grand. 2003. *Motivation, Agency and Public Policy: Of Knights and Knaves, Pawns and Queens*, Oxford University Press.

[7] Julian Le Grand. 2007. *The Other Invisible Hand: Delivering Public Services Through Choice and Competition*. Princeton University Press.

[8] Richard Morris Titmuss, Ann Oakley , John Ashton. 1997. *The Gift Relationship: From Human Blood to Social Policy*. New Press.

[9] Ewan Ferlie, Andrew Pettigrew, Lynn Ashburn.1996. *The New Public Management in Action* . Oxford, UK: Oxford University Press.

[10] Salamon, Lester M. 1987. "Of Market Failure, Voluntary Failure, and Third-Party Government: Toward a Theory of Government-Nonprofit Relations in the Modern Welfare State." *Nonprofit and Voluntary Sector Quarterly* 16:29.

[11] Salamon Lester M. 2000. "The New Governance and the Tools of Public Action: An Introduction." *Fordham Urban Law Journal* 28:1611–1674.

[12] Elinor Ostrom. 1990. *Governing the Commons: The Evolution of Institutions for Collective Action*. Cambridge, UK: Cambridge University Press.

[13] R. A. W. Rhodes. 1996. The New Governance: Governing without Government. *Political Studies* 44(4):652–667.

[14] Rob Flynn, Susan Pickard and Gareth Williams. 1995. Contracts and the Quasi–market in Community Health Services. *Journal of Social Policy* 24(4): 529–550.

[15] Pam Spall, Catherine McDonald, Di Zetlin. 2005. Fixing the system? The experience of service users of the quasi–market in disability services in Australia. *Health Social Care Community* 13(1): 56–63.

[16] Glen Bramley. 1993. Quasi–market and Social Housing Pp. 154–182 in Julian Le Grand and Will Bartlett (eds.), *Quasi-markets and Social Policy*. London: Macmillan.

[17] 马秀莲:《从政府直接提供到 PPP——美国保障房的实践及借鉴》,《中国行政管理》2016 年第 6 期，第 150~155 页。

[18] 马秀莲:《美国社会组织提供公共服务（保障房）调研 : 构建提供公共服务产品的内部市场》,《中国经济时报》2014 年 10 月 20 日，第 4 版。

[19] Peter Dykes. 2016. The Quasi–Market Approach: the answer for social housing in New Zealand? *Policy Quarterly* 12 (2): 67–72.

[20] 彭万秋、亓祥晨:《公共服务供给模式创新研究——基于科层制模式与网络化模式的比较分析》,《传承》2015 年第 7 期，第 96~98 页。

[21] 徐玮茜、高传胜:《多中心治理视角下保障房供给机制研究》,《南京工

程学院学报（社会科学版）》2014 年第 3 期，第 38~43 页。

[22] 李德智、朱丽菲、杜静：《多中心治理视野下国内外保障性住房供应机制研究进展》，《现代城市研究》2015 年第 6 期，第 64~69 年。

[23] 程昭：《保障房供给机制研究与创新》，《上海房地》2013 年第 10 期，第 23~24 页。

[24] Mark Exworthy, Martin Powell, John Mohan. 1999. Markets, Bureaucracy and Public Management:The NHS: Quasi-market, Quasi-hierarchy and Quasi-network? *Public Money & Management* 19（4）: 15–22

[25] 清华大学房地产研究所：《公共租赁住房可持续发展研究课题报告》，2014。

[26] 马智利、赖丽梅：《我国直辖市公租房供给模式比较研究》，《经济体制改革》2012 年第 6 期，第 30~33 页。

[27] 袁业飞：《"政府主导，市场化运作"，公租房建设的理想模式？——上海公租房运营机制观察》，《中华建设》2011 年第 9 期，第 18~20 页。

[28] 文明：《论国有企业效率低下的体制根源》，《当代财经》2000 年第 3 期，第 12~16 页。

[29] Grossman, Sanford J., and Oliver D. Hart. 1986. The Costs and Benefits of Ownership: A theory of vertical and lateral integration. *Journal of Political Economy* 94(4): 691–719

[30] Hart, Oliver, and J Moore. 1999. "Foundations of Incomplete Contracts." *Review of Economic Studies* 66 (1): 115–138.

[31] 杨瑞龙：《社会主义经济理论》，中国人民大学出版社，2008。

[32] 林毅夫、李志：《政策性负担、道德风险与预算软约束》，《经济研究》2004 年第 2 期，第 17~27 页。

[33] 王哲、顾昕：《标尺竞争：政府管制与购买的激励效应》，《公共行政评论》2015 年第 6 期，第 9~24 页。

[34] 汪建强：《非营利组织与保障房建设改革——基于福利多元主义视角》，《兰州学刊》2014 年第 11 期，第 94~100 页。

[35] 宁舰、茅杰：《准市场机制下政府购买公共服务的实证研究——以上海市闵行区的实践与探索为例》，《中国海洋大学学报（社会科学版）》2015 年第 4 期，第 91~97 页。

后 记

这本书稿拖了很久，终于要面世了。

时间久了，就会看到更多的东西。从 2011 年开始这一研究，然后去美国调研、撰写专栏、写作论文……等将美国模式摸得有点透时，中国的 3600 万套开工建设也基本完成。转头来看中国，难免在重蹈美国当年的一些覆辙——如采用非市场化主体进行提供——虽然很多后果假以时日才能显现。本书因此有其借鉴意义。我们没法全盘照抄，但可在他山之石的基础上，构建更加适合的模式。美国模式说白了，就是找到市场化的主体，在长期资金平衡的基础上进行提供。那么我们也可以国有企业（而不是收支两条线的事业单位）作为这一市场化主体，进行市场构建。

时间久了，也会看得更透彻。当将保障房模式研究以本书的形式暂告一段落时，心中多少有些悲哀。因为实践证明，保障房解决不了中国的高房价问题。虽然住房分为市场住房和保障性住房两大块，但是在一个以市场为主的住房体系中，保障房问题，尤其是保障房提供模式问题，显得微不足道。要解决中国的住房问题，需要考虑的是，如何重构住房市场——它是为了利润最大化的市场，还是为了实现住有所居的市场？商品属性和居住属性如何平衡？政府、市场和社会力量如何一同参与构建？很多问题理念上还没透彻；即便透彻了，在中国以土地收入为财政依赖的央地关系中，以房地产为支柱产业的经济格局中，改革何其难！

悲哀之余，研究还要继续。比如有必要将市场转型过程中，中国住房体系变迁的来龙去脉讲清楚；有必要进一步深入研究，中国的住房体系究竟如何建构；就是中国的保障房问题本身，也还有很多待解决的问题。

感谢这一行路上无数帮助过我的人，他们在调研中、工作中、研究中，甚至本书的出版中，都曾伸出过援助之手。尤其要对一些人首次或者再次感谢：刘志峰部长二话不说地为我写序；上海房管局李东老局长、住建部村镇建设司司长卢英方的专业、精深的指点；陈颖编辑以及她的出版团队的敬业、细致与耐心……无数的这些帮助，将使我继续前行！

著　者

2018 年 8 月

图书在版编目（CIP）数据

透视保障房：美国实践、经验与借鉴 / 马秀莲著
. -- 北京：社会科学文献出版社，2018.8
ISBN 978-7-5201-3051-6

Ⅰ. ①透… Ⅱ. ①马… Ⅲ. ①住宅-社会保障制度-美国-文集 Ⅳ. ①D771.27-53

中国版本图书馆 CIP 数据核字（2018）第 155410 号

透视保障房：美国实践、经验与借鉴

著　　者 / 马秀莲

出 版 人 / 谢寿光
项目统筹 / 陈　颖　邓泳红
责任编辑 / 陈　颖　王　煦

出　　版 / 社会科学文献出版社 · 皮书出版分社（010）59367127
地址：北京市北三环中路甲 29 号院华龙大厦　邮编：100029
网址：www.ssap.com.cn
发　　行 / 市场营销中心（010）59367081　59367018
印　　装 / 三河市尚艺印装有限公司

规　　格 / 开　本：787mm × 1092mm　1/16
印　张：21.75　字　数：249 千字
版　　次 / 2018 年 8 月第 1 版　2018 年 8 月第 1 次印刷
书　　号 / ISBN 978-7-5201-3051-6
定　　价 / 89.00 元